招标投标实务

齐霄汉 齐 虹 陈裕燕 著

中国建筑工业出版社

图书在版编目（CIP）数据

招标投标实务 / 齐霄汉，齐虹，陈裕燕著．— 北京：中国建筑工业出版社，2019.8

ISBN 978-7-112-23715-9

Ⅰ．①招…　Ⅱ．①齐…②齐…③陈…　Ⅲ．①招标-基本知识②投标-基本知识　Ⅳ．①F713.1

中国版本图书馆 CIP 数据核字（2019）第 087233 号

　　本书包括 9 章，分别是：历史沿革、市场分析、法规解读、招标规定、招标要务、投标要领、共同关注、建议思考、案例分析等内容。文后还有 5 个附录。本书在有关法律法规的框架内，用改革与发展的眼光，紧密结合当前的工作实际，总结、研究、探讨如何进一步做好招标投标和政府采购工作。

　　本书可供从事工程建设招标投标单位、政府采购单位、建设单位、施工单位、监理单位使用，也可供从事建设工程政策研究、教学科研、行业管理人员使用。

　　责任编辑：胡明安
　　责任设计：李志立
　　责任校对：张　颖

招标投标实务

齐霄汉　齐　虹　陈裕燕　著

*

中国建筑工业出版社出版、发行（北京海淀三里河路9号）
各地新华书店、建筑书店经销
北京建筑工业印刷厂制版
廊坊市海涛印刷有限公司印刷

*

开本：850×1168毫米　1/32　印张：9⅜　字数：251千字
2019年7月第一版　　2019年7月第一次印刷
定价：**32.00**元
ISBN 978-7-112-23715-9
（34024）

前　言

我上大学后便开始对招标投标产生兴趣。

有一年暑假，我跟随父亲上井冈山。当时父亲担任江西省井冈山"一号工程"协调领导小组办公室副主任兼井冈山革命博物馆建设项目办公室主任（项目法人），他带我参观了正在紧张建设之中的全国爱国主义教育示范基地——井冈山革命馆新馆建设工地，并给我讲述了许多参与该工程招标投标的故事。受好奇心驱动，我开始了解一些工程招标投标的常识。

大学毕业后，我在上海找到了一份工作，从事博物馆（展览馆）的设计、施工及招标投标工作，参与过上海电影博物馆、九江市博物馆等多项工程的设计、施工及招标投标活动。通过努力，我取得了工程师、注册建造师资格。

在10多年的工作中，我一直在仔细研读工程招标投标相关法律、法规，参加本单位的招标投标工作，积极探讨招标投标过程中出现的新情况、新问题，从而萌发了想写一本关于招标投标方面书籍的念头。在父亲的鼓励、支持和帮助下，我终于鼓起了勇气、敲响了键盘、开启了我的处女之作。

值得一提的是，我的父亲是一位老建设工作者，大学毕业后一直在省级建设部门工作，参与或主持过三大工程（江西省移民建镇工程、江西省井冈山"一号工程"、江西省鄱阳湖水利枢纽工程）建设，获得了高级工程师、注册城市规划师、注册建造师资格，具有较丰富的工程建设实践经验，退休后仍在发挥余热。通过我俩的密切合作，使得本书得以顺利脱稿。

在实践中我深刻体会到：工程招标投标是一项严肃认真的工作，工程建设的成败与招标工作密切相关，必须严格依法进行。对于招标人来说，通过招标择优选定工程勘察、设计、监理、材料设备供应单位和施工队伍尤为重要；而对于投标人来说，量体裁衣、积极响应招标文件、精心编制投标文件、认真参加招标投标全过程才能加大中标的几率，从而使企业在工程建设过程中逐步发展壮大。

然而，由于招标投标工作的严肃性、规范性和不确定性，往往出现许多事与愿违的情形：招标人难以招到理想的合作伙伴，投标人千方百计想中标却不能如愿以偿，甚至有时招标人不愿选择的投标人反而中了标！

纵观招标投标过程，有许多经验和教训值得认真总结。我国的招标投标机制的建立时间还不长，相关法律法规也有待于进一步完善，需要不断地进行研究和探索。本书将在有关法律法规的框架内，用改革与发展的眼光，紧密结合当前的工作实际，去总结、研究、探讨如何进一步做好招标投标和政府采购工作。

齐霄汉

目　　录

第1章　历史沿革

1.1　制度起源

招标投标制度最早起源于英国，它最初是作为一种"公共采购"或"集中采购"的手段出现。对于政府工程采购，英国财政部颁布了一系列相关文件和操作规程，既有法规性的，也有一般指导性文件，作为政府机构发包工程时的参考依据。

英国常用的招标方式：

一是公开招标。由业主的咨询工程师通过地方和全国性传媒以及某些技术出版物刊登广告，邀请所有有兴趣的承包商对业主的拟建项目分别进行投标。一般来说，由于公平竞争性的要求，政府部门往往会采用公开招标方式来选择其所需的承包商。但这种方式最适合于一些规模较小的小型项目、维修工程及某些专业性较强的特殊项目。

二是阶段选择性招标。采用这种招标方式，业主所需的施工队伍可从自己已掌握并认可的承包商名单或从对业主在全国性传媒和技术刊物上登载的招标广告作了回复、响应的承包商名单中挑选，邀请他们分别就业主的开发项目竞相进行招标承建。

三是议标。业主依据承包商的信誉、专业技术水平、财务状况及彼此之间已有的业务关系，采用工程量清单法与承包商进行洽谈，最终选定较为满意的工程承包者。

在英国，传统的招标程序：一是进行资格预审。资格预审能够保证所得到的标书都是由业主事先审查过，是由适合承担该项工程的承包商提交的，能鼓励那些最有资格承建该工程的承包商参加投标。二是编制招标文件。招标文件一般由咨询工程师编制，内容包括投标邀请书、投标者须知、合同条件、标书格式及附件、技术说明书、工程量清单、图纸、基础资料以及附加资料一览表。三是发出招标文件。招标文件向那些经过资格预审的承包商发出，文件中应包括一份招标文件一览表，此表经由投标者签字后作为回执寄给业主和工程师。四是现场参观。业主和工程师应依照投标者须知中的规定安排现场参观，主要目的是使每个投标者都能够同业主和工程师一起检查现场以及其他有关资料和特征。五是招标修正书。招标文件修正书必须是书面的，由业主和工程师发给投标者，投标期间如果需要对招标文件进行解释、修正、补充或删改，均应在修正书中体现，并成为招标文件和合同文件的一部分。六是问题单及答复。投标者必须以书面形式提交问题单，业主和工程师以通信方式或投标者会议方式予以答复。七是提交标书和接受标书。投标者在预定的时间和地点向业主和工程师提交投标文件，并由指定的签署人签字。八是开标、评标及签订合同。开标采取当众开标、有限开标和秘密开标3种形式，开标时的旁证人一般应是业主和工程师方面的高级成员或其他当局人士，通常要由旁证人签字。在评标过程中，应审查标书中的计算是否正确、有无错误和遗漏之处，应事先确定评标的主要因素和方法，考虑财务、技术、合同及人员等事宜，经过综合全面的分析得出评价意见。业主根据评标报告最后决定中标者，如有必要可再开一次会，澄清或解决合同中悬而未决的问题。承包商接到中标函后，应向业主提供履约担保，双方按照正规方式在合同上签字后，合同即行生效。投标保证金退还投标者。未成功的投标者亦将得到通知及退还的投标保证金。工程师发出开工通知，施工即可开始进行。

自第二次世界大战以来，招标投标影响力不断扩大，先是西方发达国家，接着是世界银行在货物采购、工程承包中大量推行招标投标方式。

现在在经济发达的国家，政府大多通过立法，在政府出资的项目建设中强制实行招标投标制度，如美国的《产品购买法》、欧盟的《公共采购规则》等，虽然立法重点各有侧重，但是总的原则都是一致的，如非歧视性原则、公开透明原则等。由于其公开、公平和公正的特点，招标投标制度在西方发达国家得到了广泛的使用，在货物购买、建筑工程承包、租赁、技术转让等领域发挥了重要的作用。

近几十年来，发展中国家也日益重视和采用招标投标的方式进行货物采购和工程建设。招标投标作为一种成熟的交易方式，其重要性和优越性在国内、国际经济活动中日益被各国和各种国际经济组织广泛认可，进而在相当多的国家和国际组织中得到立法推行。

1.2 国内情况

我国最早于 1902 年采用招标比价（招标投标）方式承包工程，当时张之洞创办湖北皮革厂，五家制造商参加开标比价。但是，由于我国特殊的封建和半封建社会形态，招标投标在我国近代并未像资本主义社会那样以一种法律制度形式得到确定和发展。

从中华人民共和国成立初期到党的十一届三中全会期间，我国实行的是高度集中的计划经济体制，在这一体制下，政府部门、公有企业及其有关公共部门的基础建设和采购任务由主管部门用指令性计划下达，企业的经营活动都由主管部门安排，在这种体制下根本不可能也没有必要采用招标投标。

党的十一届三中全会以后，国家实行改革开放政策，招标投标制度才得以应运而生。1980 年 10 月，国务院发布《关于开展和保护社会主义竞赛的暂行规定》，首次提出为了改革现行经济管理体制，进一步开展社会主义竞争，对一些适于承包的生产建设项目和经营项目，可以试行招标投标的办法。1981 年，吉林省吉林市和深圳特区率先试行工程招标投标，并取得了良好效果。这种尝试在全国起到了示范作用，揭开了我国招标投标的新篇章。

1984年9月，国务院颁发了《关于改革建筑业和基本建设管理体制若干问题的暂行规定》，提出"大力推行工程招标承包制"，"要改变单纯用行政手段分配建设任务的老办法，实行招标投标。"同年11月，国家计委和城乡建设环境保护部联合制定了《建设工程招标投标暂行规定》，从此全面拉开了我国实行招标投标制度的序幕。

随着我国改革的逐步深入，工程建设项目逐年增多，各地按照国务院和国家有关部委文件精神，开始建立招标投标管理机构，制定相应的管理办法，并逐步推行工程招标投标管理体制。一开始参照中国香港等地的做法，形成以标底为基础的投标报价体系，以百分制为主体的评标定标办法，并建立评标专家库，组织相关专家评标；后来引导发展招标投标中介服务机构，建立建设工程（公共资源）交易中心，使招标投标活动逐步规范。

1999年8月，《中华人民共和国招标投标法》正式发布，并自2000年1月1日起施行。《中华人民共和国招标投标法》是国家通过法律手段来推行招标投标制度、以达到规范招标投标活动、保护国家和公共利益、提高公共采购效益和质量的一种手段和措施，是我国工程招标投标管理逐步走上法制化轨道的重要里程碑。

我国多年来的实践充分证明，社会主义市场经济体制下在工程建设等领域大力推行招标投标制度，有利于形成和完善"公开、公平、公正"的市场竞争机制，激发市场活力；有利于充分节约政府和投资人的投资，发挥最大的投资效益；有利于抓好工程建设的进度、质量与安全，提高经济效益和社会效益；有利于遏制工程建设等领域的腐败现象，树立清正廉洁的社会风气。在全面依法治国的大背景下，招标投标制度也将日臻完善，前景看好。

第2章 市场分析

2.1 投资市场

随着改革开放的不断深入和经济建设的迅猛发展，近年来我国全社会固定资产投资增速较快，投资市场潜力巨大。

国家统计局 2018 年 2 月 28 日发布的《中华人民共和国 2017 年国民经济和社会发展统计公报》指出：2017 年，各地区、各部门在以习近平同志为核心的党中央坚强领导下，不断增强政治意识、大局意识、核心意识、看齐意识，深入贯彻落实党的十八大和十八届三中、四中、五中、六中、七中全会精神，认真学习贯彻党的十九大精神，以习近平新时代中国特色社会主义思想为指导，按照中央经济工作会议和《政府工作报告》部署，坚持稳中求进工作总基调，坚定不移贯彻新发展理念，坚持以提高发展质量和效益为中心，统筹推进"五位一体"总体布局和协调推进"四个全面"战略布局，以供给侧结构性改革为主线，统筹推进稳增长、促改革、调结构、惠民生、防风险各项工作，经济运行稳中有进、稳中向好、好于预期，经济社会保持平稳健康发展。

2017 年，全年全社会固定资产投资 641238 亿元，比上年增长 7.0%。其中固定资产投资（不含农户）631684 亿元，增长 7.2%。在固定资产投资（不含农户）中，第一产业投资 20892 亿元，比上年增长 11.8%；第二产业投资 235751 亿元，增长 3.2%；第三产业投资 375040 亿元，增长 9.5%。基础设施投资 140005 亿元，增长 19.0%，占固定资产投资（不含农户）的比重为 22.2%。民间固定资产投资 381510 亿元，增长 6.0%，占固定资产投资（不含农户）的比重为 60.4%。全年全社会建筑业增加值 55689 亿元，比上年增长 4.3%。全国具有资质等级的总承包和专业承包建筑业企业实现利润 7661 亿元，增长 9.7%。其中国有控股企业 2313 亿元，增长 15.1%。

完成固定资产投资，尤其是建筑业投资，多数项目都要依法通过招标投标这一途径来选择设计施工队伍或供应商，从而发展壮大了招标投标市场。潜在的市场优势越来越受到投资者和相关行业人员的青睐。

据初步统计，2017 年，江西全省房屋和市政基础设施建设工程招标的项目达 12342 个，招标控制价 1728 亿元，中标造价 1629 亿元。

2.2　消费市场

我国人口众多，随着人民生活水平的提高，消费市场巨大。《中华人民共和国 2017 年国民经济和社会发展统计公报》指出：2017 年，全年全国居民人均可支配收入 25974 元，比上年增长 9.0%，扣除价格因素，实际增长 7.3%。全国居民人均可支配收入中位数 22408 元，增长 7.3%。按常住地分，城镇居民人均可支配收入 36396 元，比上年增长 8.3%，扣除价格因素，实际增长 6.5%。城镇居民人均可支配收入中位数 33834 元，增长 7.2%。农村居民人均可支配收入 13432 元，比上年增长 8.6%，扣除价格因素，实际增长 7.3%。农村居民人均可支配收入中位数 11969 元，增长 7.4%。按全国居民五等份收入分组，低收入组人均可支配收入 5958 元，中等偏下收入组人均可支配收入 13843 元，中等收入组人均可支配收入 22495 元，中等偏上收入组人均可支配收入 34547 元，高收入组人均可支配收入 64934 元。全国农民工人均月收入 3485 元，比上年增长 6.4%。全国居民人均消费支出 18322 元，比上年增长 7.1%，扣除价格因素，实际增长 5.4%。按常住地分，城镇居民人均消费支出 24445 元，增长 5.9%，扣除价格因素，实际增长 4.1%；农村居民人均消费支出 10955 元，增长 8.1%，扣除价格因素，实际增长 6.8%。恩格尔系数为 29.3%，比上年下降 0.8 个百分点，其中城镇为 28.6%，农村为 31.2%。

在如此巨大的消费市场中，通过招标投标来选定产品的项目也数不胜数，如对医疗设备及药品的采购、家电等大宗消费商品的采购、食品及日用品的采购等等。随着招标投标制度的深入实施，越来越多的国家机关、企事业单位和民营企业（非公有经济实体）均通过招标来选定所需的产品。

2.3 其他市场

招标投标活动在我国社会主义市场经济体制中发挥了越来越重要的作用，不仅仅局限于投资市场和消费市场，在其他市场中运用招标投标手段的情况也举不胜举。

例如：在进出口市场，进出口商大多通过招标来选购货物；在资金市场，近年来也越来越多地采用招标手段来选定投资及合作伙伴；在科技市场，通过招标来确定科研课题、选择科技成果的实例也已屡见不鲜；在土地市场，国有建设用地除依法划拨用地外，基本上都采取招标、拍卖、挂牌的方式进行出让和转让。财政部对外公布的数据显示：2017 年全国公共预算收入为 172567 亿元，而国有土地使用权出让收入就达到了 52059 亿元，同比增长 40.7%；2018 年全国国有土地使用权出让收入为 65096 亿元，同比增长 25%。随着住房和城乡建设事业的发展，通过"招、拍、挂"获取的国有土地使用权出让收入已成为各级政府用于城乡基础设施建设的重要资金来源。

由此可见，招标投标活动涉及的领域之多、范围之大、行业之广是非常明显的，已引起了各级政府和社会各界的普遍重视。

第3章 法规解读

随着我国社会主义法制的逐步完善，与招标投标活动相关的法律法规逐步建立健全。深入研究招标投标活动，必须在现行的法律法规框架内进行。

3.1 招标投标法

《中华人民共和国招标投标法》（以下简称《招标投标法》）于 1999 年 8 月 30 日第九届全国人民代表大会常务委员会第十一次会议通过，自 2000 年 1 月 1 日起施行。2017 年 12 月 27 日第十二届全国人民代表大会常务委员会第三十一次会议作了少量修正。

《招标投标法》共六章六十八条。

第一章，总则。明确了立法目的，是为了规范招标投标活动，保护国家利益、社会公共利益和招标投标活动当事人的合法权益，提高经济效益，保证项目质量。规定在中华人民共和国境内进行下列工程建设项目包括项目的勘察、设计、施工、监理以及与工程建设有关的重要设备、材料等的采购，必须进行招标：

（一）大型基础设施、公用事业等关系社会公共利益、公众安全的项目；

（二）全部或者部分使用国有资金投资或者国家融资的项目；

（三）使用国际组织或者外国政府贷款、援助资金的项目。

强调招标投标活动应当遵循公开、公平、公正和诚实信用的原则；任何单位和个人不得将依法必须进行招标的项目化整为零或者以其他任何方式规避招标；不得违法限制或者排斥本地区、本系统以外的法人或者其他组织参加投标，不得以任何方式非法干涉招标投标活动；招标投标活动及其当事人应当接受依法实施的监督。

第二章，招标。明确招标分为公开招标和邀请招标；招标应当先履行审批手续，取得批准；招标人有权自行选择招标代理机构，委托其办理招标，或自行办理招标事宜；招标代理机构是依法设立、从事招标代理业务并提供相关服务的社会中介组织。招标人采用公开招标方式的，应当发布招标公告。依法必须进行招标的项目的招标公告，应当通过国家指定的报刊、信息网络或者其他媒介发布；招标人采用邀请招标方式的，应当向三个以上具备承担招标项目的能力、资信良好的特定的法人或者其他组织发出投标邀请书。招标人不得以不合理的条件限制或者排斥潜在投标人，不得对潜在投标人实行歧视待遇。

要求招标人应当根据招标项目的特点和需要编制招标文件，合理划分标段、确定工期，招标文件不得要求或者标明特定的生产供应者以及含有倾向或者排斥潜在投标人的其他内容；招标人设有标底的，标底必须保密；招标人应当确定投标人编制投标文件所需要的合理时间，依法必须进行招标的项目，自招标文件开始发出之日起至投标人提交投标文件截止之日止，最短不得少于二十日。

第三章，投标。要求投标人应当具备承担招标项目的能力以及资格条件，应当按照招标文件的要求编制投标文件并对招标文件提出的实质性要求和条件作出响应；投标人应当在招标文件要求提交投标文件的截止时间前，将投标文件送达投标地点；投标人少于三个的，招标人应当依照本法重新招标。

明确两个以上法人或者其他组织可以组成一个联合体，以一个投标人的身份共同投标；联合体各方均应当具备承担招标项目的相应能力；联合体各方应当签订共同投标协议；招标人不得强制投标人组成联合体共同投标，不得限制投标人之间的竞争。

强调投标人不得相互串通投标报价，不得排挤其他投标人的公平竞争，损害招标人或者其他投标人的合法权益；投标人不得与招标人串通投标，损害国家利益、社会公共利益或者他人的合法权益；禁止投标人以向招标人或者评标委员会成员行贿的手段谋取中标；投标人不得以低于成本的报价竞标，也不得以他人名义投标或者以其他方式弄虚作假，骗取中标。

第四章，开标、评标和中标。明确开标应当在招标文件确定的提交投标文件截止时间的同一时间公开进行，开标地点应当为招标文件中预先确定的地点；开标过程应当记录，并存档备查。

强调评标应由招标人依法组建的评标委员会负责，评标委员会由招标人的代表和有关技术、经济等方面的专家组成，成员人数为五人以上单数；评标专家应当从事相关领域工作满八年并具有高级职称或者具有同等专业水平；一般招标项目可以采取随机抽取方式，特殊招标项目可以由招标人直接确定；招标人应当采取必要的措施，保证评标在严格保密的情况下进行；任何单位和个人不得非法干预、影响评标的过程和结果。

要求评标委员会按照招标文件确定的评标标准和方法进行评标，并向招标人提出书面评标报告，推荐合格的中标候选人；招标人根据评标委员会提出的书面评标报告和推荐的中标候选人确定中标人，也可以授权评标委员会直接确定中标人；在确定中标人前，招标人不得与投标人就投标价格、投标方案等实质性内容进行谈判；评标委员会成员不得私下接触投标人，不得收受投标人的财物或者其他好处。

规定中标人确定后，招标人应当向中标人发出中标通知书，并同时将中标结果通知所有未中标的投标人；招标人和中标人应当自中标通知书发出之日起三十日内订立书面合同；招标文件要求中标人提交履约保证金的，中标人应当提交；招标人应当自确定中标人之日起十五日内，向有关行政监督部门提交招标投标情况的书面报告；中标人应当按照合同约定履行义务，完成中标项目，不得向他人转让中标项目，不得将中标项目肢解后分别向他人转让。

第五章，法律责任。该章对违反本法规定的14种情形，明确了具体的法律责任。包括对必须进行招标的项目而不招标的，将必须进行招标的项目化整为零或者以其他任何方式规避招标的；招标代理机构违反本法规定，泄漏应当保密的与招标投标活动有关的情况和资料的，或者与招标人、投标人串通损害国家利益、社会公共利益或者他人合法权益的；招标人以不合理的条件限制或者排斥潜在投标人的，对潜在投标人实行歧视待遇的，强制要求投标人组成联合体共同投标的，或者限制投标人之间竞争的；依法必须进行招标的项目的招标人向他人透露已获取招标文件的潜在投标人的名称、数量或者可能影响公平竞争的有关招标投标的其他情况的，或者泄漏标底的；投标人相互串通投标或者与招标人串通投标的，投标人以向招标人或者评标委员会成员行贿的手段谋取中标的；投标人以他人名义投标或者以其他方式弄虚作假，骗取中标的；依法必须进行招标的项目，招标人违反本法规定，与投标人就投标价格、投标方案等实质性内容进行谈判的；评标委员会成员收受投标人的财物或者其他好处的，评标委员会成员或者参加评标的有关工作人员向他人透露对投标文件的评审和比较、中标候选人的推荐以及与评标有关的其他情况的；招标人在评标委员会依法推荐的中标候选人以外确定中标人的，依法必须进行招标的项目在所有投标被评标委员会否决后自行确定中标人的；中标人将中标项目转让给他人的，将中标项目肢解后分别转让给他人的，违反本法规定将中标项目的部分主体、关键性工作分包给他人的，或者分包人再次分包的；招标人与中标人不按照招标文件和中标人的投标文件订立合同的，或者招标人、中标人订立背离合同实质性内容的协议的；中标人不履行与招标人订立的合同的；限制或者排斥本地区、本系统以外的法人或者其他组织参加投标的，为招标人指定招标代理机构的，强制招标人委托招标代理机构办理招标事宜的，或者以其他方式干涉招标投标活动的；对招标投标活动依法负有行政监督职责的国家机关工作人员徇私舞弊、滥用职权或者玩忽职守的。

对上述违法行为，分别规定作出警告、责令限期改正、罚款、暂停资金拨付、吊销营业执照、取消中标资格、取消投标资格、没收保证金、处分责任人、承担赔偿责任等处罚；构成犯罪的，依法追究刑事责任。

第六章，附则。明确投标人和其他利害关系人认为招标投标活动不符合本法有关规定的，有权向招标人提出异议或者依法向有关行政监督部门投诉；涉及国家安全、国家秘密、抢险救灾或者属于利用扶贫资金实行以工代赈、需要使用农民工等特殊情况，不适宜进行招标的项目，按照国家有关规定可以不进行招标；使用国际组织或者外国政府贷款、援助资金的项目进行招标，贷款方、资金提供方对招标投标的具体条件和程序有不同规定的，可以适用其规定，但违背中华人民共和国的社会公共利益的除外。本法自 2000 年 1 月 1 日起施行。

这是我国首部完整的招标投标法律，其内容涵盖了招标投标全过程，具有很强的权威性、规范性和适用性。

3.2　政府采购法

《中华人民共和国政府采购法》（以下简称《政府采购法》）于 2002 年 6 月 29 日第九届全国人民代表大会常务委员会第二十八次会议通过，自 2003 年 1 月 1 日起施行。2014 年 8 月 31 日第十二届全国人民代表大会常务委员会第十次会议《关于修改〈中华人民共和国保险法〉等五部法律的决定》进行了修正。

《政府采购法》共九章八十八条。

第一章，总则。明确了立法目的、适用范围。所谓政府采购，是指各级国家机关、事业单位和团体组织，使用财政性资金采购依法制定的集中采购目录以内的或者采购限额标准以上的货物、工程和服务的行为，包括购买、租赁、委托、雇用等。

要求政府采购应当遵循公开透明原则、公平竞争原则、公正原则和诚实信用原则。政府采购工程进行招标投标的，适用招标投标法。政府采购实行集中采购和分散采购相结合；纳入集中采购目录的政府采购项目，应当实行集中采购。

规定政府采购应当采购本国货物、工程和服务。但有下列情形之一的除外：

（一）需要采购的货物、工程或者服务在中国境内无法获取或者无法以合理的商业条件获取的；

（二）为在中国境外使用而进行采购的；

（三）其他法律、行政法规另有规定的。

政府采购的信息应当在政府采购监督管理部门指定的媒体上及时向社会公开发布；并采取回避制度。

第二章，政府采购当事人。明确政府采购当事人是指在政府采购活动中享有权利和承担义务的各类主体，包括采购人、供应商和采购代理机构等。采购人是指依法进行政府采购的国家机关、事业单位、团体组织。集中采购机构为采购代理机构；集中采购机构进行政府采购活动，应当符合采购价格低于市场平均价格、采购效率更高、采购质量优良和服务良好的要求。采购人有权自行选择采购代理机构采购，在委托的范围内办理政府采购事宜。

供应商是指向采购人提供货物、工程或者服务的法人、其他组织或者自然人。规定了供应商参加政府采购活动应必备的条件；采购人可以根据采购项目的特殊要求，规定供应商的特定条件，但不得以不合理的条件对供应商实行差别待遇或者歧视待遇；两个以上的自然人、法人或者其他组织可以组成一个联合体，以一个供应商的身份共同参加政府采购；政府采购当事人不得相互串通损害国家利益、社会公共利益和其他当事人的合法权益；不得以任何手段排斥其他供应商参与竞争；供应商不得以向采购人、采购代理机构、评标委员会的组成人员、竞争性谈判小组的组成人员、询价小组的组成人员行贿或者采取其他不正当手段谋取中标或者成交；采购代理机构不得以向采购人行贿或者采取其他不正当手段谋取非法利益。

第三章，政府采购方式。规定政府采购采用公开招标、邀请招标、竞争性谈判、单一来源采购、询价以及国务院政府采购监督管理部门认定的其他采购方式，公开招标应作为政府采购的主要采购方式；应当采用公开招标方式的，其具体数额标准由国务院或省、自治区、直辖市人民政府规定；因特殊情况需要采用公开招标以外的采购方式的，应当在采购活动开始前获得设区的市、自治州以上人民政府采购监督管理部门批准；采购人不得将应当以公开招标方式采购的货物或者服务化整为零或者以其他任何方式规避公开招标采购。

对具有特殊性、只能从有限范围的供应商处采购的，采用公开招标方式的费用占政府采购项目总价值的比例过大的，可以依法采用邀请招标方式采购；对招标后没有供应商投标或者没有合格标的或者重新招标未能成立的，技术复杂或者性质特殊、不能确定详细规格或者具体要求的，采用招标所需时间不能满足用户紧急需要的，不能事先计算出价格总额的，可以依法采用竞争性谈判方式采购；对只能从唯一供应商处采购的，发生了不可预见的紧急情况不能从其他供应商处采购的，必须保证原有采购项目一致性或者服务配套的要求，需要继续从原供应商处添购、且添购资金总额不超过原合同采购金额百分之十的，可以依法采用单一来源方式采购；对采购的货物规格、标准统一，现货货源充足且价格变化幅度小的政府采购项目，可以依法采用询价方式采购。

第四章，政府采购程序。明确应将财政年度政府采购的项目及资金预算列出，按预算管理权限和程序进行；采取邀请招标方式采购的，采购人应当从符合相应资格条件的供应商中，通过随机方式选择三家以上的供应商，并向其发出投标邀请书；实行招标方式采购的，自招标文件开始发出之日起至投标人提交投标文件截止之日止，不得少于二十日。

规定了在招标采购中出现的废标情形。废标后，采购人应当将废标理由通知所有投标人，并重新组织招标。采用竞争性谈判方式采购的，应当成立谈判小组、制定谈判文件、确定邀请参加谈判的供应商名单，开展谈判，确定成交供应商。采取单一来源方式采购的，采购人与供应商应当遵循本法规定的原则，在保证采购项目质量和双方商定合理价格的基础上进行采购。采取询价方式采购的，应当成立询价小组、确定被询价的供应商名单、询价和确定成交供应商。

要求采购人或者其委托的采购代理机构应当组织对供应商履约的验收；采购人、采购代理机构对政府采购项目每项采购活动的采购文件应当妥善保存，不得伪造、变造、隐匿或者销毁；采购文件的保存期限为从采购结束之日起至少保存十五年。

第五章，政府采购合同。规定政府采购合同适用《中华人民共和国合同法》，采购人可以委托采购代理机构代表其与供应商签订政府采购合同，政府采购合同应当采用书面形式；采购人与中标、成交供应商应当在中标、成交通知书发出之日起三十日内，按照采购文件确定的事项签订政府采购合同；经采购人同意，中标、成交供应商可以依法采取分包方式履行合同；政府采购合同履行中，采购人需追加与合同标的相同的货物、工程或者服务的，在不改变合同其他条款的前提下，可以与供应商协商签订补充合同，但所有补充合同的采购金额不得超过原合同采购金额的百分之十；政府采购合同继续履行将损害国家利益和社会公共利益的，双方当事人应当变更、中止或者终止合同。有过错的一方应当承担赔偿责任，双方都有过错的，各自承担相应的责任。

第六章，质疑与投诉。规定供应商对政府采购活动事项有疑问的，可以向采购人提出询问，采购人应当及时作出答复，但答复的内容不得涉及商业秘密；供应商认为采购文件、采购过程和中标、成交结果使自己的权益受到损害的，可以在知道或者应知其权益受到损害之日起七个工作日内，以书面形式向采购人提出质疑；采购人应当在收到供应商的书面质疑后七个工作日内作出答复，并以书面形式通知质疑供应商和其他有关供应商，但答复的内容不得涉及商业秘密；质疑供应商对采购人、采购代理机构的答复不满意或者采购人、采购代理机构未在规定的时间内作出答复的，可以在答复期满后十五个工作日内向同级政府采购监督管理部门投诉；政府采购监督管理部门应当在收到投诉后三十个工作日内，对投诉事项作出处理决定，并以书面形式通知投诉人和与投诉事项有关的当事人；政府采购监督管理部门在处理投诉事项期间，可以视具体情况书面通知采购人暂停采购活动，但暂停时间最长不得超过三十日；投诉人对政府采购监督管理部门的投诉处理决定不服或者政府采购监督管理部门逾期未作处理的，可以依法申请行政复议或者向人民法院提起行政诉讼。

第七章，监督检查。规定政府采购监督管理部门应当加强对政府采购活动及集中采购机构的监督检查；政府采购监督管理部门不得设置集中采购机构，不得参与政府采购项目的采购活动；集中采购机构应当建立健全内部监督管理制度；采购活动的决策和执行程序应当明确，并相互监督、相互制约；政府采购项目的采购标准应当公开；政府采购监督管理部门应当对政府采购项目的采购活动进行检查，政府采购当事人应当如实反映情况，提供有关材料；依照法律、行政法规的规定对政府采购负有行政监督职责的政府有关部门，应当按照其职责分工，加强对政府采购活动的监督。

第八章，法律责任。该章对违反本法规定的采购人、采购代理机构、当事人、供应商，明确了具体的法律责任。分别作出警告、罚款、暂停资金拨付、吊销营业执照、取消中标资格、终止采购活动、没收违法所得、列入不良行为记录名单、取消其进行相关业务资格、承担赔偿责任、处分责任人等处罚；构成犯罪的，依法追究刑事责任。监督管理部门的工作人员在实施监督检查中违反本法规定滥用职权，玩忽职守，徇私舞弊的，依法给予行政处分；构成犯罪的，依法追究刑事责任。对阻挠和限制供应商进入本地区或者本行业政府采购市场的，责令限期改正；拒不改正的，由该单位、个人的上级行政主管部门或者有关机关给予单位责任人或者个人处分。

第九章，附则。规定使用国际组织和外国政府贷款进行的政府采购，贷款方、资金提供方与中方达成的协议对采购的具体条件另有规定的，可以适用其规定，但不得损害国家利益和社会公共利益；对因严重自然灾害和其他不可抗力事件所实施的紧急采购和涉及国家安全和秘密的采购，不适用本法；军事采购法规由中央军事委员会另行制定。本法实施的具体步骤和办法由国务院规定。本法自 2003 年 1 月 1 日起施行。

该法的出台全面规范了政府采购行为，将大量的政府采购活动纳入依法管理轨道，并与《招标投标法》进行了较好的对接。

3.3 建筑法

《中华人民共和国建筑法》（以下简称《建筑法》）于 1997 年 11 月 1 日第八届全国人民代表大会常务委员会第二十八次会议通过，自 1998 年 3 月 1 日起施行。2011 年 4 月 22 日第十一届全国人民代表大会常务委员会第二十次会议进行了修正。2019 年 4 月 23 日第十三届全国人民代表大会常务委员会第十次会议又作出了修改。

《建筑法》共八章八十五条。

《建筑法》是规范我国建筑市场的一部重要法律，其中涉及招标投标的主要内容有：

规定从事建筑活动应当遵守法律、法规，不得损害社会公共利益和他人的合法权益；从事建筑活动的建筑施工企业、勘察单位、设计单位和工程监理单位，应具备必要的条件；建筑工程发包与承包的招标投标活动，应当遵循公开、公正、平等竞争的原则，择优选择承包单位；建筑工程的招标投标，本法没有规定的，适用有关招标投标法律的规定；建筑工程公开招标发包的，其造价的约定，须遵守招标投标法律的规定；建筑工程依法实行招标发包，对不适于招标发包的可以直接发包；建筑工程实行公开招标的，发包单位应当依照法定程序和方式，发布招标公告，提供载有招标工程的主要技术要求、主要的合同条款、评标的标准和方法以及开标、评标、定标的程序等内容的招标文件。

明确开标应当在招标文件规定的时间、地点公开进行；开标后应当按照招标文件规定的评标标准和程序对标书进行评价、比较，在具备相应资质条件的投标者中，择优选定中标者；建筑工程招标的开标、评标、定标由建设单位依法组织实施，并接受有关行政主管部门的监督；建筑工程实行招标发包的，发包单位应当将建筑工程发包给依法中标的承包单位；政府及其所属部门不得滥用行政权力，限定发包单位将招标发包的建筑工程发包给指定的承包单位；提倡对建筑工程实行总承包，禁止将建筑工程肢解发包；建筑工程的发包单位可以将建筑工程的勘察、设计、施工、设备采购一并发包给一个工程总承包单位，也可以将建筑工程勘察、设计、施工、设备采购的一项或者多项发包给一个工程总承包单位，但不得将应当由一个承包单位完成的建筑工程肢解成若干部分发包给几个承包单位；禁止承包单位将其承包的全部建筑工程转包给他人，禁止承包单位将其承包的全部建筑工程肢解以后以分包的名义分别转包给他人；禁止总承包单位将工程分包给不具备相应资质条件的单位；禁止分包单位将其承包的工程再分包。

在法律责任这章中，明确对违反本法规定，发包单位将工程发包给不具有相应资质条件的承包单位的，或者违反本法规定将建筑工程肢解发包的，责令改正，处以罚款；可以责令停业整顿，降低资质等级；情节严重的，吊销资质证书；有违法所得的，予以没收；构成犯罪的，依法追究刑事责任。

3.4 招标投标法实施条例

《中华人民共和国招标投标法》发布实施后，国务院于2011年11月30日以第613号令公布了《中华人民共和国招标投标法实施条例》（以下简称《实施条例》），自2012年2月1日起施行。根据2017年3月1日《国务院关于修改和废止部分行政法规的决定》第一次修订；根据2018年3月19日《国务院关于修改和废止部分行政法规的决定》第二次修订。

《实施条例》共七章八十五条，进一步规范和细化了招标投标活动所包含的内容。

第一章，总则。明确工程建设项目，是指工程以及与工程建设有关的货物、服务；建设工程，包括建筑物和构筑物的新建、改建、扩建及其相关的装修、拆除、修缮等；工程建设有关的货物，是指构成工程不可分割的组成部分，且为实现工程基本功能所必需的设备、材料等；与工程建设有关的服务，是指为完成工程所需的勘察、设计、监理等服务。

规定依法必须进行招标的工程建设项目的具体范围和规模标准，由国务院发展改革部门会同国务院有关部门制订，报国务院批准后公布施行；国务院发展改革部门指导和协调全国招标投标工作，对国家重大建设项目的工程招标投标活动实施监督检查；国务院工业和信息化、住房城乡建设、交通运输、铁道、水利、商务等部门，按照规定的职责分工对有关招标投标活动实施监督；财政部门依法对实行招标投标的政府采购工程建设项目的预算执行情况和政府采购政策执行情况实施监督；监察机关依法对与招标投标活动有关的监察对象实施监察。设区的市级以上地方人民政府可以根据实际需要，建立统一规范的招标投标交易场所，为招标投标活动提供服务。禁止国家工作人员以任何方式非法干涉招标投标活动。

第二章，招标。明确按照国家有关规定需要履行项目审批、核准手续的依法必须进行招标的项目，其招标范围、招标方式、招标组织形式应当报项目审批、核准部门审批、核准。国有资金占控股或者主导地位的依法必须进行招标的项目，应当公开招标；但有下列情形之一的，可以邀请招标：

（一）技术复杂、有特殊要求或者受自然环境限制，只有少量潜在投标人可供选择；

（二）采用公开招标方式的费用占项目合同金额的比例过大。

除招标投标法第六十六条规定的可以不进行招标的特殊情况外，有下列情形之一的，可以不进行招标：

（一）需要采用不可替代的专利或者专有技术；

（二）采购人依法能够自行建设、生产或者提供；

（三）已通过招标方式选定的特许经营项目投资人依法能够自行建设、生产或者提供；

（四）需要向原中标人采购工程、货物或者服务，否则将影响施工或者功能配套要求；

（五）国家规定的其他特殊情形。

强调国务院住房城乡建设、商务、发展改革、工业和信息化等部门，按照规定的职责分工对招标代理机构依法实施监督管理；招标代理机构代理招标业务，应当遵守招标投标法和本条例关于招标人的规定；招标代理机构不得在所代理的招标项目中投标或者代理投标，也不得为所代理的招标项目的投标人提供咨询。

规定公开招标的项目，应当依照招标投标法和本条例的规定发布招标公告、编制招标文件；招标人采用资格预审办法对潜在投标人进行资格审查的，应当发布资格预审公告、编制资格预审文件；招标人应当按照资格预审公告、招标公告或者投标邀请书规定的时间、地点发售资格预审文件或者招标文件，资格预审文件或者招标文件的发售期不得少于5日；依法必须进行招标的项目提交资格预审申请文件的时间，自资格预审文件停止发售之日起不得少于 5 日；资格预审结束后，招标人应当及时向资格预审申请人发出资格预审结果通知书；未通过资格预审的申请人不具有投标资格；通过资格预审的申请人少于 3 个的，应当重新招标。

要求招标人采用资格后审办法对投标人进行资格审查的，应当在开标后由评标委员会按照招标文件规定的标准和方法对投标人的资格进行审查；招标人编制的资格预审文件、招标文件的内容违反法律、行政法规的强制性规定，违反公开、公平、公正和诚实信用原则，影响资格预审结果或者潜在投标人投标的，依法必须进行招标的项目的招标人应当在修改资格预审文件或者招标文件后重新招标；招标人对招标项目划分标段的，应当遵守招标投标法的有关规定，不得利用划分标段限制或者排斥潜在投标人，不得利用划分标段规避招标；招标人在招标文件中要求投标人提交投标保证金的，投标保证金不得超过招标项目估算价的 2%，投标保证金有效期应当与投标有效期一致；招标人可以自行决定是否编制标底，一个招标项目只能有一个标底，标底必须保密；招标人设有最高投标限价的，应当在招标文件中明确最高投标限价或者最高投标限价的计算方法，招标人不得规定最低投标限价；招标人可以依法对工程以及与工程建设有关的货物、服务全部或者部分实行总承包招标；以暂估价形式包括在总承包范围内的工程、货物、服务属于依法必须进行招标的项目范围且达到国家规定规模标准的，应当依法进行招标；对技术复杂或者无法精确拟定技术规格的项目，招标人可以分两阶段进行招标；招标人终止招标的，应当及时发布公告，或者以书面形式通知被邀请的或者已经获取资格预审文件、招标文件的潜在投标人；招标人不得以不合理的条件限制、排斥潜在投标人或者投标人。

第三章，投标。规定投标人参加依法必须进行招标的项目的投标，不受地区或者部门的限制，任何单位和个人不得非法干涉；与招标人存在利害关系可能影响招标公正性的法人、其他组织或者个人，不得参加投标；单位负责人为同一人或者存在控股、管理关系的不同单位，不得参加同一标段投标或者未划分标段的同一招标项目投标；未通过资格预审的申请人提交的投标文件，以及逾期送达或者不按照招标文件要求密封的投标文件，招标人应当拒收；招标人应当在资格预审公告、招标公告或者投标邀请书中载明是否接受联合体投标。

明确招标人接受联合体投标并进行资格预审的，联合体应当在提交资格预审申请文件前组成；资格预审后联合体增减、更换成员的，其投标无效；联合体各方在同一招标项目中以自己名义单独投标或者参加其他联合体投标的，相关投标均无效。

重申禁止投标人相互串通投标，并列举了相互串通投标的十一种情形；禁止招标人与投标人串通投标，并列举了串通投标的六种情形；列举了以他人名义投标及以其他方式弄虚作假的行为。

第四章，开标、评标和中标。要求招标人应当按照招标文件规定的时间、地点开标；投标人少于3个的，招标人应当重新招标。

规定国家实行统一的评标专家专业分类标准和管理办法；省级人民政府和国务院有关部门应当组建综合评标专家库；评标委员会的专家成员应当从评标专家库内相关专业的专家名单中以随机抽取方式确定；评标委员会成员与投标人有利害关系的，应当主动回避；评标委员会成员应当依照招标投标法和本条例的规定，按照招标文件规定的评标标准和方法，客观、公正地对投标文件提出评审意见；招标项目设有标底的，招标人应当在开标时公布；有下列情形之一的，评标委员会应当否决其投标：

（一）投标文件未经投标单位盖章和单位负责人签字；

（二）投标联合体没有提交共同投标协议；

（三）投标人不符合国家或者招标文件规定的资格条件；

（四）同一投标人提交两个以上不同的投标文件或者投标报

价，但招标文件要求提交备选投标的除外；

（五）投标报价低于成本或者高于招标文件设定的最高投标限价；

（六）投标文件没有对招标文件的实质性要求和条件作出响应；

（七）投标人有串通投标、弄虚作假、行贿等违法行为。

明确评标完成后，评标委员会应当向招标人提交书面评标报告和中标候选人名单；中标候选人应当不超过3个，并标明排序；评标报告应当由评标委员会全体成员签字；招标人应当自收到评标报告之日起3日内公示中标候选人，公示期不得少于3日；投标人或者其他利害关系人对依法必须进行招标的项目的评标结果有异议的，应当在中标候选人公示期间提出；招标人应当自收到异议之日起3日内作出答复；作出答复前，应当暂停招标投标活动。

要求国有资金占控股或者主导地位的依法必须进行招标的项目，招标人应当确定排名第一的中标候选人为中标人；排名第一的中标候选人放弃中标、或者被查实不符合中标条件的，招标人可以按照评标委员会提出的中标候选人名单排序依次确定其他中标候选人为中标人，也可以重新招标；招标人和中标人应当依照招标投标法和本条例的规定签订书面合同，合同的标的、价款、质量、履行期限等主要条款应当与招标文件和中标人的投标文件的内容一致；招标人最迟应当在书面合同签订后五日内向中标人和未中标的投标人退还投标保证金及银行同期存款利息；招标文件要求中标人提交履约保证金的，中标人应当按照招标文件的要求提交；履约保证金不得超过中标合同金额的百分之十；中标人应当按照合同约定履行义务，完成中标项目；中标人不得向他人转让中标项目，也不得将中标项目肢解后分别向他人转让。

第五章，投诉与处理。明确投标人或者其他利害关系人认为招标投标活动不符合法律、行政法规规定的，可以自知道或者应当知道之日起 10 日内向有关行政监督部门投诉；投诉应当有明确的请求和必要的证明材料；行政监督部门应当自收到投诉之日起 3 个工作日内决定是否受理投诉，并自受理投诉之日起 30 个工作日内作出书面处理决定；投诉人捏造事实、伪造材料或者以非法手段取得证明材料进行投诉的，行政监督部门应当予以驳回。

规定行政监督部门处理投诉，有权查阅、复制有关文件、资料，调查有关情况，相关单位和人员应当予以配合；必要时，行政监督部门可以责令暂停招标投标活动；行政监督部门的工作人员对监督检查过程中知悉的国家秘密、商业秘密，应当依法予以保密。

第六章，法律责任。对《中华人民共和国招标投标法》中明确的法律责任进行了细化，明确了处罚的上下限及具体情形。指出依法必须进行招标的项目的招标投标活动违反招标投标法和本条例的规定，对中标结果造成实质性影响，且不能采取补救措施予以纠正的，招标、投标、中标无效，应当依法重新招标或者评标。

第七章，附则。要求招标投标协会按照依法制定的章程开展活动，加强行业自律和服务；政府采购的法律、行政法规对政府采购货物、服务的招标投标另有规定的，从其规定。本条例自 2012 年 2 月 1 日起施行。

3.5 政府采购法实施条例

《中华人民共和国政府采购法》发布实施后，国务院于 2015 年 1 月 30 日以第 658 号令公布了《中华人民共和国政府采购法实施条例》，自 2015 年 3 月 1 日起施行。

《中华人民共和国政府采购法实施条例》共九章七十九条，进一步规范和细化了政府采购行为。

第一章，总则。进一步明确了政府采购法所称财政性资金、服务、集中采购、分散采购的含义；规定省级人民政府或者其授权的机构根据实际情况，可以确定分别适用于本行政区域省级、设区的市级、县级的集中采购目录和采购限额标准；政府采购工程以及与工程建设有关的货物、服务，采用招标方式采购的，适用《中华人民共和国招标投标法》及其实施条例；采用其他方式采购的，适用政府采购法及本条例；政府采购项目信息应当在省级以上人民政府财政部门指定的媒体上发布；采购项目预算金额达到国务院财政部门规定标准的，政府采购项目信息应当在国务院财政部门指定的媒体上发布；在政府采购活动中，采购人员及相关人员与供应商有利害关系的，应当回避；国家实行统一的政府采购电子交易平台建设标准，推动利用信息网络进行电子化政府采购活动。

第二章，政府采购当事人。明确了采购人、集中采购机构、采购代理机构的定性和相关要求；规定采购人、采购代理机构应当根据政府采购政策、采购预算、采购需求编制采购文件；采购人和采购代理机构应当签订委托代理协议，履行各自义务，采购代理机构不得超越代理权限；参加政府采购活动的供应商应当具备政府采购法规定的条件，提供必要的材料；单位负责人为同一人或者存在直接控股、管理关系的不同供应商，不得参加同一合同项下的政府采购活动；采购人或者采购代理机构对供应商进行资格预审的，资格预审公告应当在省级以上人民政府财政部门指定的媒体上发布；以联合体形式参加政府采购活动的，联合体各方不得再单独参加或者与其他供应商另外组成联合体参加同一合同项下的政府采购活动。

第三章，政府采购方式。规定政府采购方式除公开招标外，经设区的市级以上人民政府财政部门批准，可以依法采用竞争性谈判或者单一来源采购方式采购。指出在一个财政年度内，采购人将一个预算项目下的同一品目或者类别的货物、服务采用公开招标以外的方式多次采购，累计资金数额超过公开招标数额标准的，属于以化整为零方式规避公开招标，但项目预算调整或者经批准采用公开招标以外方式采购除外。

第四章，政府采购程序。规定采购人应当根据集中采购目录、采购限额标准和已批复的部门预算编制政府采购实施计划，报本级人民政府财政部门备案；采购人或者采购代理机构应当在招标文件、谈判文件、询价通知书中公开采购项目预算金额；招标文件应当包括采购项目的商务条件、采购需求、投标人的资格条件、投标报价要求、评标方法、评标标准以及拟签订的合同文本等；招标文件要求投标人提交投标保证金的，投标保证金不得超过采购项目预算金额的2%；政府采购招标评标方法分为最低评标价法和综合评分法；谈判文件不能完整、明确列明采购需求，需要由供应商提供最终设计方案或者解决方案的，在谈判结束后，谈判小组应当按照少数服从多数的原则投票推荐3家以上供应商的设计方案或者解决方案，并要求其在规定时间内提交最后报价；询价通知书应当根据采购需求确定政府采购合同条款，在询价过程中，询价小组不得改变询价通知书所确定的政府采购合同条款；除国务院财政部门规定的情形外，采购人或者采购代理机构应当从政府采购评审专家库中随机抽取评审专家；评标委员会、竞争性谈判小组或者询价小组成员应当按照客观、公正、审慎的原则，根据采购文件规定的评审程序、评审方法和评审标准进行独立评审；采购代理机构应当自评审结束之日起2个工作日内将评审报告送交采购人，采购人应当自收到评审报告之日起5个工作日内在评审报告推荐的中标或者成交候选人中按顺序确定中标或者成交供应商；采购人或者采购代理机构应当自中标、成交供应商确定之日起2个工作日内，发出中标、成交通知书，并在省级以上人民政府财政部门指定的媒体上公告中标、成交结果，招标文件、竞争性谈判文件、询价通知书随中标、成交结果同时公告；除国务院财政部门规定的情形外，采购人、采购代理机构不得以任何理由组织重新评审，不得通过对样品进行检测、对供应商进行考察等方式改变评审结果；采购人或者采购代理机构应当按照政府采购合同规定的技术、服务、安全标准组织对供应商履约情况进行验收，并出具验收书。

第五章，政府采购合同。规定国务院财政部门应当会同国务院有关部门制定政府采购合同标准文本；履约保证金的数额不得超过政府采购合同金额的10%；中标或者成交供应商拒绝与采购人签订合同的，采购人可以按照评审报告推荐的中标或者成交候选人名单排序，确定下一候选人为中标或者成交供应商，也可以重新开展政府采购活动；采购人应当自政府采购合同签订之日起2个工作日内，将政府采购合同在省级以上人民政府财政部门指定的媒体上公告，但政府采购合同中涉及国家秘密、商业秘密的内容除外；采购人应当按照政府采购合同规定，及时向中标或者成交供应商支付采购资金。

第六章，质疑与投诉。规定采购人或者采购代理机构应当在3个工作日内对供应商依法提出的询问作出答复；政府采购评审专家应当配合采购人或者采购代理机构答复供应商的询问和质疑；询问或者质疑事项可能影响中标、成交结果的，采购人应当暂停签订合同，已经签订合同的，应当中止履行合同；财政部门处理投诉事项采用书面审查的方式，必要时可以进行调查取证或者组织质证；投诉人捏造事实、提供虚假材料或者以非法手段取得证明材料进行投诉的，财政部门应当予以驳回；财政部门对投诉事项作出的处理决定，应当在省级以上人民政府财政部门指定的媒体上公告。

第七章，监督检查。规定财政部门应当制定考核计划，定期对集中采购机构进行考核，考核结果有重要情况的，应当向本级人民政府报告；采购人发现采购代理机构有违法行为的，应当要求其改正；采购代理机构拒不改正的，采购人应当向本级人民政府财政部门报告，财政部门应当依法处理；采购代理机构发现采购人的采购需求存在以不合理条件对供应商实行差别待遇、歧视待遇或者其他不符合法律、法规和政府采购政策规定内容，或者发现采购人有其他违法行为的，应当建议其改正；各级人民政府财政部门和其他有关部门应当加强对参加政府采购活动的供应商、采购代理机构、评审专家的监督管理，对其不良行为予以记录，并纳入统一的信用信息平台；审计机关、监察机关以及其他有关部门依法对政府采购活动实施监督，发现采购当事人有违法行为的，应当及时通报财政部门。

第八章，法律责任。对政府采购法规定的罚款数额进行了明确，并细化了具体的法律责任。对违法行为视情况分别给予责令限期改正、通报、警告、罚款、没收违法所得、列入不良行为记录名单、禁止其 1 至 3 年内参加政府采购活动、取消中标资格、终止采购合同等处罚；给他人造成损失的，依法承担民事责任；对直接负责的主管人员和其他直接责任人员依法给予纪律处分；构成犯罪的，依法追究刑事责任。

第九章，附则。规定财政管理实行省直接管理的县级人民政府可以根据需要并报经省级人民政府批准，行使政府采购法和本条例规定的设区的市级人民政府批准变更采购方式的职权；本条例自 2015 年 3 月 1 日起施行。

3.6　部门规章

为认真贯彻《中华人民共和国招标投标法》等法律法规，国家有关部门研究制定了一批部门规章，进一步规范了招标投标市场的监管。现选择部分规章予以解读。

一、《必须招标的工程项目规定》

2018 年 3 月 30 日，国家发展和改革委员会发布第 16 号令，公布《必须招标的工程项目规定》，自 2018 年 6 月 1 日起施行。原《工程建设项目招标范围和规模标准规定》同时废止。

《必须招标的工程项目规定》明确：

全部或者部分使用国有资金投资或者国家融资的项目包括：

（一）使用预算资金 200 万元人民币以上，并且该资金占投资额 10% 以上的项目；

（二）使用国有企业事业单位资金，并且该资金占控股或者主导地位的项目。

使用国际组织或者外国政府贷款、援助资金的项目包括：

（一）使用世界银行、亚洲开发银行等国际组织贷款、援助资金的项目；

（二）使用外国政府及其机构贷款、援助资金的项目。

对规定范围内的项目，其勘察、设计、施工、监理以及与工程建设有关的重要设备、材料等的采购达到下列标准之一的，必须招标：

（一）施工单项合同估算价在 400 万元人民币以上；

（二）重要设备、材料等货物的采购，单项合同估算价在 200 万元人民币以上；

（三）勘察、设计、监理等服务的采购，单项合同估算价在 100 万元人民币以上。

同一项目中可以合并进行的勘察、设计、施工、监理以及与工程建设有关的重要设备、材料等的采购，合同估算价合计达到前款规定标准的，必须招标。

该《规定》适应了工程项目招标投标的新形势，明确了那些项目、多大的工程必须招标，具有很强的操作性。

二、《工程建设项目施工招标投标办法》

工程建设项目施工招标投标较为常见，且涉及多个部门、多个行业。为此，国家发展计划委员会、建设部、铁道部、交通部、信息产业部、水利部、中国民用航空总局于 2000 年发布了第 30 号令《工程建设项目施工招标投标办法》；2013 年以国家发展改革委第 23 号令进行了修改。该办法对建设项目施工招标投标作出了具体的规定。

该办法明确：工程建设项目符合《工程建设项目招标范围和规模标准规定》（现为《必须招标的工程项目规定》）规定的

范围和标准的，必须通过招标选择施工单位；工程施工招标投标活动应当遵循公开、公平、公正和诚实信用的原则；施工招标投标活动不受地区或者部门的限制。

依法必须进行公开招标的项目，有下列情形之一的，可以邀请招标：

（一）项目技术复杂或有特殊要求，或者受自然地域环境限制，只有少量潜在投标人可供选择；

（二）涉及国家安全、国家秘密或者抢险救灾，适宜招标但不宜公开招标；

（三）采用公开招标方式的费用占项目合同金额的比例过大。

依法必须进行施工招标的工程建设项目有下列情形之一的，可以不进行施工招标：

（一）涉及国家安全、国家秘密、抢险救灾或者属于利用扶贫资金实行以工代赈需要使用农民工等特殊情况，不适宜进行招标；

（二）施工主要技术采用不可替代的专利或者专有技术；

（三）已通过招标方式选定的特许经营项目投资人依法能够自行建设；

（四）采购人依法能够自行建设；

（五）在建工程追加的附属小型工程或者主体加层工程，原中标人仍具备承包能力，并且其他人承担将影响施工或者功能配套要求；

（六）国家规定的其他情形。

招标人可以对潜在投标人或者投标人进行资格审查；资格审查分为资格预审和资格后审；进行资格预审的，一般不再进行资格后审。

招标人根据施工招标项目的特点和需要编制招标文件。招标文件一般包括下列内容：

（一）招标公告或投标邀请书；

（二）投标人须知；

（三）合同主要条款；

（四）投标文件格式；

（五）采用工程量清单招标的，应当提供工程量清单；

（六）技术条款；

（七）设计图纸；

（八）评标标准和方法；

（九）投标辅助材料。招标文件规定的各项技术标准应符合国家强制性标准。

投标人应当按照招标文件的要求编制投标文件。投标文件应当对招标文件提出的实质性要求和条件作出响应。投标文件一般包括下列内容：

（一）投标函；

（二）投标报价；

（三）施工组织设计；

（四）商务和技术偏差表。

招标人可以在招标文件中要求投标人提交投标保证金。投标保证金除现金外，可以是银行出具的银行保函、保兑支票、银行汇票或现金支票。投标保证金不得超过项目估算价的百分之二，但最高不得超过八十万元人民币。依法必须进行施工招标的项目提交投标文件的投标人少于三个的，招标人在分析招标失败的原因并采取相应措施后，应当依法重新招标。两个以上法人或者其他组织可以组成一个联合体，以一个投标人的身份共同投标。

下列行为均属投标人串通投标报价：

（一）投标人之间相互约定抬高或压低投标报价；

（二）投标人之间相互约定，在招标项目中分别以高、中、低价位报价；

（三）投标人之间先进行内部竞价，内定中标人，然后再参加投标；

（四）投标人之间其他串通投标报价的行为。

下列行为均属招标人与投标人串通投标：

（一）招标人在开标前开启投标文件并将有关信息泄漏给其他投标人，或者授意投标人撤换、修改投标文件；

（二）招标人向投标人泄漏标底、评标委员会成员等信息；

（三）招标人明示或者暗示投标人压低或抬高投标报价；

（四）招标人明示或者暗示投标人为特定投标人中标提供方便；

（五）招标人与投标人为谋求特定中标人中标而采取的其他串通行为。

开标应当在招标文件确定的提交投标文件截止时间的同一时间公开进行；开标地点应当为招标文件中确定的地点。投标文件有下列情形之一的，招标人应当拒收：

（一）逾期送达；

（二）未按招标文件要求密封。

有下列情形之一的，评标委员会应当否决其投标：

（一）投标文件未经投标单位盖章和单位负责人签字；

（二）投标联合体没有提交共同投标协议；

（三）投标人不符合国家或者招标文件规定的资格条件；

（四）同一投标人提交两个以上不同的投标文件或者投标报价，但招标文件要求提交备选投标的除外；

（五）投标报价低于成本或者高于招标文件设定的最高投标限价；

（六）投标文件没有对招标文件的实质性要求和条件作出响应；

（七）投标人有串通投标、弄虚作假、行贿等违法行为。

评标委员会完成评标后，应向招标人提出书面评标报告。评标报告由评标委员会全体成员签字。依法必须进行招标的项目，招标人应当自收到评标报告之日起三日内公示中标候选人，公示期不得少于三日。中标通知书由招标人发出。招标人和中标人应当在投标有效期内并在自中标通知书发出之日起三十日内，按照招标文件和中标人的投标文件订立书面合同。招标人和中标人不得再行订立背离合同实质性内容的其他协议。

《工程建设项目施工招标投标办法》进一步细化了相关法律责任。

三、《评标委员会和评标方法暂行规定》

为规范评标委员会的行为和评标方法，国家发展计划委员会、建设部、铁道部、交通部、信息产业部、水利部、中国民用航空总局于 2001 年发布了第 12 号令《评标委员会和评标方法暂行规定》，2013 年以国家发展改革委第 23 号令进行了修改。其主要内容有：

评标委员会依法组建，负责评标活动，向招标人推荐中标候选人或者根据招标人的授权直接确定中标人。评标委员会由招标人负责组建。评标委员会由招标人或其委托的招标代理机构熟悉相关业务的代表，以及有关技术、经济等方面的专家组成，成员人数为五人以上单数，其中技术、经济等方面的专家不得少于成员总数的 2/3。评标委员会的专家成员应当从省级以上人民政府有关部门提供的专家名册或者招标代理机构的专家库内的相关专家名单中确定。

评标专家应符合下列条件：

（一）从事相关专业领域工作满八年并具有高级职称或者同等专业水平；

（二）熟悉有关招标投标的法律法规，并具有与招标项目相关的实践经验；

（三）能够认真、公正、诚实、廉洁地履行职责。

评标委员会成员不得与任何投标人或者与招标结果有利害关系的人进行私下接触，不得收受投标人、中介人、其他利害关系人的财物或者其他好处；评标委员会成员应当编制供评标使用的相应表格，认真研究招标文件，了解和熟悉招标评标相关内容；评标委员会应当根据招标文件规定的评标标准和方法，对投标文件进行系统的评审和比较。招标文件中没有规定的标准和方法不得作为评标的依据。

在评标过程中，评标委员会发现投标人以他人的名义投标、串通投标、以行贿手段谋取中标或者以其他弄虚作假方式投标的，该投标人的投标应作废标处理；评标委员会发现投标人的报价明显低于其他投标报价或者在设有标底时明显低于标底，使得其投标报价可能低于其成本的，应当要求该投标人作出书面说明并提供相关证明材料；投标人不能合理说明或者不能提供相关证明材料的，由评标委员会认定该投标人以低于成本报价竞标，其投标应按作废标处理。投标人少于三个或者所有投标被否决的，招标人应当依法重新招标。

经初步评审合格的投标文件，评标委员会应当根据招标文件确定的评标标准和方法，对其技术部分和商务部分作进一步评审、比较。评标方法包括经评审的最低投标价法、综合评估法或者法律、行政法规允许的其他评标方法。评标和定标应当在投标有效期结束日 30 个工作日前完成。评标委员会在评标过程中发现的问题，应当及时作出处理或者向招标人提出处理建议，并作书面记录。评标委员会完成评标后，应当向招标人提出书面评标报告，并抄送有关行政监督部门。评标报告由评标委员会全体成员签字。

中标人确定后，招标人应当向中标人发出中标通知书，同时通知未中标人，并与中标人在 30 个工作日之内签订合同。招标人与中标人不得再行订立背离合同实质性内容的其他协议。

《评标委员会和评标方法暂行规定》还细化了相关罚则。

四、《工程建设项目招标投标活动投诉处理办法》

在招标投标活动中，投诉处理是一项日常工作。为此，2004 年国家发展改革委员会等七部委发布第 11 号令《工程建设项目招标投标活动投诉处理办法》，2013 年以国家发展改革委第

23 号令进行了修改。其主要内容有：

投标人或者其他利害关系人认为招标投标活动不符合法律、法规和规章规定的，有权依法向有关行政监督部门投诉。对国家重大建设项目（含工业项目）招标投标活动的投诉，由国家发展改革委受理并依法做出处理决定。对国家重大建设项目招标投标活动的投诉，有关行业行政监督部门已经收到的，应当通报国家发展改革委，国家发展改革委不再受理。行政监督部门处理投诉时，应当坚持公平、公正、高效原则，维护国家利益、社会公共利益和招标投标当事人的合法权益。

投诉人投诉时，应当提交投诉书。投诉书应当包括下列内容：

（一）投诉人的名称、地址及有效联系方式；

（二）被投诉人的名称、地址及有效联系方式；

（三）投诉事项的基本事实；

（四）相关请求及主张；

（五）有效线索和相关证明材料。

投诉人是法人的，投诉书必须由其法定代表人或者授权代表签字并盖章；其他组织或者自然人投诉的，投诉书必须由其主要负责人或者投诉人本人签字，并附有效身份证明复印件。投诉人认为招标投标活动不符合法律、行政法规规定的，可以在知道或者应当知道之日起十日内提出书面投诉。投诉人可以自己直接投诉，也可以委托代理人办理投诉事务。

行政监督部门收到投诉书后，应当在三个工作日内进行审查，视情况分别做出以下处理决定：

（一）不符合投诉处理条件的，决定不予受理，并将不予受理的理由书面告知投诉人；

（二）对符合投诉处理条件，但不属于本部门受理的投诉，书面告知投诉人向其他行政监督部门提出投诉；对于符合投诉处理条件并决定受理的，收到投诉书之日即为正式受理。

行政监督部门受理投诉后，应当调取、查阅有关文件，调查、核实有关情况。对情况复杂、涉及面广的重大投诉事项，有权受理投诉的行政监督部门可以会同其他有关的行政监督部门进行联合调查，共同研究后由受理部门做出处理决定。在投诉处理过程中，行政监督部门应当听取被投诉人的陈述和申辩，必要时可通知投诉人和被投诉人进行质证。投诉处理决定做出前，投诉人要求撤回投诉的，应当以书面形式提出并说明理由，由行政监督部门视情况确定是否准予撤回。负责受理投诉的行政监督部门应当自受理投诉之日起三十个工作日内，对投诉事项做出处理决定，并以书面形式通知投诉人、被投诉人和其他与投诉处理结果有关的当事人。

投诉处理决定应当包括下列主要内容：

（一）投诉人和被投诉人的名称、地址；

（二）投诉人的投诉事项及主张；

（三）被投诉人的答辩及请求；

（四）调查认定的基本事实；

（五）行政监督部门的处理意见及依据。

当事人对行政监督部门的投诉处理决定不服或者行政监督部门逾期未做处理的，可以依法申请行政复议或者向人民法院提起行政诉讼。

五、《工程建设项目货物招标投标办法》

工程建设项目货物招标投标种类繁多，为规范其行为，2005 年国家发展改革委等七部委发布第 27 号令《工程建设项目货物招标投标办法》，2013 年以国家发展改革委第 23 号令进行了修改。其主要内容有：

货物，是指与工程建设项目有关的重要设备、材料等。工程建设项目货物招标投标活动，依法由招标人负责。工程建设项目招标人对项目实行总承包招标时，以暂估价形式包括在总承包范围内的货物达到国家规定规模标准的，应当由总承包中标人和工程建设项目招标人共同依法组织招标。

依法必须招标的工程建设项目，应当具备下列条件才能进行货物招标：

（一）招标人已经依法成立；

（二）按照国家有关规定应当履行项目审批、核准或者备案手续的，已经审批、核准或者备案；

（三）有相应资金或者资金来源已经落实；

（四）能够提出货物的使用与技术要求。

依法必须进行招标的工程建设项目，按国家有关投资项目审批管理规定，凡应报送项目审批部门审批的，招标人应当在报送的可行性研究报告中将货物招标范围、招标方式（公开招标或邀请招标）、招标组织形式（自行招标或委托招标）等有关招标内容报项目审批部门核准。项目审批部门应当将核准招标内容的意见抄送有关行政监督部门。

货物招标分为公开招标和邀请招标。邀请招标，应当经国务院发展改革部门或者省、自治区、直辖市人民政府批准。采用公开招标方式的，招标人应当发布招标公告。招标人应当按招标公告或者投标邀请书规定的时间、地点发出招标文件或者资格预审文件。招标人可以根据招标货物的特点和需要，对潜在投标人或者投标人进行资格审查；资格审查分为资格预审和资格后审。经资格预审后，招标人应当向资格预审合格的潜在投标人发出资格预审合格通知书，告知获取招标文件的时间、地点和方法，并同时向资格预审不合格的潜在投标人告知资格预审结果。资格预审合格的潜在投标人不足三个的，招标人应当重新进行资格预审。

招标文件一般包括下列内容：

（一）投标邀请书；

（二）投标人须知；

（三）投标文件格式；

（四）技术规格、参数及其他要求；

（五）评标标准和方法；

（六）合同主要条款。

招标文件中规定的各项技术规格均不得要求或标明某一特定的专利技术、商标、名称、设计、原产地或供应者等，不得含有倾向或者排斥潜在投标人的其他内容。在评标过程中，不得改变招标文件中规定的评标标准、方法和中标条件。投标保证金一般不得超过投标总价的百分之二，但最高不得超过八十万元人民币。招标人应当确定投标人编制投标文件所需的合理时间。依法必须进行招标的货物，自招标文件开始发出之日起至投标人提交投标文件截止之日止，最短不得少于二十日。

对无法精确拟定其技术规格的货物，招标人可以采用两阶段招标程序。在第一阶段，招标人可以首先要求潜在投标人提交技术建议，详细阐明货物的技术规格、质量和其他特性。招标人可以与投标人就其建议的内容进行协商和讨论，达成一个统一的技术规格后编制招标文件；在第二阶段，招标人应当向第一阶段提交了技术建议的投标人提供包含统一技术规格的正式招标文件，投标人根据正式招标文件的要求提交包括价格在内的最后投标文件。

法定代表人为同一个人的两个及两个以上法人、母公司、全资子公司及其控股公司，都不得在同一货物招标中同时投标。一个制造商对同一品牌同一型号的货物，仅能委托一个代理商参加投标，否则应作废标处理。

投标文件一般包括下列内容：

（一）投标函；

（二）投标一览表；

（三）技术性能参数的详细描述；

（四）商务和技术偏差表；

（五）投标保证金；

（六）有关资格证明文件；

（七）招标文件要求的其他内容。

提交投标文件的投标人少于三个的，招标人应当依法重新招标。两个以上法人或者其他组织可以组成一个投标联合体。评标委员会可以书面方式要求投标人对投标文件中含义不明确、对同类问题表述不一致或者有明显文字和计算错误的内容作必要的澄清、说明或补正。评标委员会不得向投标人提出带有暗示性或诱导性的问题，或向其明确投标文件中的遗漏和错误。

技术简单或技术规格、性能、制作工艺要求统一的货物，一般采用经评审的最低投标价法进行评标。技术复杂或技术规格、性能、制作工艺要求难以统一的货物，一般采用综合评估法进行评标。最低投标价不得低于成本。

评标委员会完成评标后，应向招标人提出书面评标报告。评标委员会提出书面评标报告后，招标人一般应当在十五日内确定中标人，但最迟应当在投标有效期结束日三十个工作日前确定。中标通知书对招标人和中标人具有法律效力。中标通知书发出后，招标人改变中标结果的，或者中标人放弃中标项目的，应当依法承担法律责任。招标人和中标人应当自中标通知书发出之日起三十日内，按照招标文件和中标人的投标文件订立书面合同。招标人和中标人不得再行订立背离合同实质性内容的其他协议。招标文件要求中标人提交履约保证金或者其他形式履约担保的，中标人应当提交；拒绝提交的，视为放弃中标项目。履约保证金金额一般为中标合同价的 10% 以内，招标人不得擅自提高履约保证金。

六、《房屋建筑和市政基础设施工程施工招标投标管理办法》

为规范房屋建筑和市政基础设施工程施工招标投标行为，1992 年建设部发布第 23 号令《房屋建筑和市政基础设施工程施工招标投标管理办法》，2018 年 9 月住房和城乡建设部以第 43 号令进行了修改。其主要内容有：

房屋建筑工程，是指各类房屋建筑及其附属设施和与其配套的线路、管道、设备安装工程及室内外装修工程；市政基础设施工程，是指城市道路、公共交通、供水、排水、燃气、热力、园林、环卫、污水处理、垃圾处理、防洪、地下公共设施及附属设施的土建、管道、设备安装工程。

工程施工招标由招标人依法组织实施。招标人不得以不合理条件限制或者排斥潜在投标人，不得对潜在投标人实行歧视待遇，不得对潜在投标人提出与招标工程实际要求不符的过高的资质等级要求和其他要求。

工程施工招标应当具备下列条件：

（一）按照国家有关规定需要履行项目审批手续的，已经履行审批手续；

（二）工程资金或者资金来源已经落实；

（三）有满足施工招标需要的设计文件及其他技术资料；

（四）法律、法规、规章规定的其他条件。

工程施工招标分为公开招标和邀请招标。有下列情形之一的，经县级以上地方人民政府建设行政主管部门批准，可以不进行施工招标：

（一）停建或者缓建后恢复建设的单位工程，且承包人未发生变更的；

（二）施工企业自建自用的工程，且该施工企业资质等级符合工程要求的；

（三）在建工程追加的附属小型工程或者主体加层工程，且承包人未发生变更的；

（四）法律、法规、规章规定的其他情形。

全部使用国有资金投资或者国有资金投资占控股或者主导地位，依法必须进行施工招标的工程项目，应当进入有形建筑市场进行招标投标活动。招标人可以根据招标工程的需要，对投标申请人进行资格预审，也可以委托工程招标代理机构对投标申请人进行资格预审。实行资格预审的招标工程，招标人应当在招标公告或者投标邀请书中载明资格预审的条件和获取资格预审文件的办法。经资格预审后，招标人应当向资格预审合格的投标申请人发出资格预审合格通知书，告知获取招标文件的时间、地点和方法，并同时向资格预审不合格的投标申请人告知资格预审结果。在资格预审合格的投标申请人过多时，可以由招标人从中选择不少于7家资格预审合格的投标申请人。

招标文件应当包括下列内容：

（一）投标须知；

（二）招标工程的技术要求和设计文件；

（三）采用工程量清单招标的，应当提供工程量清单；

（四）投标函的格式及附录；

（五）拟签订合同的主要条款；

（六）要求投标人提交的其他材料。

依法必须进行施工招标的工程，招标人应当在招标文件发出的同时，将招标文件报工程所在地的县级以上地方人民政府建设行政主管部门备案。建设行政主管部门发现招标文件有违反法律、法规内容的，应当责令招标人改正。

施工招标的投标人是响应施工招标、参与投标竞争的施工企业。投标人应当具备相应的施工企业资质，并在工程业绩、技术能力、项目经理资格条件、财务状况等方面满足招标文件提出的要求。

投标文件应当包括下列内容：

（一）投标函；

（二）施工组织设计或者施工方案；

（三）投标报价；

（四）招标文件要求提供的其他材料。

招标人可以在招标文件中要求投标人提交投标担保。投标担保可以采用投标保函或者投标保证金的方式。投标保证金可以使用支票、银行汇票等，一般不得超过投标总价的2%，最高不得超过50万元。提交投标文件的投标人少于3个的，招标人应当依法重新招标。

在开标时，投标文件出现下列情形之一的，应当作为无效投标文件，不得进入评标：

（一）投标文件未按照招标文件的要求予以密封的；

（二）投标文件中的投标函未加盖投标人的企业及企业法定代表人印章的，或者企业法定代表人委托代理人没有合法、有效的委托书（原件）及委托代理人印章的；

（三）投标文件的关键内容字迹模糊、无法辨认的；

（四）投标人未按照招标文件的要求提供投标保函或者投标保证金的；

（五）组成联合体投标的，投标文件未附联合体各方共同投标协议的。

评标由招标人依法组建的评标委员会负责。依法必须进行施工招标的工程，其评标委员会由招标人的代表和有关技术、经济等方面的专家组成，成员人数为5人以上单数，其中招标人、招标代理机构以外的技术、经济等方面专家不得少于成员总数的三分之二。评标委员会的专家成员，应当由招标人从建设行政主管部门及其他有关政府部门确定的专家名册或者工程招标代理机构的专家库内相关专业的专家名单中确定。确定专家成员一般应当采取随机抽取的方式。评标可以采用综合评估法、经评审的最低投标报价法或者法律法规允许的其他评标方法。采用综合评估法的，应当对投标文件提出的工程质量、施工工期、投标价格、施工组织设计或者施工方案、投标人及项目经理业绩等，能否最大限度地满足招标文件中规定的各项要求和评价标准进行评审和比较。以评分方式进行评估的，对于各种评比奖项不得额外计分。采用经评审的最低投标报价法的，应当在投标文件能够满足招标文件实质性要求的投标人中，评审出投标价格最低的投标人，但投标价格低于其企业成本的除外。评标委员会完成评标后，应当向招标人提出书面评标报告，阐明评标委员会对各投标文件的评审和比较意见，并按照招标文件中规定的评标方法，推荐不超过3名有排序的合格的中标候选人。招标人根据评标委员会提出的书面评标报告和推荐的中标候选人确定中标人。

依法必须进行施工招标的工程，招标人应当自确定中标人之日起 15 日内，向工程所在地的县级以上地方人民政府建设行政主管部门提交施工招标投标情况的书面报告。建设行政主管部门自收到书面报告之日起 5 日内未通知招标人在招标投标活动中有违法行为的，招标人可以向中标人发出中标通知书，并将中标结果通知所有未中标的投标人。招标人和中标人应当自中标通知书发出之日起 30 日内，按照招标文件和中标人的投标文件订立书面合同；招标人和中标人不得再行订立背离合同实质性内容的其他协议。订立书面合同后 7 日内，中标人应当将合同送工程所在地的县级以上地方人民政府建设行政主管部门备案。

有违反《中华人民共和国招标投标法》行为的，县级以上地方人民政府建设行政主管部门应当按规定予以处罚。中标无效的，由县级以上地方人民政府建设行政主管部门宣布，责令重新组织招标，并依法追究有关责任人责任。应当招标未招标的，应当公开招标未公开招标的，县级以上地方人民政府建设行政主管部门应当责令改正，拒不改正的，不得颁发施工许可证。评标委员会的组成不符合法律、法规规定的，县级以上地方人民政府建设行政主管部门应当责令招标人重新组织评标委员会。招标人拒不改正的，不得颁发施工许可证。招标人未向建设行政主管部门提交施工招标投标情况书面报告的，县级以上地方人民政府建设行政主管部门应当责令改正；在未提交施工招标投标情况书面报告前，建设行政主管部门不予颁发施工许可证。

第4章　招标规定

4.1　招标范围

对于招标范围，我国现行法律法规已经明确。

《中华人民共和国招标投标法》规定：在中华人民共和国境内进行下列工程建设项目，包括项目的勘察、设计、施工、监理以及与工程建设有关的重要设备、材料等的采购，必须进行招标：

（一）大型基础设施、公用事业等关系社会公共利益、公众安全的项目；

（二）全部或者部分使用国有资金投资或者国家融资的项目；

（三）使用国际组织或者外国政府贷款、援助资金的项目。

《中华人民共和国招标投标法实施条例》规定：依法必须进行招标的工程建设项目的具体范围和规模标准，由国务院发展改革部门会同国务院有关部门制订，报国务院批准后公布施行。

经国务院批准，2018 年国家发展和改革委员会发布的《必须招标的工程项目规定》明确：

全部或者部分使用国有资金投资或者国家融资的项目包括：

（一）使用预算资金 200 万元人民币以上，并且该资金占投资额 10% 以上的项目；

（二）使用国有企业事业单位资金，并且该资金占控股或者主导地位的项目。

使用国际组织或者外国政府贷款、援助资金的项目包括：

（一）使用世界银行、亚洲开发银行等国际组织贷款、援助资金的项目；

（二）使用外国政府及其机构贷款、援助资金的项目。

对规定范围内的项目，其勘察、设计、施工、监理以及与工程建设有关的重要设备、材料等的采购达到下列标准之一的，必须招标：

（一）施工单项合同估算价在 400 万元人民币以上；

（二）重要设备、材料等货物的采购，单项合同估算价在 200 万元人民币以上；

（三）勘察、设计、监理等服务的采购，单项合同估算价在 100 万元人民币以上。

同一项目中可以合并进行的勘察、设计、施工、监理以及与工程建设有关的重要设备、材料等的采购，合同估算价合计达到前款规定标准的，必须招标。

《必须招标的工程项目规定》是根据国务院关于推进政府职能转变、进一步优化营商环境的精神制定的。此后住房和城乡建设部发布的《房屋和市政基础设施工程施工招标投标管理办法》也对招标范围进行了修改，取消了原定的"或者项目总投资在 3000 万元人民币以上的必须进行招标"的条款，也就是说，只要不是国有资金投资、国家融资、使用国际组织或者外国政府贷款、援助资金的项目（如非国有的房地产开发项目等），可以不实行招标。从而使必须招标的工程项目范围大为缩小。

4.2 邀请招标

为规避招标投标活动中发生的不公开公平公正行为，国家对邀请招标进行了严格的限制。

《中华人民共和国招标投标法》第十一条规定：国务院发展计划部门确定的国家重点项目和省、自治区、直辖市人民政府确定的地方重点项目不适宜公开招标的，经国务院发展计划部门或者省、自治区、直辖市人民政府批准，可以进行邀请招标。

《中华人民共和国招标投标法实施条例》第八条规定：国有

资金占控股或者主导地位的依法必须进行招标的项目，应当公开招标；但有下列情形之一的，可以邀请招标：

（一）技术复杂、有特殊要求或者受自然环境限制，只有少量潜在投标人可供选择；

（二）采用公开招标方式的费用占项目合同金额的比例过大。

有前款第二项所列情形，属于本条例第七条规定的项目（指按照国家有关规定需要履行项目审批、核准手续的依法必须进行招标的项目），由项目审批、核准部门在审批、核准项目时作出认定；其他项目由招标人申请有关行政监督部门作出认定。

国家发展改革委等部门发布的《工程建设项目施工招标投标办法》第十一条规定：依法必须进行公开招标的项目，有下列情形之一的，可以邀请招标：

（一）项目技术复杂或有特殊要求，或者受自然地域环境限制，只有少量潜在投标人可供选择；

（二）涉及国家安全、国家秘密或者抢险救灾，适宜招标但不宜公开招标；

（三）采用公开招标方式的费用占项目合同金额的比例过大。

住房和城乡建设部《房屋建筑和市政基础设施工程施工招标投标管理办法》第八条规定：工程施工招标分为公开招标和邀请招标。依法必须进行施工招标的工程，全部使用国有资金投资或者国有资金投资占控股或者主导地位的，应当公开招标，但经国家计委或者省、自治区、直辖市人民政府依法批准可以进行邀请招标的重点建设项目除外；其他工程可以实行邀请招标。

也就是说，已列为国家和省（市、自治区）重点项目不适宜公开招标的，必须经国家发展改革委或省（市、自治区）人民政府批准方可邀请招标；使用国有资金占控股或者主导地位的项目，除技术复杂、有特殊要求或者受自然环境限制，只有少量潜在投标人可供选择以及采用公开招标方式的费用占项目合同金额的比例过大的，要经过严格的批准程序方可邀请招标。除此以外的房屋建筑和市政基础设施工程经批准也可以实行邀请招标。

采用邀请招标方式的，可以不公开发布招标公告，但招标人必须向三家以上具备承担招标项目的能力、资信良好的特定的法人或者其他组织发出投标邀请书，再发出招标文件，并按招标程序进行。少于三家投标人的不得开标。

4.3 政府采购

政府采购，是指各级国家机关、事业单位和团体组织，使用财政性资金采购依法制定的集中采购目录以内的或者采购限额标准以上的货物、工程和服务的行为。

政府采购方式有：公开招标、邀请招标、竞争性谈判、单一来源采购、询价以及国务院政府采购监督管理部门认定的其他采购方式，但公开招标应作为政府采购的主要采购方式。

政府采购工程进行招标投标的（包括公开招标和邀请招标），适用招标投标法。

采用竞争性谈判方式采购的，应当遵循下列程序：

（一）成立谈判小组。谈判小组由采购人的代表和有关专家共三人以上的单数组成，其中专家的人数不得少于成员总数的三分之二。

（二）制定谈判文件。谈判文件应当明确谈判程序、谈判内容、合同草案的条款以及评定成交的标准等事项。

（三）确定邀请参加谈判的供应商名单。谈判小组从符合相应资格条件的供应商名单中确定不少于三家的供应商参加谈判，并向其提供谈判文件。

（四）谈判。谈判小组所有成员集中与单一供应商分别进行谈判。在谈判中，谈判的任何一方不得透露与谈判有关的其他供应商的技术资料、价格和其他信息。谈判文件有实质性变动的，谈判小组应当以书面形式通知所有参加谈判的供应商。

（五）确定成交供应商。谈判结束后，谈判小组应当要求所有参加谈判的供应商在规定时间内进行最后报价，采购人从谈判小组提出的成交候选人中根据符合采购需求、质量和服务相等且报价最低的原则确定成交供应商，并将结果通知所有参加谈判的未成交的供应商。

采取单一来源方式采购的，采购人与供应商应当遵循《中华人民共和国政府采购法》规定的原则，在保证采购项目质量和双方商定合理价格的基础上进行采购。值得一提的是，单一来源方式采购是在只存在单一供应商的特定条件下进行的采购，只有通过谈判（由采购人代表和专家组成谈判小组）来商定合理的价格，不具备竞争性。因此除非万不得已并经过有关监管部门批准，才采用这种方法。

采取询价方式采购的，应当遵循下列程序：

（一）成立询价小组。询价小组由采购人的代表和有关专家共三人以上的单数组成，其中专家的人数不得少于成员总数的三分之二。询价小组应当对采购项目的价格构成和评定成交的标准等事项作出规定。

（二）确定被询价的供应商名单。询价小组根据采购需求，从符合相应资格条件的供应商名单中确定不少于三家的供应商，并向其发出询价通知书让其报价。

（三）询价。询价小组要求被询价的供应商一次报出不得更改的价格。

（四）确定成交供应商。采购人根据符合采购需求、质量和服务相等且报价最低的原则确定成交供应商，并将结果通知所有被询价的未成交的供应商。

政府采购实行集中采购和分散采购相结合。集中采购的范围由省级以上人民政府公布的集中采购目录确定。属于中央预算的政府采购项目，其集中采购目录由国务院确定并公布；属于地方预算的政府采购项目，其集中采购目录由省、自治区、直辖市人民政府或者其授权的机构确定并公布。纳入集中采购目录的政府采购项目，应当实行集中采购。

政府采购限额标准，属于中央预算的政府采购项目，由国务院确定并公布；属于地方预算的政府采购项目，由省、自治区、直辖市人民政府或者其授权的机构确定并公布。

也就是说，使用财政性资金采购依法制定的集中采购目录以内的或者采购限额标准以上的货物、工程和服务的行为，必须走政府采购或者招标投标程序。此外，政府采购还规定除在中国境内无法获取或者无法以合理的商业条件获取的货物、工程或者服务外，在中国境内使用应当采购本国货物、工程和服务。

随着政府投资项目以及使用财政性资金采购项目的不断增多，政府采购已经成为招标投标的一个重要组成部分。

4.4 可以不招标的情形

《中华人民共和国招标投标法》第六十六条规定：涉及国家安全、国家秘密、抢险救灾或者属于利用扶贫资金实行以工代赈、需要使用农民工等特殊情况，不适宜进行招标的项目，按照国家有关规定可以不进行招标。

《中华人民共和国招标投标法实施条例》第九条规定：除招标投标法第六十六条规定的可以不进行招标的特殊情况外，有下列情形之一的，可以不进行招标：

（一）需要采用不可替代的专利或者专有技术；

（二）采购人依法能够自行建设、生产或者提供；

（三）已通过招标方式选定的特许经营项目投资人依法能够自行建设、生产或者提供；

（四）需要向原中标人采购工程、货物或者服务，否则将影响施工或者功能配套要求；

（五）国家规定的其他特殊情形。

国家发展改革委等部门发布的《工程建设项目施工招标投标办法》第十二条规定：依法必须进行施工招标的工程建设项目有下列情形之一的，可以不进行施工招标：

（一）涉及国家安全、国家秘密、抢险救灾或者属于利用扶贫资金实行以工代赈需要使用农民工等特殊情况，不适宜进行招标；

（二）施工主要技术采用不可替代的专利或者专有技术；

（三）已通过招标方式选定的特许经营项目投资人依法能够自行建设；

（四）采购人依法能够自行建设；

（五）在建工程追加的附属小型工程或者主体加层工程，原中标人仍具备承包能力，并且其他人承担将影响施工或者功能配套要求；

（六）国家规定的其他情形。

住房和城乡建设部发布的《房屋建筑和市政基础设施工程施工招标投标管理办法》第十条规定，有下列情形之一的，经县级以上地方人民政府建设行政主管部门批准，可以不进行施工招标：

（一）停建或者缓建后恢复建设的单位工程，且承包人未发生变更的；

（二）施工企业自建自用的工程，且该施工企业资质等级符合工程要求的；

（三）在建工程追加的附属小型工程或者主体加层工程，且承包人未发生变更的；

（四）法律、法规、规章规定的其他情形。

也就是说，在国家发展改革委《必须招标的工程项目规定》以外的工程以及相关法律法规规章规定的情形，可以不进行招标。

4.5 相关处罚条款

为确保招标投标活动在"公开、公平、公正"的原则下进行，相关法律法规明确了处罚条款。

《中华人民共和国招标投标法》规定：

违反本法规定，必须进行招标的项目而不招标的，将必须进行招标的项目化整为零或者以其他任何方式规避招标的，责令限期改正，可以处项目合同金额千分之五以上千分之十以下的罚款；对全部或者部分使用国有资金的项目，可以暂停项目执行或者暂停资金拨付；对单位直接负责的主管人员和其他直接责任人员依法给予处分。

招标代理机构违反本法规定，泄漏应当保密的与招标投标活动有关的情况和资料的，或者与招标人、投标人串通损害国家利益、社会公共利益或者他人合法权益的，处五万元以上二十五万元以下的罚款；对单位直接负责的主管人员和其他直接责任人员处单位罚款数额百分之五以上百分之十以下的罚款；有违法所得的，并处没收违法所得；情节严重的，禁止其一年至二年内代理依法必须进行招标的项目并予以公告，直至由工商行政管理机关吊销营业执照；构成犯罪的，依法追究刑事责任。给他人造成损失的，依法承担赔偿责任。所列行为影响中标结果的，中标无效。

招标人以不合理的条件限制或者排斥潜在投标人的，对潜在投标人实行歧视待遇的，强制要求投标人组成联合体共同投标的，或者限制投标人之间竞争的，责令改正，可以处一万元以上五万元以下的罚款。

依法必须进行招标的项目的招标人向他人透露已获取招标文件的潜在投标人的名称、数量或者可能影响公平竞争的有关招标投标的其他情况的，或者泄漏标底的，给予警告，可以并处一万元以上十万元以下的罚款；对单位直接负责的主管人员和其他直接责任人员依法给予处分；构成犯罪的，依法追究刑事责任。所列行为影响中标结果的，中标无效。

依法必须进行招标的项目，招标人违反本法规定，与投标人就投标价格、投标方案等实质性内容进行谈判的，给予警告，对单位直接负责的主管人员和其他直接责任人员依法给予处分。所列行为影响中标结果的，中标无效。

招标人在评标委员会依法推荐的中标候选人以外确定中标人的，依法必须进行招标的项目在所有投标被评标委员会否决后自行确定中标人的，中标无效，责令改正，可以处中标项目金额千分之五以上千分之十以下的罚款；对单位直接负责的主管人员和其他直接责任人员依法给予处分。

招标人与中标人不按照招标文件和中标人的投标文件订立合同的，或者招标人、中标人订立背离合同实质性内容的协议的，责令改正；可以处中标项目金额千分之五以上千分之十以下的罚款。

任何单位违反本法规定，限制或者排斥本地区、本系统以外的法人或者其他组织参加投标的，为招标人指定招标代理机构的，强制招标人委托招标代理机构办理招标事宜的，或者以其他方式干涉招标投标活动的，责令改正；对单位直接负责的主管人员和其他直接责任人员依法给予警告、记过、记大过的处分，情节较重的，依法给予降级、撤职、开除的处分。

个人利用职权进行前款违法行为的，依照前款规定追究责任。

对招标投标活动依法负有行政监督职责的国家机关工作人员徇私舞弊、滥用职权或者玩忽职守，构成犯罪的，依法追究刑事责任；不构成犯罪的，依法给予行政处分。

依法必须进行招标的项目违反本法规定，中标无效的，应当依照本法规定的中标条件从其余投标人中重新确定中标人或者依照本法重新进行招标。

《中华人民共和国政府采购法》规定：

采购人、采购代理机构有下列情形之一的，责令限期改正，给予警告，可以并处罚款，对直接负责的主管人员和其他直接责任人员，由其行政主管部门或者有关机关给予处分，并予通报：

（一）应当采用公开招标方式而擅自采用其他方式采购的；

（二）擅自提高采购标准的；

（三）以不合理的条件对供应商实行差别待遇或者歧视待遇的；

（四）在招标采购过程中与投标人进行协商谈判的；

（五）中标、成交通知书发出后不与中标、成交供应商签订采购合同的；

（六）拒绝有关部门依法实施监督检查的。

采购人、采购代理机构及其工作人员有下列情形之一，构成犯罪的，依法追究刑事责任；尚不构成犯罪的，处以罚款，有违法所得的，并处没收违法所得，属于国家机关工作人员的，依法给予行政处分：

（一）与供应商或者采购代理机构恶意串通的；

（二）在采购过程中接受贿赂或者获取其他不正当利益的；

（三）在有关部门依法实施的监督检查中提供虚假情况的；

（四）开标前泄漏标底的。

前两条违法行为之一影响中标、成交结果或者可能影响中标、成交结果的，按下列情况分别处理：

（一）未确定中标、成交供应商的，终止采购活动；

（二）中标、成交供应商已经确定但采购合同尚未履行的，撤销合同，从合格的中标、成交候选人中另行确定中标、成交供应商；

（三）采购合同已经履行的，给采购人、供应商造成损失的，由责任人承担赔偿责任。

采购人对应当实行集中采购的政府采购项目，不委托集中采购机构实行集中采购的，由政府采购监督管理部门责令改正；拒不改正的，停止按预算向其支付资金，由其上级行政主管部门或者有关机关依法给予其直接负责的主管人员和其他直接责任人员处分。

采购人未依法公布政府采购项目的采购标准和采购结果的，责令改正，对直接负责的主管人员依法给予处分。

采购人、采购代理机构违反本法规定隐匿、销毁应当保存的采购文件或者伪造、变造采购文件的，由政府采购监督管理部门处以二万元以上十万元以下的罚款，对其直接负责的主管人员和其他直接责任人员依法给予处分；构成犯罪的，依法追究刑事责任。

采购代理机构在代理政府采购业务中有违法行为的，按照有关法律规定处以罚款，可以在一至三年内禁止其代理政府采购业务，构成犯罪的，依法追究刑事责任。

政府采购当事人违反本法给他人造成损失的，应依照有关民事法律规定承担民事责任。

《中华人民共和国建筑法》规定：

政府及其所属部门的工作人员违反本法规定，限定发包单位将招标发包的工程发包给指定的承包单位的，由上级机关责令改正；构成犯罪的，依法追究刑事责任。

《中华人民共和国招标投标法实施条例》规定：

招标人有下列限制或者排斥潜在投标人行为之一的，由有关行政监督部门依照招标投标法第五十一条的规定处罚：

（一）依法应当公开招标的项目不按照规定在指定媒介发布资格预审公告或者招标公告；

（二）在不同媒介发布的同一招标项目的资格预审公告或者招标公告的内容不一致，影响潜在投标人申请资格预审或者投标。

依法必须进行招标的项目的招标人不按照规定发布资格预审公告或者招标公告，构成规避招标的，依照招标投标法第四十九条的规定处罚。

招标人有下列情形之一的，由有关行政监督部门责令改正，可以处 10 万元以下的罚款：

（一）依法应当公开招标而采用邀请招标；

（二）招标文件、资格预审文件的发售、澄清、修改的时限，或者确定的提交资格预审申请文件、投标文件的时限不符合招标投标法和本条例规定；

（三）接受未通过资格预审的单位或者个人参加投标；

（四）接受应当拒收的投标文件。

招标人有前款第一项、第三项、第四项所列行为之一的，对单位直接负责的主管人员和其他直接责任人员依法给予处分。

招标代理机构在所代理的招标项目中投标、代理投标或者向该项目投标人提供咨询的，接受委托编制标底的中介机构参加受托编制标底项目的投标或者为该项目的投标人编制投标文件、提供咨询的，依照招标投标法第五十条的规定追究法律责任。

招标人超过本条例规定的比例收取投标保证金、履约保证金或者不按照规定退还投标保证金及银行同期存款利息的，由有关行政监督部门责令改正，可以处 5 万元以下的罚款；给他人造成损失的，依法承担赔偿责任。

依法必须进行招标的项目的招标人不按照规定组建评标委员会，或者确定、更换评标委员会成员违反招标投标法和本条例规定的，由有关行政监督部门责令改正，可以处 10 万元以下的罚款，对单位直接负责的主管人员和其他直接责任人员依法给予处分；违法确定或者更换的评标委员会成员作出的评审结论无效，依法重新进行评审。

国家工作人员以任何方式非法干涉选取评标委员会成员的，依照本条例第八十条的规定追究法律责任。

依法必须进行招标的项目的招标人有下列情形之一的，由有关行政监督部门责令改正，可以处中标项目金额 10‰以下的罚款；给他人造成损失的，依法承担赔偿责任；对单位直接负责的主管人员和其他直接责任人员依法给予处分：

（一）无正当理由不发出中标通知书；

（二）不按照规定确定中标人；

（三）中标通知书发出后无正当理由改变中标结果；

（四）无正当理由不与中标人订立合同；

（五）在订立合同时向中标人提出附加条件。

招标人和中标人不按照招标文件和中标人的投标文件订立合同，合同的主要条款与招标文件、中标人的投标文件的内容不一致，或者招标人、中标人订立背离合同实质性内容的协议的，由有关行政监督部门责令改正，可以处中标项目金额 5‰以上 10‰以下的罚款。

依法必须进行招标的项目的招标投标活动违反招标投标法和本条例的规定，对中标结果造成实质性影响，且不能采取补救措施予以纠正的，招标、投标、中标无效，应当依法重新招标或者评标。

《中华人民共和国政府采购法实施条例》规定：

采购人有下列情形之一的，由财政部门责令限期改正，给予警告，对直接负责的主管人员和其他直接责任人员依法给予处分，并予以通报：

（一）未按照规定编制政府采购实施计划或者未按照规定将政府采购实施计划报本级人民政府财政部门备案；

（二）将应当进行公开招标的项目化整为零或者以其他任何方式规避公开招标；

（三）未按照规定在评标委员会、竞争性谈判小组或者询价小组推荐的中标或者成交候选人中确定中标或者成交供应商；

（四）未按照采购文件确定的事项签订政府采购合同；

（五）政府采购合同履行中追加与合同标的相同的货物、工程或者服务的采购金额超过原合同采购金额 10%；

（六）擅自变更、中止或者终止政府采购合同；

（七）未按照规定公告政府采购合同；

（八）未按照规定时间将政府采购合同副本报本级人民政府

财政部门和有关部门备案。

采购人、采购代理机构有下列情形之一的，依照政府采购法第七十一条、第七十八条的规定追究法律责任：

（一）未依照政府采购法和本条例规定的方式实施采购；

（二）未依法在指定的媒体上发布政府采购项目信息；

（三）未按照规定执行政府采购政策；

（四）违反本条例第十五条的规定导致无法组织对供应商履约情况进行验收或者国家财产遭受损失；

（五）未依法从政府采购评审专家库中抽取评审专家；

（六）非法干预采购评审活动；

（七）采用综合评分法时评审标准中的分值设置未与评审因素的量化指标相对应；

（八）对供应商的询问、质疑逾期未作处理；

（九）通过对样品进行检测、对供应商进行考察等方式改变评审结果；

（十）未按照规定组织对供应商履约情况进行验收。

集中采购机构有下列情形之一的，由财政部门责令限期改正，给予警告，有违法所得的，并处没收违法所得，对直接负责的主管人员和其他直接责任人员依法给予处分，并予以通报：

（一）内部监督管理制度不健全，对依法应当分设、分离的岗位、人员未分设、分离；

（二）将集中采购项目委托其他采购代理机构采购；

（三）从事营利活动。

采购人员与供应商有利害关系而不依法回避的，由财政部门给予警告，并处 2000 元以上 2 万元以下的罚款。

政府采购评审专家未按照采购文件规定的评审程序、评审方法和评审标准进行独立评审或者泄漏评审文件、评审情况的，由财政部门给予警告，并处 2000 元以上 2 万元以下的罚款；影响中标、成交结果的，处 2 万元以上 5 万元以下的罚款，禁止其参加政府采购评审活动。

政府采购评审专家与供应商存在利害关系未回避的，处 2 万元以上 5 万元以下的罚款，禁止其参加政府采购评审活动。

政府采购评审专家收受采购人、采购代理机构、供应商贿赂或者获取其他不正当利益，构成犯罪的，依法追究刑事责任；尚不构成犯罪的，处 2 万元以上 5 万元以下的罚款，禁止其参加政府采购评审活动。

政府采购评审专家有上述违法行为的，其评审意见无效，不得获取评审费；有违法所得的，没收违法所得；给他人造成损失的，依法承担民事责任。

政府采购当事人违反政府采购法和本条例规定，给他人造成损失的，依法承担民事责任。

财政部门在履行政府采购监督管理职责中违反政府采购法和本条例规定，滥用职权、玩忽职守、徇私舞弊的，对直接负责的主管人员和其他直接责任人员依法给予处分；直接负责的主管人员和其他直接责任人员构成犯罪的，依法追究刑事责任。

还有相关的法规规章也对招标投标（政府采购）活动中的违法违规行为作出了处罚规定，在此不再一一列举。从事招标投标和政府采购工作的同志一定要熟悉这些规定。

第5章　招标要务

开展工程项目的招标投标和政府采购，必须严格遵守国家有关法律法规规章，按照相关程序进行，程序一定要合法。应着重注意以下环节。

5.1　确定招标形式

对于拟建的工程建设项目，建设单位应认真做好项目的前期工作，如开展项目的前期调研、组建项目筹建班子、编制项目建议书、组织项目环境影响评价、开展项目的选址、编制《可行性研究报告》、组织立项审批、办理规划及建设用地审批手续等。前期工作准备就绪，应立即着手研究招标投标工作。

根据建设项目的实际，确定是否要开展招标投标，采取什么方式招标。若全部或者部分使用国有资金投资或者国家融资的项目以及使用国际组织或者外国政府贷款、援助资金的项目，施工单项合同估算价在400万元人民币以上；重要设备、材料等货物的采购，单项合同估算价在200万元人民币以上；勘察、设计、监理等服务的采购，单项合同估算价在100万元人民币以上的，必须公开招标。

达到以上条件、但又符合邀请招标条件的项目，经建设单位研究并按规定程序报批，可以邀请招标。

具备可以不招标条件，或施工单项合同估算价在400万元人民币以下；重要设备、材料等货物的采购，单项合同估算价在200万元人民币以下；勘察、设计、监理等服务的采购，单项合同估算价在100万元人民币以下的，经建设单位研究并经批准，可以不招标。

对需要公开招标或邀请招标的项目，应尽快确定是自行办理招标事宜还是委托招标代理机构办理招标事宜。

自行办理招标事宜的，应当按行业划分向有关行政监督部门备案。

选择招标代理机构招标，可以由招标人视情况采取招标、比选、洽谈等形式。任何单位和个人不得强制其委托招标代理机构办理招标事宜。招标代理机构选定后，招标人应当与被委托的招标代理机构签订书面委托合同。

自《中华人民共和国招标投标法》实施以来，绝大多数工程建设项目的招标均委托招标代理机构进行。

5.2　发布招标公告

招标人与招标代理机构签订合同、招标条件成熟后，对依法必须公开招标的项目应尽快发布招标公告。

对于招标条件，国家发展改革委等部门发布的《工程建设项目施工招标投标办法》第八条规定：依法必须招标的工程建设项目，应当具备下列条件才能进行施工招标：

（一）招标人已经依法成立；

（二）初步设计及概算应当履行审批手续的，已经批准；

（三）有相应资金或资金来源已经落实；

（四）有招标所需的设计图纸及技术资料。

住房和城乡建设部发布的《房屋建筑和市政基础设施工程施工招标投标管理办法》第七条规定，工程施工招标应当具备下列条件：

（一）按照国家有关规定需要履行项目审批手续的，已经履行审批手续；

（二）工程资金或者资金来源已经落实；

（三）有满足施工招标需要的设计文件及其他技术资料；

（四）法律、法规、规章规定的其他条件。

2000 年国家发展计划委员会第 4 号令发布、2013 年国家发展和改革委员会第 23 号令修正的《招标公告发布暂行办法》规定：

依法必须招标项目的招标公告必须在指定媒介发布。招标公告的发布应当充分公开，任何单位和个人不得非法限制招标公告的发布地点和发布范围。指定媒介发布依法必须招标项目的招标公告，不得收取费用，但发布国际招标公告的除外。

招标公告应当载明招标人的名称和地址、招标项目的性质、数量、实施地点和时间、投标截止日期以及获取招标文件的办法等事项。招标人或其委托的招标代理机构应至少在一家指定的媒介发布招标公告。招标人或其委托的招标代理机构在两个以上媒介发布的同一招标项目的招标公告的内容应当相同。指定媒介发布的招标公告的内容与招标人或其委托的招标代理机构提供的招标公告文本不一致，并造成不良影响的，应当及时纠正，重新发布。

招标人或其委托的招标代理机构有下列行为之一的，由国家发展改革委和有关行政监督部门视情节依照《中华人民共和国招标投标法》第四十九条、第五十一条的规定处罚：

（一）依法必须公开招标的项目不按照规定在指定媒介发布招标公告的；

（二）在不同媒介发布的同一招标项目的招标公告的内容不一致，影响潜在投标人投标的；

（三）招标公告中有关获取招标文件的时限不符合招标投标法及招标投标实施条例规定的；

（四）招标公告中以不合理的条件限制或排斥潜在投标人的；

（五）提供虚假的招标公告、证明材料的，或者招标公告含有欺诈内容的。

使用国际组织或者外国政府贷款，援助资金的招标项目，贷款方、资金提供方对招标公告的发布另有规定的，适用其规定。

依法必须招标项目进行资格预审的，其资格预审公告的发布，参照本办法执行。

需要强调的是，招标公告（含资格预审公告）的发布是一项严肃的工作，必须依法依规进行。从整体情况看这项工作开展得较好，但也存在招标公告内容不翔实、不按规定在相关指定媒介上发布的情形，应该引起招标人的重视。

以往招标公告发出后，投标人需持相关证明材料到招标人或招标代理机构指定的地点报名参加投标。为遏制围标、串标等行为的发生，各地相继推广电子招标投标，在发布的招标公告中标明网址，投标人无需前往招标代理机构指定的地点报名，可直接在网上报名并获取招标文件参加投标。这样做既方便了投标人，又不给围标、串标者有可乘之机（因无法获取其他投标人的相关信息）。

5.3　资格预审

《中华人民共和国招标投标法实施条例》规定：招标人采用资格预审办法对潜在投标人进行资格审查的，应当发布资格预审公告、编制资格预审文件。资格预审文件或者招标文件的发售期不得少于 5 日。

国家发展改革委等部门发布的《工程建设项目施工招标投标办法》规定：资格审查分为资格预审和资格后审。资格预审，是指在投标前对潜在投标人进行的资格审查。资格后审，是指在开标后对投标人进行的资格审查。进行资格预审的，一般不再进行资格后审，但招标文件另有规定的除外。采取资格预审的，招标人应当发布资格预审公告，招标人应当在资格预审文件中载明资格预审的条件、标准和方法；采取资格后审的，招标人应当在招标文件中载明对投标人资格要求的条件、标准和方法。招标人不得改变载明的资格条件或者以没有载明的资格条件对潜在投标人或者投标人进行资格审查。

进行资格预审，主要是因为潜在投标人的数量较多时，为了从中选择较为满意的招标人正式参加投标的一种方法，这种方法在房屋建筑工程施工招标中较为普遍。通过调查分析，如该工程项目的潜在投标人数量不是太多、能有效地组织招标投标时，一般不提倡进行资格预审，以最大限度地满足潜在投标人的投标意愿。有的省规定，项目无特殊情况原则上采取资格后审评标。

资格审查应主要审查潜在投标人或者投标人是否符合下列条件：（1）具有独立订立合同的权利；（2）具有履行合同的能力，包括专业、技术资格和能力，资金、设备和其他物质设施状况，管理能力，经验、信誉和相应的从业人员；（3）没有处于被责令停业，投标资格被取消，财产被接管、冻结，破产状态；（4）在最近三年内没有骗取中标和严重违约及重大工程质量问题；（5）国家规定的其他资格条件。资格审查时，招标人不得以不合理的条件限制、排斥潜在投标人或者投标人，不得对潜在投标人或者投标人实行歧视待遇。任何单位和个人不得以行政手段或者其他不合理方式限制投标人的数量。

资格预审文件的内容，住房和城乡建设部《房屋建筑和市政基础设施工程招标投标管理办法》第十五条规定：资格预审文件一般应当包括资格预审申请书格式、申请人须知，以及需要投标申请人提供的企业资质、业绩、技术装备、财务状况和拟派出的项目经理与主要技术人员的简历、业绩等证明材料。

在房屋建筑和市政基础设施工程施工招标的资格预审文件中，应标明工程名称、建设地点、设计单位、工程立项批文、工程总投资、本项目投资、建筑面积、结构、建筑高度、层数等工程概况，明确招标方式、工程质量要求、计划开工日期、竣工日期、投标单位资质等级要求、注册建造师资格要求、关键岗位人员资格要求、资格审查文件份数、递交资格审查文件的单位名称、地点、时间等，并告知招标范围及标段划分、投标资格审查条件（企业营业执照、资质证书、安全生产许可证、拟派项目经理或负责人姓名、业绩要求及证明材料等）以及资格审查标准和方法。投标人根据资格预审文件要求编制投标资格预审材料，按时送达招标代理机构；招标代理机构依法从专家库中随机抽取专家组成资格审查委员会，按照资格预审文件确定的审查标准和方法对投标人进行资格审查。为避免资格预审合格的投标人数过多、招标组织有较大困难，有的省规定：通过资格预审合格的投标申请人超过 35 家时，招标人可随机抽取不少于 15 家投标单位参加投标。

经资格预审后，招标人应当向资格预审合格的潜在投标人发出资格预审合格通知书，告知获取招标文件的时间、地点和方法，并同时向资格预审不合格的潜在投标人告知资格预审结果。资格预审不合格的潜在投标人不得参加投标。

5.4 制定招标文件

招标文件是招标过程中的法律文书，在招标公告发布后，应尽快依法制定招标文件。招标文件既要按照一定的格式和内容编制，又要依法依规充分体现招标要求。

国家发展改革委等部门发布的《工程建设项目施工招标投标办法》规定：招标人根据施工招标项目的特点和需要编制招标文件。招标文件一般包括下列内容：（1）招标公告或投标邀请书；（2）投标人须知；（3）合同主要条款；（4）投标文件格式；（5）采用工程量清单招标的，应当提供工程量清单；（6）技术条款；（7）设计图纸；（8）评标标准和方法；（9）投标辅助材料。招标人应当在招标文件中规定实质性要求和条件，并用醒目的方式标明。

住房和城乡建设部《房屋建筑和市政基础设施工程招标投标管理办法》规定：招标文件的内容包括：（1）投标须知，包括工程概况，招标范围，资格审查条件，工程资金来源或者落实情况，标段划分，工期要求，质量标准，现场踏勘和答疑安排，投标文件编制、提交、修改、撤回的要求，投标报价要求，投标有效期，开标的时间和地点，评标方法和标准等；（2）招标工程的技术要求和设计文件；（3）采用工程量清单招标的，应当提供工程量清单；（4）投标函的格式及附录；（5）拟签订合同的主要条款；（6）要求投标人提交的其他材料。

招标人可以要求投标人在提交符合招标文件规定要求的投标文件外，提交备选投标方案，但应当在招标文件中作出说明，并提出相应的评审和比较办法。招标文件规定的各项技术标准应符合国家强制性标准。招标文件中规定的各项技术标准均不得要求或标明某一特定的专利、商标、名称、设计、原产地或生产供应者，不得含有倾向或者排斥潜在投标人的其他内容。如果必须引用某一生产供应者的技术标准才能准确或清楚地说明拟招标项目的技术标准时，则应当在参照后面加上"或相当于"的字样。施工招标项目需要划分标段、确定工期的，招标人应当合理划分标段、确定工期，并在招标文件中载明。对工程技术上紧密相联、不可分割的单位工程不得分割标段。招标人不得以不合理的标段或工期限制或者排斥潜在投标人或者投标人。依法必须进行施工招标的项目的招标人不得利用划分标段规避招标。招标文件应当明确规定所有评标因素，以及如何将这些因素量化或者据以进行评估。在评标过程中，不得改变招标文件中规定的评标标准、方法和中标条件。招标文件应当规定一个适当的投标有效期，以保证招标人有足够的时间完成评标和与中标人签订合同。投标有效期从投标人提交投标文件截止之日起计算。在原投标有效期结束前，出现特殊情况的，招标人可以书面形式要求所有投标人延长投标有效期。投标人同意延长的，不得要求或被允许修改其投标文件的实质性内容，但应当相应延长其投标保证金的有效期；投标人拒绝延长的，其投标失效，但投标人有权收回其投标保证金。因延长投标有效期造成投标人损失的，招标人应当给予补偿，但因不可抗力需要延长投标有效期的除外。施工招标项目工期较长的，招标文件中可以规定工程造价指数体系、价格调整因素和调整方法。

招标人应当确定投标人编制投标文件所需要的合理时间；但是，依法必须进行招标的项目，自招标文件开始发出之日起至投标人提交投标文件截止之日止，最短不得少于二十日。

对于招标人和招标代理机构，依法制定较高水平的招标文件是招标投标过程中的一项重要工作。

对招标文件的制定，《中华人民共和国招标投标法》及相关法律法规提出了一些原则性要求，相关行政监管部门也制发过一些格式性文件，绝大多数招标人或招标代理机构均采用格式性文件。

2017年10月，国家发展改革委会同有关部门下发了《关于印发标准设备采购招标文件等五个标准招标文件的通知》，指出：

为进一步完善标准文件编制规则，构建覆盖主要采购对象、多种合同类型、不同项目规模的标准文件体系，提高招标文件编制质量，促进招标投标活动的公开、公平和公正，营造良好市场竞争环境，国家发展改革委会同工业和信息化部、住房城乡建设部、交通运输部、水利部、商务部、国家新闻出版广电总局、国家铁路局、中国民用航空局，编制了《标准设备采购招标文件》、《标准材料采购招标文件》、《标准勘察招标文件》、《标准设计招标文件》、《标准监理招标文件》（以下统一简称为《标准文件》）。

本《标准文件》适用于依法必须招标的与工程建设有关的设备、材料等货物项目和勘察、设计、监理等服务项目。机电产品国际招标项目，应当使用商务部编制的机电产品国际招标标准文本（中英文）。

工程建设项目，是指工程以及与工程建设有关的货物和服务。工程，是指建设工程，包括建筑物和构筑物的新建、改建、扩建及其相关的装修、拆除、修缮等。与工程建设有关的货物，是指构成工程不可分割的组成部分，且为实现工程基本功能所必需的设备、材料等。与工程建设有关的服务，是指为完成工程所需的勘察、设计、监理等。

《关于印发标准设备采购招标文件等五个标准文件的通知》要求，应当不加修改地引用《标准文件》的内容。《标准文件》中的"投标人须知"（投标人须知前附表和其他附表除外）"评标办法"（评标办法前附表除外）"通用合同条款"，应当不加修改地引用。

《关于印发标准设备采购招标文件等五个标准文件的通知》规定：国务院有关行业主管部门可根据本行业招标特点和管理需要，对《标准设备采购招标文件》、《标准材料采购招标文件》中的"专用合同条款""供货要求"，对《标准勘察招标文件》、《标准设计招标文件》中的"专用合同条款""发包人要求"，对《标准监理招标文件》中的"专用合同条款""委托人要求"作出具体规定。其中，"专用合同条款"可对"通用合同条款"进行补充、细化，但除"通用合同条款"明确规定可以作出不同约定外，"专用合同条款"补充和细化的内容不得与"通用合同条款"相抵触，否则抵触内容无效。

《关于印发标准设备采购招标文件等五个标准文件的通知》认为，招标人可以补充、细化和修改的内容有：

"投标人须知前附表"用于进一步明确"投标人须知"正文中的未尽事宜，招标人应结合招标项目具体特点和实际需要编制和填写，但不得与"投标人须知"正文内容相抵触，否则抵触内容无效。

"评标办法前附表"用于明确评标的方法、因素、标准和程序。招标人应根据招标项目具体特点和实际需要，详细列明全部审查或评审因素、标准，没有列明的因素和标准不得作为评标的依据。

招标人可根据招标项目的具体特点和实际需要，在"专用合同条款"中对《标准文件》中的"通用合同条款"进行补充、细化和修改，但不得违反法律、行政法规的强制性规定，以及平等、自愿、公平和诚实信用原则，否则相关内容无效。

《标准文件》自 2018 年 1 月 1 日起实施。因出现新情况，需要对《标准文件》不加修改地引用的内容作出解释或修改的，由国家发展改革委会同国务院有关部门作出解释或修改。该解释和修改与《标准文件》具有同等效力。

制定招标文件，应该不加修改地套用国家和省级监管部门确定的格式。对于重大的政府投资项目或其他重要项目，招标人和招标代理机构应依法根据项目的实际进一步充实招标文件的内容，以期达到择优选择设计、施工、监理等队伍的目的。

对于招标文件中的"评标标准和方法"，招标人或招标代理机构一定要认真研究、仔细推敲，既符合国家和省有关规定，又充分考虑招标项目的实际，并具有可操作性。对主观分的设定必须严谨，避免给评委太大的自由裁量权而造成评标不公；客观分也应根据项目的要求设，没必要形成"高射炮打蚊子"现象。对招标文件中一些吃不准的问题，可邀请相关专家进行研究讨论，集思广益。

招标文件制定后，应按招标公告确定的时间发给各投标人。过去大多让投标人前往招标代理机构购买招标文件，推行电子化招标投标后，采取网上以无记名方式获取招标文件及相应的图纸资料，大大方便了投标人参加投标。

5.5　现场踏勘和招标答疑

不是所有招标项目都必须组织投标人踏勘现场。为遏制围标、串标行为的发生，采取电子招标投标的项目一般都不组织现场踏勘。但根据招标人的需要，对一些大项目、重点项目和建设现场比较复杂的项目以及城市规划、工程设计项目，可组织投标人踏勘现场。

组织投标人踏勘现场的目的是让投标人更加直观地了解项目的真实情况、更加准确地理解招标人的意图、更加完整地收集相关基础资料，从而在投标文件的编制过程中更加有的放矢。

踏勘现场可以由招标人统一组织前往，也可允许投标人在指定的时间内自行前往，这些均应在招标文件中予以明确。招标人可为投标人踏勘现场提供方便，但不为此承担任何风险和单独的费用，也不对投标人据此作出的判断和决策负责。招标人不得组织单个或者部分潜在投标人踏勘项目现场。

招标答疑是指自招标文件发出后，投标人对招标文件及项目情况不明、需要招标人解释、答疑、澄清的一项工作。招标人视情况可采取召开答疑会或书面答疑等形式。是否召开答疑会一般应该在招标文件中明确，答疑会应该邀请所有投标人参加，答疑会结束后应将答疑结果书面通知所有投标人并作为招标文件的一部分；不单独召开答疑会的应将投标人书面提出的疑问汇总，认真研究后书面答复每一位投标人并作为招标文件的一部分。采用电子招标投标的工程项目，一般不召开答疑会，投标人提出问题和招标人作出的答疑与澄清均在指定的公共资源交易网上进行。

在招标文件发出后至开标前规定的合理时间内，招标人可以补充通知的方式对招标文件进行修改，补充通知应接受招标投标监管机构的检查与监督。补充通知应书面发给每一位投标人（或在相关网站上发布）。补充通知作为招标文件的组成部分，对招标人和投标人起同等法律约束作用。

为了加深对项目的了解、提高中标概率，建议每位投标人都应重视现场踏勘和招标答疑活动，尤其是对招标人发出的补充通知和答疑材料要认真阅读，并将其精神贯穿于投标过程中。否则，对招标人公开提出的新要求不了解不响应，轻者可能无缘中标，重者可能导致投标文件被拒绝。

5.6　开标与评标

1. 开标

在招标文件中，应明确开标的时间、地点以及投标文件的截止期和密封要求，截止期之后送达的投标文件招标人将拒收。若开标时间与地点有变更，应提前5天书面（或在网上）通知各投标人。

开标应在规定的时间、地点进行，由招标人或其委托的招标代理机构负责组织和主持开标会议，参加开标的投标人的法定代表人或其授权委托人应签名报到，以证明其准时出席开标会议。招标投标监管机构可派员到场进行监督。

以下是某省招标投标监管机构制定的房屋和市政基础设施工程施工招标的开标程序：

投标人代表（指法定代表人或授权委托人、注册建造师）在规定的开标会时间出席，迟到15分钟以上、未到达或未参加开标会议的将视为自动弃权。

程序一：

公开招标，采用合理低价法和综合评估法评标，递交投标文件在10家及以上时，按以下程序开标：

（1）宣布主持人、唱标人、监标人、计分人、记录人；

（2）宣布开标纪律和注意事项；

（3）介绍评标委员会的组成（名单不得介绍）；

（4）宣布评标原则，简述评标办法；

（5）介绍参加开标会的有关单位和人员；

（6）查验各投标人投标文件的密封情况并确认标书的有效性；电子化招标项目，投标人先对上传的电子投标文件进行解锁（采用资格后审的，同时对电子资格标进行解锁），招标人再对所有的电子投标文件进行解锁（含电子资格标）；

（7）按招标文件规定的资格条件查验各投标人相关证书（证件）；采用资格后审的，开启资格标，送评标委员会审查，宣布资格审查合格或者不合格投标人名单；

（8）抽取下浮系数和调整系数，招标人开启各有效投标人的商务标，查验签章是否有效，并当众宣读投标人名称、投标报价及招标人认为需要公布的其他内容，计算D值，将等于和大于D值的有效投标报价排序，确定参加评审的投标人；

（9）招标人开启和查验各参加评审投标人技术标文件签章是否有效，并送评标委员会评审；

（10）公布技术标符合性评审入围情况；

（11）评标委员会按评标办法规定内容评审商务标；

（12）宣布中标人或者中标排序人；

（13）开标会结束，招标转入定标阶段，投标人返回等候招标人定标后的中标或未中标通知书；

（14）招标人应当自收到评标报告之日起3日内公示中标人或者中标候选（排序）人，同时公示中标人或中标排序人本工程资格审查时申报的荣誉和业绩，公示期不少于3日（节假日超过2天的，公示期顺延最少应有1个工作日）。公示期满后，招标人再依法确定中标人。

程序二：

公开招标，采用合理低价法评标递交投标文件在9家及以下的和采用综合评估法评标的，以及邀请招标项目，按以下程序开标：

（1）～（7）同程序一；

（8）招标人开启和查验各参加评审投标人技术标文件签章是否有效，并送评标委员会评审；

（9）采用综合评估法的，各投标人按招标文件和评标办法规定出示有关证件原件（建筑业企业资质证书为复印件），并当场核验，预计分，送评标委员会确认后生效；

投标人提供的证书原件一律当场、当时、当众出示，否则不予计分；

（10）公布技术标得分（入围）情况。采用综合评估法的项目，同时宣布招标人考察评分（招标人未对投标人建筑市场行为考察的，招标人考察综合评分应当按同一分值打分）；

按评标办法的规定，随机抽取下浮系数和调整系数；

（11）招标人开启各投标人的商务标，查验签章是否有效，并当众宣读投标人名称、投标报价及招标人认为需要公布的其他内容；

（12）评标委员会按评标办法规定内容评审商务标；

（13）设有标底的，招标人宣读密封完好的标底价格；

（14）宣布中标人或者中标排序人；

（15）开标会结束，招标转入定标阶段，投标人返回等候招标人定标后的中标或未中标通知书；

（16）招标人应当自收到评标报告之日起 3 日内公示中标人或者中标候选（排序）人，同时公示中标人或中标排序人本工程资格审查时申报的荣誉和业绩，公示期不少于 3 日（节假日超过 2 天的，公示期顺延最少应有 1 个工作日）。公示期满后，招标人再依法确定中标人。

程序三：

公开招标，采用报价承诺法评标的，递交投标文件在 15 家以上时，按以下程序开标：

（1）宣布主持人、唱标人、监标人、计分人、记录人；

（2）宣布开标纪律和注意事项；宣布应当递交投标文件数量和实际递交投标文件数量；

（3）介绍评标委员会的组成（名单不得介绍）；

（4）宣布评标原则，简述评标办法；

（5）介绍参加开标会的有关单位和人员；

（6）电子化招标项目，投标人先对上传的电子投标文件进行解锁（采用资格后审的，同时对电子资格标进行解锁），招标人再对所有的电子投标文件进行解锁（含电子资格标）；

（7）开启投标人的投标文件，宣布所有投标人的承诺报价；响应要约价的为有效投标报价。未响应的投标无效，退场；

开标时，当有效投标报价的投标人不足 3 个，招标失败，招标人重新组织招标；

（8）招标人将有效投标报价的投标人随机重新编号，并在重新编号的投标人中随机抽取 15 个投标人（不排序）；

（9）按招标文件规定的资格条件查验随机抽取产生的 15 个投标人相关证书（证件）；

现场查验随机抽取产生的 15 个投标人的相关证件（证书）原件，查验证件（证书）内容包括：投标人的资质证书复印件、营业执照、安全生产许可证、法定代表人或者法定代表人授权委托书、建造师注册证书、投标保证金的递交凭证等证书材料原件；联合体投标协议书并宣布牵头人，外省投标人需提供进入本省的备案手续。电子化招标项目，系统自动显示投标人的相关信息，现场进行验证并比对，投标人应当自带证书原件备查；

当现场相关证件（证书）查验出现未按规定提交有关证件（证书）原件时，作为自动弃权处理，并在剩余的重新编号的投标人中再随机抽取并补足 15 个投标人，以此类推；

（10）将查验相关证件（证书）有效后的投标人的投标文件，全部送评标委员会评审；

（11）采用资格后审的，将随机抽取的 15 个投标申请人的资格标和投标文件同时送评标委员会评审。评标委员会首先对投标申请人进行资格审查，再对其投标文件进行评审；经审查有不满足资格审查文件要求被认定为资格审查不合格的，其投标文件不再评审，资格审查结果与投标文件评审结果同时宣布；

评标委员会对所有投标申请人进行资格审查后，合格的投标申请人少于 3 个时，评标委员会应当依法要求招标人重新招标；

（12）评标委员会按评标办法规定的内容对投标文件进行评审；

（13）宣布评标结果，并宣布经评审存在重大偏差被认定为投标无效的投标人名单（采用资格后审的，同时宣布资格审查合格或者不合格的投标申请人名单）；当出现投标人投标文件存在重大偏差被认定为投标无效时，招标人应当在剩余的重新编号的投标人中再随机抽取并补足 15 个，经查验相关证件（证书）有效后，将其投标文件（采用资格后审的项目，含资格标）送评标委员会评审（审查），直至经评审的合格投标人达到 15 个。当剩余的重新编号的投标人个数不足以补足 15 个时，则全部补充进入证件（证书）查验和评审程序；

经评标委员会评审，当合格的投标人达到 15 个时，剩余的重新编号的投标人不再补充参与审查和评审，开标程序进入随机抽取中标人或者中标候选（排序）人阶段；所有有效投标报价投标人的投标文件评审完成后，当经评审合格的投标人不足 15 个时，则全部进入随机抽取中标人或者中标候选（排序）人程序；

（14）招标人在开标现场从合格的投标人中随机抽取中标人或者中标候选人，既第一次随机抽取的编号（指重新编号的投标人的编号，下同）所对应的投标人为中标人或者第一中标候选人，第二次随机抽取的编号所对应的投标人为第二中标候选人，第三次随机抽取的编号所对应的投标人为第三中标候选人。评标委员会对中标人或者中标候选人的排序结果进行确认；

（15）招标人根据评标委员会确认的结果，当场宣布中标人或中标候选（排序）人；

（16）开标会结束，招标转入定标阶段，投标人返回等候招标人定标后的中标或未中标通知书；

（17）招标人应当自收到评标报告之日起 3 日内公示中标人或者中标候选（排序）人，同时公示中标人或中标排序人本工程资格审查时申报的荣誉和业绩，公示期不少于 3 日（节假日超过 2 天的，公示期顺延最少应有 1 个工作日）。公示期满后，招标人再依法确定中标人。

程序四：

公开招标，采用报价承诺法评标，递交投标文件在 15 家及以下时，按以下程序开标：

（1）宣布主持人、唱标人、监标人、计分人、记录人；

（2）宣布开标纪律和注意事项；宣布应当递交投标文件数量和实际递交投标文件数量；

（3）介绍评标委员会的组成（名单不得介绍）；

（4）宣布评标原则，简述评标办法；

（5）介绍参加开标会的有关单位和人员；

（6）电子化招标项目，投标人先对上传的电子投标文件进行解锁（采用资格后审的，同时对电子资格标进行解锁），招标人再对所有的电子投标文件进行解锁（含电子资格标）；

（7）开启投标人的投标文件，宣布所有投标人的承诺报价；响应要约价的为有效投标报价。未响应的投标无效，退场；

　　开标时，当有效投标报价的投标人不足3个，招标失败，招标人重新组织招标；

（8）招标人将有效投标报价的投标人随机重新编号（不排序）；

（9）现场查验重新编号投标人的相关证件（证书）原件，查验证件（证书）内容包括：投标人的资质证书、营业执照、安全生产许可证、法定代表人或者法定代表人授权委托书、建造师注册证书、投标保证金的递交凭证等证书材料原件；联合体投标协议书并宣布牵头人，外省投标人需提供进入本省的备案手续。电子化招标项目，系统自动显示投标人的相关信息，现场进行验证并比对，投标人应当自带证书原件备查；

　　当现场相关证件（证书）查验出现未按规定提交有关证件（证书）原件时，作为自动弃权处理；

（10）将查验相关证件（证书）有效后的投标人的投标文件，全部送评标委员会评审；

（11）采用资格后审的，投标申请人的资格标和投标文件同时送评标委员会评审。评标委员会首先对投标申请人进行资格审查，再对其投标文件进行评审；

　　评标委员会对所有投标申请人进行资格审查后，合格的投标申请人少于3个时，评标委员会应当依法要求招标人重新招标；

（12）评标委员会按评标办法规定内容对资格审查合格的投标人的投标文件进行评审；

（13）宣布评标结果，并宣布经评审存在重大偏差被认定为投标无效的投标人名单（采用资格后审的，同时宣布资格审查合格或者不合格的投标申请人名单）；

（14）招标人在开标现场从经评审合格的投标人中随机抽取中标人或者中标候选人，既第一次随机抽取的编号（指重新编号的投标人的编号，下同）所对应的投标人为中标人或者第一中标候选人，第二次随机抽取的编号所对应的投标人为第二中标候选人，第三次随机抽取的编号所对应的投标人为第三中标候选人。评标委员会对中标人或者中标候选人的排序结果进行确认；

（15）招标人根据评标委员会确认的结果，当场宣布中标人或中标候选（排序）人；

（16）开标会结束，招标转入定标阶段，投标人返回等候招标人定标后的中标或未中标通知书；

（17）招标人应当自收到评标报告之日起3日内公示中标人或者中标候选（排序）人，同时公示中标人或中标排序人本工程资格审查时申报的荣誉和业绩，公示期不少于3日（节假日超过2天的，公示期顺延最少应有1个工作日）。公示期满后，招标人再依法确定中标人。

国家和省重点工程、水利、交通、能源等工程招标的开标程序不尽相同，在此不一一列举。

2. 评标

评标由招标人按照国家有关法律法规规定，从相关招标投标监管部门认可的专家库中随机抽取经济技术专家（特殊招标项目可以由招标人直接确定专家）、连同招标人自行指定的专家（不超过三分之一）组成评标委员会，评标委员会成员人数应为五人以上单数，按招标文件规定的评标原则、评标办法进行评标。评标工作在项目招标投标监督机构的监督下，并在严格保密的情况下由评标委员会负责完成。

首先是对投标文件的符合性进行审查。主要看其是否有违反国家有关法律法规规定的情形、是否完全响应招标文件、是否按规定带齐了相关证件、投标保证金是否到账、联合体投标协议书是否签订、外省投标人进入本省的备案手续是否齐全等。凡不符合上述要求之一的，按无效标处理，招标人或者招标代理机构应当拒收或者退回投标文件。

对投标文件中存在的细微偏差，评标委员会可以书面方式要求投标人对投标文件中含义不明确、对同类问题表达不一致或者有明显文字和计算错误的内容作必要的澄清、说明或者补正，澄清、说明或者补正应以书面方式进行并不得超出投标文件的范围或者改变投标文件的实质性内容。投标单位法定代表人未出席开标会的，可由其授权委托的委托代理人进行澄清并签字，在中标通知书发出之前，其单位法定代表人应对委托代理人在开标现场澄清的有关问题进行书面确认。

招标文件有规定、有要求、有禁止的内容，但没有在招标文件中明确告知投标人是废标或重大偏差的，评标委员会不得判定为废标或重大偏差。

采用资格后审的项目，在投标文件评审之前，由评标委员会对投标人的资格标进行资格审查验证。电子化招标项目应进行电子比对。符合性审查结束后，应在开标现场公布投标人资格审查合格和不合格名单。

评标委员会依据法律法规及招标文件、评标办法的要求，对资格审查合格的投标人的投标文件进行评审；确认中标人或中标候选人排序；向招标人提交书面评标报告，推荐中标人或中标候选人。

评标报告应由评标委员会全体成员签名。有不同意见的评委可以书面阐述其不同意见和理由，与评标报告一并提交招标人。评标委员会成员拒绝在评标报告上签名且不陈述其不同意见和理由的，视为同意评标结论，评标委员会应当在评标报告中作出说明并记录在案。

招标人或者招标代理机构在评标结束前，可视情况决定是否将评标结果和经评标委员会确认推荐的中标人或中标排序人在开标现场公布。

对在开标现场出示的证件原件有争议的，评审裁定为投标无效、否决投标、重大偏差等有异议的，由评标委员会按照法律、法规、规章、规范性文件的规定和资格审查（送审）文件或者招标文件及评标办法的规定进行核验和裁决。

需要强调的是，评标过程中的保密和公正极为重要，不保密的话就难以做到公正。抽取评标专家一般都是在开标前的 1h 之内从专家库中随机抽取（外地专家可适当提前抽取），专家到达评标现场后应主动将手机等通信工具上交统一保管，直至评标结束；各级公共资源交易中心的专家评标室内都设有电子监控系统，全程监控评标专家的言行；在评标过程中严格执行有关保密规定，不得对外泄漏评标情况；抽取评标专家严格执行回避制度，避免对投标人造成不公正；要求评标专家严格按招标文件客观公正地评标，并对评标意见负责。应该说，评标专家在评标过程中或多或少有一定的自由裁量权，如果不保密、不公正将严重影响评标结果，是招标投标相关法律法规所不允许的。

为了规范房屋建筑和市政基础设施工程施工招标投标的评标，某省行业监管部门依据国家有关法律法规并结合实际，制定了"合理低价法"、"综合评估法"、"报价承诺法"三种方法，简述如下：

合理低价法，是指投标人技术标编制符合工程项目技术要求，投标报价经评标委员会评审后，认可其为不低于成本的合理低价，并按竞争规则确定中标人或中标候选（排序）人。合理低价法适用于总投资 5000 万元以上的招标项目。

合理低价法与建设行业招标文件配套使用，当招标人在招标项目中采用后，即成为招标文件的组成内容。

采用合理低价法评标，技术标评审采用符合性评审。招标人选择工程量清单计价，采用招标控制价方法控制报价，并根据投标文件递交的数量确定开标方式，运用已确定的公式计算出合理低价值，大于或等于合理低价值的投标人的报价由低到高依次排序，最低投标报价排序第一，以此类推。

综合评估法，是指投标人技术标、商务标和综合素质最大限度地满足招标文件规定的各项综合评价标准，经评标委员会综合评估，择优量化计分，并将得分最高者推荐为中标人或中标候选（排序）人。综合评估法主要适用于对技术、性能有特殊要求或者邀请招标项目。

采用综合评估法评标，运用招标控制价方法来控制报价，技术标和商务标评审采用量化计分评审。评分分值设定为100分，其中技术标响应性3分，技术标施工组织设计22分，企业综合素质15分，投标报价60分，得分高者即为中标人或第一中标排序人。

报价承诺法，是指招标人根据招标控制价并结合市场实际情况确定要约价，要约价应当等于或者小于招标控制价（有最高限价规定的，不得高于最高限价），不得低于工程成本。投标人根据招标控制价、要约价以及综合单价的组成，做出响应要约价的承诺报价。经评标委员会评审后，招标人在合格的承诺报价中随机产生中标人或者中标候选（排序）人。

报价承诺法适用于对技术、性能没有特殊要求的通用技术工程招标项目，工程总投资在5000万元以下（含5000万元）。

采用报价承诺法评标，投标报价响应招标要约价的为有效投标报价。招标人的招标控制价、要约价应当与招标控制价同时发出。

评标是招标投标过程中的关键环节。评标委员会必须按照招标文件规定的评标原则、评标办法进行评标，必须坚持"公平、公正"的原则。《中华人民共和国招标投标法》要求：评标委员会成员应当客观、公正地履行职务，遵守职业道德，对所提出的评审意见承担个人责任；评标委员会成员不得私下接触投标人，不得收受投标人的财物或者其他好处；评标委员会成员和参与评标的有关工作人员不得透露对投标文件的评审和比较、中标候选人的推荐情况以及与评标有关的其他情况。并明确规定：评标委员会成员收受投标人的财物或者其他好处的，评标委员会成员或者参加评标的有关工作人员向他人透露对投标文件的评审和比较、中标候选人的推荐以及与评标有关的其他情况的，给予警告，没收收受的财物，可以并处三千元以上五万元以下的罚款，对有所列违法行为的评标委员会成员取消担任评标委员会成员的资格，不得再参加任何依法必须进行招标的项目的评标；构成犯罪的，依法追究刑事责任。

5.7　公示与投诉处理

1. 公示

公示是招标过程中的一个法定程序。

招标人应当自收到评标报告之日起 3 日内公示中标人或者中标候选人（排序），同时公示中标人或中标排序人本工程资格审查时申报的荣誉和业绩，公示期不少于 3 日（节假日超过 2 天的，公示期顺延最少应有 1 个工作日）。公示可在相关媒体或政府公共资源交易网站上进行。

公示期间如发现中标人在投标过程中存在违法违规行为，应认真研究并及时作出处理决定，证据确凿的应依法取消中标人资格，另行选定中标人并再次进行公示，或者依法重新组织招标；公示期满后，招标人应依法确定中标人。

2. 投诉处理

在招标投标过程中投诉和受理投诉是法律赋予的权利和义务。

《中华人民共和国招标投标法》明确：投标人和其他利害关系人认为招标投标活动不符合本法有关规定的，有权向招标人提出异议或者依法向有关行政监督部门投诉。

《中华人民共和国招标投标法实施条例》设有专门的投诉与处理章节，并规定：投标人或者其他利害关系人认为招标投标活动不符合法律、行政法规规定的，可以自知道或者应当知道之日起 10 日内向有关行政监督部门投诉。投诉应当有明确的请求和必要的证明材料；投诉人就同一事项向两个以上有权受理的行政监督部门投诉的，由最先收到投诉的行政监督部门负责处理；行政监督部门应当自收到投诉之日起 3 个工作日内决定是否受理投诉，并自受理投诉之日起 30 个工作日内作出书面处理决定；投诉人捏造事实、伪造材料或者以非法手段取得证明材料进行投诉的，行政监督部门应当予以驳回；行政监督部门处理投诉，有权查阅、复制有关文件、资料，调查有关情况，相关单位和人员应当予以配合，必要时，行政监督部门可以责令暂停招标投标活动；行政监督部门的工作人员对监督检查过程中知悉的国家秘密、商业秘密，应当依法予以保密。

《中华人民共和国政府采购法》及《中华人民共和国政府采购法实施条例》规定：供应商对政府采购活动事项有疑问的，可以向采购人提出询问，采购人应当及时作出答复，但答复的内容不得涉及商业秘密；供应商认为采购文件、采购过程和中标、成交结果使自己的权益受到损害的，可以在知道或者应知其权益受到损害之日起七个工作日内，以书面形式向采购人提出质疑；采购人应当在收到供应商的书面质疑后七个工作日内作出答复，并以书面形式通知质疑供应商和其他有关供应商，但答复的内容不得涉及商业秘密；采购人委托采购代理机构采购的，供应商可以向采购代理机构提出询问或者质疑，采购代理机构应当依照本法的规定就采购人委托授权范围内的事项作出答复；质疑供应商对采购人、采购代理机构的答复不满意或者采购人、采购代理机构未在规定的时间内作出答复的，可以在答复期满后十五个工作日内向同级政府采购监督管理部门投诉；政府采购监督管理部门应当在收到投诉后三十个工作日内，对投诉事项作出处理决定，并以书面形式通知投诉人和与投诉事项有关的当事人；政府采购监督管理部门在处理投诉事项期间，可以视具体情况书面通知采购人暂停采购活动，但暂停时间最长不得超过三十日；投诉人对政府采购监督管理部门的投诉处理决定不服或者政府采购监督管理部门逾期未作处理的，可以依法申请行政复议或者向人民法院提起行政诉讼。

其他相关规章也对招标投标过程中的投诉处理作出了较详细的规定，在执行过程中应一并运用。

值得一提的是，有些项目一开标就会接到异议或投诉，对此招标人、招标代理机构及有关行政监管部门应引起重视，如证据确凿的应立即进行研究，必要时可向评标委员会反映，评标委员会能裁定的应依法裁定，一时难以裁定的可转交有关部门处理。

5.8 定标

评标结果经过公示等法定程序、招标人确定中标人后，应报分管招标投标监管机构签收，并向中标人发出"中标通知书"，同时将中标结果书面通知所有未中标的投标人，中标通知书将成为合同的组成部分。

国有资金占控股或者主导地位的依法必须进行招标的项目，招标人应当确定排名第一的中标候选人为中标人。排名第一的中标候选人放弃中标、因不可抗力不能履行合同、不按照招标文件要求提交履约保证金，或者被查实存在影响中标结果的违法行为等情形，不符合中标条件的，招标人可以按照评标委员会提出的中标候选人名单排序依次确定其他中标候选人为中标人，也可以重新招标。

中标候选人的经营、财务状况发生较大变化或者存在违法行为，招标人认为可能影响其履约能力的，应当在发出中标通知书前由原评标委员会按照招标文件规定的标准和方法审查确认。

不管中标结果如何，招标人都有权拒绝任何投标人要求对评标、定标情况和未中标原因的任何解释。

确定中标人后的 7 日之内，招标人或招标代理机构应将投标保证金退回给各投标人。

中标人收到中标通知书后，应在三十天内与招标人签订书面合同。

5.9 政府采购招标

政府采购招标程序有的和工程项目招标要求相同，有的不尽相同。政府采购通常用于利用财政资金进行货物（含设备、有偿服务等）采购的行为。

政府采购要求提供的货物和附属服务、招标过程和合同条款在招标文件中均应有说明。其招标文件内容有：

第1章，投标邀请。明确项目名称、采购人或采购代理机构联系方式、采购项目预算、采购项目最高限价、采购人的采购需求（货物名称、简要说明、数量、采购项目编号、备注）、投标人的资格条件、获取招标文件的时间和期限、地点、方式，招标公告期限、投标截止时间、开标时间及地点、投标保证金、采购代理服务费、采购项目联系方式等。

第2章，投标人须知。包括投标人须知附前表;合格投标人、投标费用、投标人代表、投标文件的构成、投标人应当提交的资格（资信）证明文件、投标人须提供的证明材料、投标人享受的优惠政策、招标文件的修改；投标文件的编制、投标文件计量单位、投标文件的构成、投标报价、投标保证金、投标有效期、投标文件的递交、分包的规定、恶意串通等行为的处理及串通投标情形的认定；开标、评标、意外情况的情形和处理；中标人的确定、中标结果公告、履约保证金签订合同；询问和质疑、采购代理服务费、附则。

第3章，拟签订的合同文本。包括合同货物、合同总价、专利权、包装和装运标志、质量、交货及验收、付款方式、售后服务、违约责任、争议及仲裁、其他。

第4章，投标文件格式。包括投标书、开标一览表、分项报价、开标一览明细表、技术需求响应（偏离）表、商务条件响应（偏离）表、投标人应当提交的资格（资信）证明文件、为落实政府采购政策投标人须提供的证明材料、技术文件、其他资料。

第 5 章，货物需求表及采购需求。货物需求表包括货物名称、数量、交货期、交货地点、安装地点、备注；采购需求包括技术需求、商务条件等。

第 6 章，评标标准。可分为价格评分、技术评分和商务评分三项。其中价格分采用低价优先法计算，即满足招标文件要求且投标价格最低的投标报价为评标基准价，其价格分为满分，另对小型和微型企业、监狱企业和残疾人福利性单位给予 6% 的价格优惠扣除。技术分按对货物的技术要求来确定项目和评审内容，应满足一些关键性技术要求，否则作无效标处理。商务分主要对服务水平、履约能力和售后服务提出要求。

政府采购招标邀请的投标人不应少于 3 人，不足 3 人的应重新组织。政府采购对投标人的资格条件不得作为评分的因素。

随着民生工程的大量实施，政府采购招标项目不断增多，越来越多的招标代理机构开始承接政府采购招标业务，因此必须熟悉政府采购项目的招标要求。各级财政等部门也应切实加强对政府采购招标投标活动的监管。

5.10　招标投标文件的保存

国家发展改革委等七部委发布的《工程建设项目施工招标投标办法》第六十五条规定：依法必须进行施工招标的项目，招标人应当自发出中标通知书之日起十五日内，向有关行政监督部门提交招标投标情况的书面报告。书面报告至少应包括下列内容：（1）招标范围；（2）招标方式和发布招标公告的媒介；（3）招标文件中投标人须知、技术条款、评标标准和方法、合同主要条款等内容；（4）评标委员会的组成和评标报告；（5）中标结果。

确定中标人以后，招标工作尚未最后完成，一方面招标人或招标代理机构要向有关行政监督部门提交招标投标情况的书面报告；另一方面，招标人或招标代理机构应将招标投标文件加以整理，存档备查。

住房和城乡建设部《城市建设档案管理规定》以及《建设工程文件归档规范》GB/T 50328—2014 等，对招标投标文件的整理归档都提出了明确要求。

应该存档的主要文件有：（1）招标公告；（2）招标备案表；（3）资格审查文件；（4）招标文件；（5）各投标人的投标文件；（6）评标报告；（7）招标投标情况报告；（8）其他。

招标投标文件的保存时间，应与工程档案保存时间相吻合，工程档案的保管期限规定为永久、长期和短期 3 种，长期为 20 ~ 60 年，短期为 20 年以下。

《中华人民共和国政府采购法》第四十二条规定：采购人、采购代理机构对政府采购项目每项采购活动的采购文件应当妥善保存，不得伪造、变造、隐匿或者销毁。采购文件的保存期限为从采购结束之日起至少保存十五年。

招标投标和政府采购文件的保存也是一项重要的工作，在工程建设过程中及以后都将发挥无可替代的作用。建设单位、施工单位、财政、审计、监察等部门将有可能随时查阅招标投标文件，必须认真对待。招标投标和政府采购文件的保存不仅是建设单位的责任，也是招标代理机构应尽的职责。目前比较正规的招标代理机构都十分重视招标投标文件的存档工作，按照档案管理的要求将相关文件认真整理归档，随时可调阅。但仍有一些招标代理机构不重视此项工作，导致招标投标文件乱堆乱放，甚至在招标工作完成后将相关文件当废纸卖掉，无法查询。这样的招标代理机构不仅信誉不好、回头客少，而且可能还会承担相应的法律责任。

第6章 投标要领

要想提高中标率，投标人在参加投标过程中，除熟悉国家相关法律法规规章、了解招标项目的基本情况外，还应掌握一些基本的投标要领。

6.1 投标人须知

《中华人民共和国招标投标法》明确：投标人是响应招标、参加投标竞争的法人或者其他组织。依法招标的科研项目允许个人参加投标的，投标的个人适用本法有关投标人的规定。投标人应当具备承担招标项目的能力，国家有关规定对投标人资格条件或者招标文件对投标人资格条件是有规定的，投标人应当具备规定的资格条件。

在招标文件中，一般都会对投标人的资格条件提出明确要求，如应具有独立承担民事责任的能力、具有良好的商业信誉和健全的财务会计制度、具有履行合同所必需的设备和专业技术能力、有依法纳税和社会保障资金的良好记录、在经营活动中没有重大违法记录、法律法规规定的其他条件及项目特殊要求等。另外如果招标项目属于建设施工的，可对投标人的资质等级、项目经理资质等级、技术负责人职称、企业安全生产许可证、关键岗位人员的岗位证书、投标保证金的递交等提出要求。

投标人在确定是否参加投标前，应认真阅读招标公告，分析自身是否具备投标的基本条件、对招标项目是否感兴趣、对完成招标项目是否有信心、中标的几率有多大？要做到不打无准备之仗，做到"量体裁衣、有的放矢"，最终做出是否参加投标的决定。

必须清醒地认识到：参加投标是要付出一定人力物力财力的，尤其是设计投标文件付出的成本更高。有的投标人，在对招标项目不太了解的前提下，盲目找熟人、拉关系，存在较大的侥幸心理，即使自身条件很勉强、明知难以与其他投标人公平竞争也毅然参加投标，甚至采取围标、串标等非法手段以期达到中标目的，其结果只能是"偷鸡不着蚀把米"，造成人财物力的浪费，值得认真总结与反思。

在当今的信息社会，投标人广泛收纳各方面的信息非常重要。随着经济社会的发展，需公开招标的项目也越来越多，按规定这些项目都必须在相关媒体或网站上发布招标公告，作为投标人，不光要指定专人负责收集相关信息，而且法人代表及相关管理人员也要注意收集信息，还必须对相关信息加以分析和跟踪，并适时决定是否参加投标，不错过投标机会。

如某省有一知名度较高的重点工程，开始发布第一份设计招标公告时，就被许多相关企业给盯上了，虽说设计招标阶段与己无关，但日后的标段可能就有关了，于是赶紧派人盯住。其中有一家在外省的中央空调销售企业，从设计招标公告中分析该项目必定会选用中央空调，且估计与本企业销售的品牌相吻合，便指定销售人员盯紧这一项目，还时不时给建设单位的联系人发短信（招标公告中公布了该联系人电话），由于联系人收到这类的"垃圾信息"较多，一般不会轻易回信，但销售人员一直不死心，等待一年多时间终于在媒体上见到了该项目中央空调的招标公告，便积极主动参加投标。由于准备工作充分，加上其品牌、技术参数、价格等都能满足招标人的要求，经过激烈竞争该企业一举中标！该企业与招标人没有半点关系，也没有发生围标、串标行为，说明功夫不负有心人，通过努力美梦终能成真。

除相关法律法规和招标文件对投标人的条件作出明确规定外，有关行政监管部门也曾出台过一些补充规定，作为投标人应熟悉这些规定。如某省为有效制止建设工程施工招标中围标、串标现象的发生，曾下文明确规定：全面推行由项目经理担任投标人的授权委托人，对项目的投标与实施全过程承担责任。可在某市一个数十亿元的棚户区改造项目施工招标过程中，就有一家实力很强的"中"字头施工企业未能按要求指派项目经理担任投标人的授权委托人（法人代表也未到场），被评标专家发现而被淘汰出局，痛失中标机会，教训极其深刻！

6.2　认真研究招标文件

投标人在认真阅读招标公告、系统分析自身条件、作出参加投标的决定后，应该尽快报名参加投标。报名应按招标公告确定的时间、地点进行，并带齐相关证件备查（如营业执照、资质证书、安全生产许可证、法人代表或委托代理人证书、主要业绩材料等）；采用电子化招标投标的项目，应按要求上传相关材料，在网上报名投标。

符合报名条件的投标人获取招标文件，可以到招标人或招标代理机构领取，也可以从招标人指定的相关网站上下载。

获取招标文件后，投标人应认真仔细地研究招标文件，并根据招标文件要求准备相关材料，编制投标文件。

招标文件的内容比招标公告齐全得多，完全体现了招标人的意图，作为投标人必须仔细研究。首先，要掌握招标项目的基本情况，如工程名称、建设时间、地点、建筑面积、结构类型及层数、标段划分、现场施工条件、工程投资及资金落实情况、招标范围、质量要求和计划工期等，投标人应一清二楚。若有不清楚的，可书面提请招标人答疑，也可组织相关人员到现场踏勘，还可通过其他合法途径进一步加以了解，做到心中有数。其次，要对招标文件中提出的投标人资格要求加以分析，看看是否占据优势。如设计招标，要求投标人具有乙级以上设计资质且具有类似工程的设计业绩，投标人就应对照自己这方面是否有优势；施工招标，要求投标人具有二级以上施工资质，投标人虽能满足要求但在该项目中是否具有优势，如何以优补劣；监理招标，要求投标人具有乙级以上监理资质且提供良好的监理业绩，投标人是否能获得高分？第三，要熟悉招标文件中所提出的各项具体要求，决不能忽视一些细节，如是否接受联合体投标、是否允许分包、投标保证金的递交、投标文件的密封要求等等，一些看起来微不足道的问题都有可能导致出现废标，给投标人带来较大的损失。如有一个建设监理标，招标文件明确要求总监理工程师必须由具有高级职称和注册监理工程师资格的人担任，而投标人没注意只提供了注册监理工程师资格证、没有提供高工证，失去了开标资格；有的招标文件明确要求在投标文件的技术标中不得出现投标人的名称，结果个别投标人却因此而导致产生废标；有的重大项目要求投标人的法人代表在开标时必须持法人代表证明到达现场，而某些投标人凭经验派授权委托人参加，结果导致该投标被拒绝；有的投标文件因密封不符合要求而被招标人拒收；有的招标人明确规定在开标时需当众查验相关证书原件，而因投标人疏忽缺这缺那导致投标被拒绝……可见投标人对招标文件的深入研究何等重要！

6.3 仔细制定投标文件

阅读掌握招标文件的全部内容后，投标人应选派责任心强并熟悉业务的相关人员编制投标文件。投标文件是对招标项目的书面响应，其内容及格式必须严格满足招标文件要求，该作出承诺的要明确态度，该提供的材料要如实提供，该表述清楚的要用文字或图片表述清楚，招标文件中明确禁止的问题不能出现。某智能化工程招标正值国家出台减税降费政策的过渡期，为引导投标人正确报价，在招标文件中明确规定：投标报价一律先按 16% 的增值税税率执行，不得更改；待中标后签订合同时再按照国家现行的政策调整。结果在 7 家投标单位中，6 家严格执行了招标文件的规定，只有 1 家编制工程造价的人员没有仔细阅读招标文件，凭直觉按刚刚开始执行的 13% 增值税税率计价，使其投标报价低于其他投标人，被评委发现后认定符合性审查不合格，从而失去了参评资格，这种低级错误不止一次在投标人身边发生！

招标文件没有要求提供的材料在投标文件中不需要过多提供，切莫画蛇添足。有的投标人为充分表现自己，提供大量的业绩材料，甚至不惜通过造假来显赫自己，结果不仅造成评标委员会专家的反感，甚至会因假材料被识破而导致废标。如某施工标招标文件没有对投标人获奖情况提要求，而投标人为了表现自己擅自提供了几份获奖证书，其中有一份被评标委员会认定是假证书，进而认定该投标人不诚信，其投标被否决。

制定投标文件，应该围绕中标目的而进行。除内容应该齐全外，还必须充分体现投标人对招标项目的优势，尤其是规划、设计标，在表述中思路要清楚、内容要丰富、文字要精炼，千万不要照搬照抄，否则很容易出问题。如某设计标要求投标人表述完整的设计理念，有的投标人因对项目不太了解，材料东拼西凑，缺乏创意而被评标委员会的专家所淘汰；某工程监理项目招标，要求编写监理大纲，有的投标人没有针对该项目特点认真去编，而是照搬照抄，张冠李戴，且越抄越厚，1000多页的监理大纲不得不分上、中、下册进行装订，既浪费了大量的纸张和精力，还出现了服务地与招标文件内容不符的严重差错；某智能化工程招标，在投标人编写的施工组织设计中居然用较大篇幅提"土石方工程"、"钢筋混凝土工程"、"砖砌体工程"等施工工艺，牛头不对马嘴，可能是抄错了他人的施工组织设计，让评委们感到莫名其妙；某施工项目招标，招标人要求项目技术负责人必须具有相关专业的高级技术职称，投标人在招标文件中虽提供了高级职称证书但在主要人员登记表中仍填为中级职称（也许是刚获得高级职称而没有及时更正），像这样的情况很可能会被评标专家所否决。

除内容应该齐全外，投标文件的打印、装订与包装也非常重要。要严格按照招标文件规定进行，尽量做到不出差错，更不能出现会导致废标的大差错。投标文件装订后按要求应该编制目录和页码（个别技术标明确要求不得编制目录与页码的除外），便于评标专家查找，没目录或目录编写出现差错将直接影响评标委员会的评标结果，导致本有可能中标的反而没中到标。有的投标人对投标文件的打印与校对不够认真，投标文件不清晰、错别字较多，甚至连投标报价也会出现差错（将万元错打成元），错失中标机会；有的招标文件明确规定在投标文件中不得出现投标人单位名称，而投标人一不小心就出现了，有的即使正文中没出现却在相关图签中出现，看似无意实是有意或因粗心引起，被评标委员会发现判断为废标；有的投标文件没有认真按照招标文件要求密封，导致开标时该投标文件被告之拒收……这样的例子实在是太多了！

投标文件制定后，应指定相关人员进行认真校对和检查，防止出现差错或丢失重要文件，尤其是投标报价，有的投标人在制定投标文件时初定一个报价，直到报送投标文件前才确定投标的最终报价，一不小心就会出现错装现象，给投标人带来损失，轻者经济利益受损，重者中不到标或成为废标。还有的投标人在投标分项报价中，错将投标人所在地的材料单价（如砂石）与项目所在地的材料单价做比较，结果套用投标人所在地较便宜的材料单价投标，中标后仅此一项直接经济损失数十万元！在评标过程中，笔者还遇到过一起因投标联合体协议有一方未签字盖章（可能是遗忘了）而错失中标的真实情况，投标人的授权委托人得知这一情况后当场失声痛哭！

投标文件应在指定的时间内送达招标人或招标代理机构，因故迟到的投标文件将被拒收。某一大型基础设施工程的设计招标，因航班延误导致某实力较强的设计单位投标文件迟交了半小时，失去了参加投标的机会，参与设计的工程技术人员数十天的汗水付之东流！

6.4　开标注意事项

对于投标人来说，派人按时参加开标会议一般都能做到（特殊情况下有个别迟到的），但在派什么人、带齐什么证件问题上经常会出纰漏。有的投标人没有派招标文件指定的人员（如招标文件指定由法人代表、项目经理或设计负责人等）参加开标会议，事前也没有得到招标人的认可（本来可以在招标答疑中提出，并应得到招标人的书面认可），结果被拒绝参会，白跑一趟；有的参会人员忘记带齐应该在开标时当场公示的相关证件（原件），最容易忽视的是项目技术负责人职称证件，笔者在招标过程中多次遇到这种情况，只好作废标处理；有的投标人指派的授权委托人业务不熟悉，评标过程中需要当评标专家的面澄清、说明的问题怎么也说不清，甚至说出很外行的话，让专家们哭笑不得，这样的投标人中标几率到底有多大可想而知。

值得投标人注意的还有：参加开标会议的人员在评标结束前不得擅自离开开标现场，不得与参加同一标段的其他投标人员相互串通，并且要密切注视开标与评标全过程。责任心不强或事情太多的授权委托人往往刚开完标就开溜了，导致评标专家就某个问题需要投标人澄清、说明时找不到人，评标阶段公示结果也看不到，甚至会痛失中标机会！既然你那么忙、那么不在意当初何必参加投标？难道还有比争取中标更重要的事要在这半天左右的时间内完成吗？在开标会期间与他人闲聊投标相关的一些内容不仅有串标嫌疑，而且很容易泄漏投标人的机密，一旦对方是竞争对手（如排序为第一、第二）那么你们谈话的内容也许会被对方抓住把柄而丢掉了中标机会！之所以要盯住开标评标的全过程，是因为这些过程对投标人来说都是重要的，从中可以发现一些问题，变被动为主动，如投标对手有无弄虚作假、围标串标行为，是否需要投诉？本企业在该标段的优势与劣势、今后该如何更好地组织投标、提高中标率等等。投标人应在开标过程中不断总结经验、纠正存在的问题、熟悉投标技巧，为今后更好地参加投标奠定基础。

6.5 运用好投诉权

投标人在招标过程中的投诉权利是《中华人民共和国招标投标法》、《中华人民共和国政府采购法》等法律法规所赋予的。投标人和其他利害关系人认为招标投标活动不符合法律法规有关规定的，有权向招标人提出异议或者依法向有关行政监督部门投诉。

为了规范投诉处理，国家发展改革委等七部委发布了《工程建设项目招标投标活动投诉处理办法》，明确各级招标投标行政监督部门按照职责分工，受理投诉并依法做出处理决定。

投诉人投诉时，应当提交投诉书。投诉书应当包括下列内容：

（1）投诉人的名称、地址及有效联系方式；

（2）被投诉人的名称、地址及有效联系方式；

（3）投诉事项的基本事实；

（4）相关请求及主张；

（5）有效线索和相关证明材料。

投诉人是法人的，投诉书必须由其法定代表人或者授权代表签字并盖章；其他组织或者自然人投诉的，投诉书必须由其主要负责人或者投诉人本人签字，并附有效身份证明复印件。

投诉人不得以投诉为名排挤竞争对手，不得进行虚假、恶意投诉，阻碍招标投标活动的正常进行。

投诉人认为招标投标活动不符合法律行政法规规定的，可以在知道或者应当知道之日起十日内提出书面投诉；投诉人可以自己直接投诉，也可以委托代理人办理投诉事务。

行政监督部门收到投诉书后，应当在三个工作日内进行审查，视情况分别做出受理、不予受理决定，并书面告知投诉人。

行政监督部门受理投诉后，应当调取、查阅有关文件，调查、核实有关情况。对情况复杂、涉及面广的重大投诉事项，有权受理投诉的行政监督部门可以会同其他有关的行政监督部门进行联合调查，共同研究后由受理部门做出处理决定。行政监督部门处理投诉，有权查阅、复制有关文件、资料，调查有关情况，相关单位和人员应当予以配合。必要时，行政监督部门可以责令暂停招标投标活动。

负责受理投诉的行政监督部门应当自受理投诉之日起三十个工作日内，对投诉事项做出处理决定，并以书面形式通知投诉人、被投诉人和其他与投诉处理结果有关的当事人。

当事人对行政监督部门的投诉处理决定不服或者行政监督部门逾期未做处理的，可以依法申请行政复议或者向人民法院提起行政诉讼。

对于性质恶劣、情节严重的投诉事项，行政监督部门可以将投诉处理结果在有关媒体上公布，接受舆论和公众监督。

作为投标人，在投标过程中认为自身利益受到侵害时，可以在规定的时间内向招标人提出异议或依法向有关行政监督部门投诉。

由于招标投标市场竞争的日益激烈，中标排序人第二名总想取代第一名，第三名总想取代第一、第二名，因而投诉不可避免。投诉有许多成功的和不成功的例子。在某城市道路施工招标中，公示阶段排序第二的投标人投诉排序第一的投标人，称其在相关人员的社会保险证明中弄虚作假，并提供了当地社保部门的证明材料，行政监督部门受理投诉后，经认真调查取证并召集原评标委员会的专家复议，确认投诉内容真实，依法裁定排序第一的中标候选人的中标资格无效，由排序第二的投标人替补。在某大型博物馆主体工程施工招标过程中，通过严格的资格预审，共有 7 家单位成为合格投标人，其中省内企业5 家、省外企业 2 家。开标前某省内企业以所谓"内定中标人"

为由大造舆论，并向有关行政监督部门投诉，千方百计想挤掉这两家省外企业，但该计谋没有得逞；开标后排序第二的投标人立即投诉排序第一的投标人，排序第三的投标人也跟着起哄。有关行政监督部门受理投诉后，会同招标人进行了认真的调查，未发现排序第一的投标人有违反相关法律法规及招标文件要求的行为，认定评标委员会所推荐的排序正确，招标结果有效。

投诉权既然是相关法律法规赋予的，投标人应该充分运用好投诉权，以期争取达到中标目的。但必须在法律法规允许的范围内，以事实为依据，不可凭想象、捏造实事诬告，否则不但达不到目的，还会承担相应的法律责任。要想通过投诉起作用，首先平时必须多留心，注意收集竞争对手的违法违规证据，投诉时附上这些有力证据；其次是在开标过程中注意观察，仔细研究入围的投标人在投标过程中出现的纰漏，只要是发现符合废标条件的（开标时因工作疏忽可能没发现）立即提出异议或投诉，会收到较好的效果；第三是在公示期内认真研究招标文件和所公示的业绩等情况，如发现造假等重大问题投诉的成功率才会较高。投诉后应该积极配合有关行政监督部门开展调查，并可补充相关证据，据理力争。有关行政监督部门受理投诉后，应该认真对待，会同相关部门调查处理，在规定的时间内作出裁定。对于依法作出的裁定，投诉人和被投诉人都应认真执行，不可无理取闹、重复上访投诉。

在某建筑工程施工招标中，排序第一的中标候选人遭到投诉，称其所提供的"八大员"缴纳的社会保险费的证明材料造假，经行政监管部门派员前往社保机构调查取证属实，被取消了中标资格，由排序第二的中标候选人替补。在某一监理项目招标过程中，有几家实力较强的监理单位就此项目展开了激烈竞争，事前有一家监理单位通过关系找到了招标代理机构的负责人请求帮忙，并承诺若能使其中标将给数万元的"好处费"，招标代理机构的负责人经不住诱惑私下答应了该监理单位，在招标文件中塞进了一些"私货"，如在评分标准中加大了对这家监理单位有利的条款，并在开标时与部分评标专家打招呼暗示要让这家监理单位中标。评标结束后，这家监理单位"如愿以偿"排序第一。参加投标的另外两家监理单位感觉到不对劲，经过认真分析招标文件、了解这家监理单位与招标代理机构的关系后，终于发现了问题，找出了充分的证据并向有关行政监管部门实名投诉，经行政监管部门查实，并约谈了部分评标专家（未发现其受贿），确认招标代理机构和这家监理单位在这次招标活动中的确存在违法违规行为，于是依据《中华人民共和国招标投标法》第五十条作出了如下处理决定：排序第一的监理单位中标无效，由排序第二的监理单位依次替补；对该招标代理机构处以 5 万元罚款、对其负责人处以 2500 元罚款。这起投诉处理在当地引起了轰动，维护了招标投标活动的公正性。

6.6　重视合同谈判

《中华人民共和国招标投标法》第四十六条规定：招标人和中标人应当自中标通知书发出之日起三十日内，按照招标文件和中标人的投标文件订立书面合同。招标人和中标人不得再行订立背离合同实质性内容的其他协议。

在招标文件中，对中标后合同的授予均有明确的规定，招标人确定中标人后，应报分管招标投标监管机构签收，并向中标人发出中标通知书，中标通知书将成为合同的组成部分。对合同的签订、合同主要内容，招标文件中也予以了明确，特别强调合同的标的、价款、质量、履行期限等主要条款应当与招标文件和中标人的投标文件的内容一致。

当然，招标文件中只规定了合同的主要内容而不是全部内容，除相关要素、实质性内容不能改变外，尚有一些问题应该在合同中明确。

实行招标投标制度以来，无论是设计、施工还是监理、设备采购，国家有关部门都制定了固定格式的合同文本，招标人与中标人可在其框架内通过谈判进一步明确一些自定义的合同条款。

合同谈判涉及招标人与中标人的切身利益，作为招标人希望在确保质量安全及工期的前提下能节省工程投资；而作为投标人则千方百计想获取最佳的经济效益，个别施工企业甚至叫嚣"利润是算出来的而不是干出来的"，希望通过合同谈判从中找出"突破口"。因此，甲乙双方都得重视合同谈判，通过谈判进一步明确双方责任，减少经济纠纷。比如：施工工期是甲乙双方共同关心的问题，在招标文件中虽对工期有明确要求，但作为建设方总希望在确保工程质量的前提下能缩短工期，而施工方为达此目的可能会增加部分成本，因此在合同谈判时应该提出来协商，能否追加一定的赶工费用？材料价格波动较大时如何处理？对项目经理、技术负责人等如何考核？对创国优、省优的工程是否实施奖励？等等。通过谈判双方能达成一致意见的必须在合同中予以明确，双方共同遵守。

必须注意，合同谈判的时间是有规定的，应当自中标通知书发出之日起30日内完成，不能久拖不决，否则招标人可视其放弃中标、依法确定其他中标候选人为中标人。

合同的谈判与签订除遵守《中华人民共和国招标投标法》外，还必须遵守《中华人民共和国合同法》及相关法律法规。合同签订后还应按相关规定及时到有关主管部门备案（推进工程建设项目审批制度改革以来，很多地方已取消了施工合同备案环节）。

中标人不履行与招标人订立的合同的，履约保证金不予退还，还应当对招标人所造成的损失承担赔偿责任。

第7章 共同关注

在招标投标过程中，除严格遵守相关法律法规外，招标人、招标代理机构、采购人、采购代理机构、投标人、供应商、行业监管部门等相关人员，还应共同关注以下问题。

7.1 严格依法依规组织招标投标

《中华人民共和国招标投标法》及相关法律法规对招标范围、招标投标组织等作了明确规定，相关单位和个人必须严格遵守。

首先，必须尽早确定招标形式。工程项目启动后，必须根据项目的实际情况来确定建设方式，项目大小、资金来源、建设条件、建设周期如何？是自建还是代建？是否需要招标？是公开招标还是邀请招标或不招标？拟分多少个标段进行？走招标程序还是走政府采购程序？等等。作为建设单位（招标人），必须有通盘打算。

其次，必须尽快明确由谁组织招标。《中华人民共和国招标投标法》第十二条明确招标人可以自行办理招标事宜，也可以自行选择招标代理机构、委托其办理招标事宜。自行办理招标事宜的，招标人应具有编制招标文件和组织评标的能力，且须向有关行政监督部门备案。由于招标人自行组织招标存在诸多弊端，目前大多委托招标代理机构办理招标事宜。

第三，必须向行政监督部门报备。《中华人民共和国招标投标法》第七条规定：招标投标活动及其当事人应当接受依法实施的监督。《中华人民共和国招标投标法实施条例》第七条规定得更加具体：按照国家有关规定需要履行项目审批、核准手续的依法必须进行招标的项目，其招标范围、招标方式、招标组织形式应当报项目审批、核准部门审批、核准。项目审批、核准部门应当及时将审批、核准确定的招标范围、招标方式、招标组织形式通报有关行政监督部门。这里说的是两重意思：一是要报项目审批核准部门，主要是指发改部门或上级主管部门；二是审批核准部门要将招标情况通报有关行政监督部门，如建设部门、交通运输部门、水利部门等。某省规定：开展房屋建筑和市政基础设施工程施工招标的，必须事前填报《招标备案表》，经建设工程招标投标监管部门备案后，方可开展招标投标活动。

第四，必须充分体现"公开、公平、公正"原则。在整个招标投标过程中，都必须严格依法办事，该公开的要及时公开，让所有参与招标投标活动的当事人都享有知情权；要公平对待每一位投标人，让其参与公平竞争；无论是招标文件的制定还是招标结果都必须体现其公正性。

7.2 不得刻意排挤潜在投标人

我国地缘广大，行业发展不平衡，同行之间差异也较大。实行招标投标制度，是要鼓励企业公平竞争、保证项目质量、提升科技水平和管理水平、提高经济效益和社会效益。

作为招标人，其指导思想是通过公开招标，选择优秀的项目建设队伍和价廉物美的材料设备，以期达到质量优、工期短、造价低、安全好的目的。

为达此目的，依法选择投标人非常重要，可根据项目的特性对投标人提出一些具体要求，如技术力量、设备能力、资质等级、主要业绩、管理水平等，但不得刻意排挤潜在投标人。

个别招标人刻意排挤潜在投标人的手段有：一是对投标人资质和人员设置过高要求，将大部分潜在投标人排除在外；二是对投标人的业绩提出过高要求，将业绩不足的潜在投标人排除在外；三是将投标保证金定得过高，排挤流动资金紧张的潜在投标人；四是对投标人的地域提出要求，只允许在当地注册的企业参加投标，排除外地潜在投标人；五是对参加开标大会的人员提出过分要求，指定一些工作难以脱身的人参加开标会，以此给投标人制造难度、达到排挤其他潜在投标人参加投标的目的。

例如，某大型建筑工程的施工招标，其质量要求争创鲁班奖，在确定投标人条件时，不能设置"本省企业"、"特级企业"、"已经获得过鲁班奖的企业"等过高要求，因按照国家有关行政监督部门的规章，只要投标企业具备这方面的能力和实力、通过努力可以达到招标人所提出的要求，就不能设置过分的条件排挤其他潜在投标人；由于招标投标市场是开放的，不能限定只有本省企业才能参加投标，当然省外企业需按规定及时办理进入本省的施工备案手续。

在招标投标过程中，因刻意排挤潜在投标人而引发的投诉现象较多，有的是招标人出于公心想招到高素质的队伍而提出的，有的是招标人或招标代理机构出于私心提出的，不管是出于公心还是出于私心，都是相关法律法规所不允许的。

7.3　防止围标、串标、流标等现象发生

所谓围标，是指由一家投标人（或者某个人）通过不正当手段收买其他投标人来共同投标（看上去是多家投标人在投标，实际上只有一家投标人参加投标），以达到中标目的的违法行为。

所谓串标，是指两家以上的投标人串通一气、共同参加一个标段的投标，在投标过程中相互通报情况，以达到排挤其他投标人而中标的目的，中标后再进行利益分配或补偿的违法违规行为。

所谓流标，是指因招标组织不力，造成投标人不足法定数

量（报名参加投标的不足 3 家或经审查符合条件的投标人不足 3 家）；或者因其他原因，造成该标段无法按正常程序开标与定标的情形。

无论是招标人还是投标人，都希望招标投标过程能顺利进行。防止围标，一方面要合理提出对投标人的要求，不必要求过高而将多数投标人拒之门外，要让较多的投标人参加投标，这样某一家投标人要想围标难度就相当大了；另一方面要善于发现投标人的异常举动，若出现围标举动的应及时向行政监管部门报告，并采取补救措施。要通过网上报名等措施来防止投标人串标，目前许多地方在工程施工招标中推行的合理低价法评标也是防止串标的一种有效做法。无论是公开招标还是邀请招标、政府采购，笔者都不主张出现只有 3 家投标人的情形，这样如果其中有一家因故出现废标，则必定会发生流标现象，给招标人、招标代理机构和投标人都带来损失。

为促进全省建设工程招标投标活动健康有序发展，2019 年 3 月，某省行政监管部门发出通知，要求以推行"放管服"为抓手，扎实推进全省招标投标活动"五统一"，确保全过程阳光透明。"五统一"即统一评标办法，实行全省统一的勘察、设计、监理、施工、货物评标办法和示范文本，打破各地使用多年的预选承包商库，使监管、招标投标、评标办法全省统一；统一操作平台，将招标投标纳入全省公共资源交易平台系统，确保了交易过程的阳光透明；统一管理，依托交易平台业绩登录与查询功能，将全省近 10 年来的房建与市政工程各中标信息予以公布，供招标投标各方主体查验，并接受社会监督；统一投诉处理办法，修订出台全省房建与市政工程招标异议投诉处理意见，解决以往投诉过多、过滥和恶意投诉等突出问题，让全省各级招标投标纠纷投诉数量明显下降；统一收费标准，所有招标项目尤其是采用电子化招标的不得收取报名费，招标文件、资审文件等收费只限于补偿印刷、邮寄的成本支出。目前，全省建设工程招标投标的设计、监理、施工均采用电子化招标投标，所有项目资料费均为零。

为有效遏制招标投标活动中的围标、串标行为，该省规定，凡全部使用国有资金、国有资金占控股或主导地位的项目，全面实行资格后审、网上报名、电子化招标，并利用信息化手段抽取评标专家，提高评标专家标前信息的保密性，杜绝人为因素干扰评标专家的独立评标，最大限度防止围标串标行为。此外，招标投标的受理条件、申请材料、办理流程等在网上公布，各方主体仅需按照公布的内容进行提交，真正做到让相关企业办事"一次不跑"。

7.4　运营好公共资源交易平台

为便于招标投标活动在阳光下进行，近年来各地均建立了公共资源交易中心，并设立了相关网站，将招标公告、报名、备案审批、开标、评标、公示等纳入了公共资源交易系统，增加了招标投标工作的透明度，经过多年的实践证明是行之有效的，确保了招标投标活动"公开、公平、公正"地进行。

党中央、国务院对公共资源交易平台的建设高度重视，2019 年 3 月 19 日，习近平总书记主持召开中央全面深化改革委员会第七次会议，审议通过了《关于深化公共资源交易平台整合共享的指导意见》。会议指出：深化公共资源交易平台整合共享，要坚持应进必进、统一规范、公开透明、服务高效原则，加快推进平台交易全覆盖，完善分类统一的交易制度规则、技术标准、数据规范，创新交易监管体制，推动公共资源阳光交易，着力提高公共资源配置效率和公平性。

充分利用好公共资源交易平台，整合资源配置，将所有招标投标活动都统一纳入公共资源交易中心，是工程建设领域深化改革的一项重要举措。首先，招标人必须严格遵守有关法律法规和政策规定，将公开招标、邀请招标的项目报送有关部门审批，纳入公共资源交易平台管理；其次，招标代理机构应主动和公共资源交易中心沟通，无论是招标公告的发布，还是招标文件的制定、开标及评标、结果公示等，都应该在公共资源交易中心进行，并自觉接受有关行政监管部门的监督管理；再次，投标人应主动将企业基本情况、主要业绩、诚信体系等与公共资源交易平台展开对接，关注公共资源交易平台所发布的招标投标信息，积极参与招标投标活动，并服从公共资源交易中心的管理。政府有关行政监管部门和公共资源交易中心也应该依法行政，树立大局意识，强化服务理念，热心为招标人、招标代理机构、投标人等服好务，让更多的企业办事"只跑一次"或"一次不跑"。

随着《关于深化公共资源交易平台整合共享的指导意见》的贯彻落实，全国的招标投标市场将更加规范，营商环境将进一步得到改善。

7.5 切实履行好招标投标监管责任

有关行政监督部门对招标投标活动的监管，是相关法律法规赋予的职责。《中华人民共和国招标投标法实施条例》第四条规定：国务院发展改革部门指导和协调全国招标投标工作，对国家重大建设项目的工程招标投标活动实施监督检查。国务院工业和信息化、住房城乡建设、交通运输、铁道、水利、商务等部门，按照规定的职责分工对有关招标投标活动实施监督。财政部门依法对实行招标投标的政府采购工程建设项目的预算执行情况和政府采购政策执行情况实施监督。监察机关依法对与招标投标活动有关的监察对象实施监察。

招标投标活动政策性、原则性较强，政府有关部门对招标投标活动实施监管，包括事前、事中、事后监管。

事前监管主要是要求招标人就与招标相关的事项需事前审查、审批或备案，如项目立项、可行性研究报告、初步设计、施工图设计审查、项目招标备案、企业资质审批、制定招标投标监管规范性文件等。这方面的工作量较大，必须在相关法律法规框架内，通过调查研究、运用行政、经济、法律等手段来完成，为招标投标活动营造良好的公平竞争环境。如事前监管不公正，对立项、备案、资质审批把关不严，投标人之间难以做到公平竞争，招标人也不会满意。因此，需要建设高效、廉政、务实的行政监管队伍，从制度上、源头上把好招标投标活动关。

事中监管，就是对招标全过程的监管，自招标公告发出后到开标、定标、合同备案，一方面要求招标人或招标代理机构严格依法组织招标活动；另一方面要求投标人遵纪守法，在参加投标活动中不出现违法违规行为。

事后监管，就是认真受理投诉，组织相关人员依法依规调查处理，维护招标人和投标人利益，维护社会公平稳定。在大力优化营商环境的形势下，对招标投标活动的事后监管任务更加繁重，应进一步加强对这方面工作的研究。

不管是事前还是事中、事后监管，有关行政监管部门都应依法依规承担起这方面的责任。一些地方、行业招标投标市场管理较混乱，与相关行政监管不到位有较大关系。相关行政监管部门是招标投标规则的制定者、招标投标全过程的监管者、招标投标活动的"裁判员"，应以高度的政治责任感和使命感一丝不苟地做好监管工作。要通过深入的调查研究，及时发现招标投标活动中带普遍性的问题并着力研究解决，从而促进招标投标市场的健康有序发展。对招标投标活动中出现的行政监管部门的工作人员失职渎职行为，《中华人民共和国招标投标法》第六十三条和《中华人民共和国招标投标法实施条例》第八十条、第八十一条均明确了相应的法律责任，将视情节给予行政处分，直至依法追究刑事责任。

7.6 维护招标投标工作的严肃性和权威性

我国仍处于社会主义初级阶段，法治化进程正在积极推进之中，受各方面的利益驱动，在招标投标活动中经常会出现一些违法违规行为。

（1）规避招标。有的项目依法必须公开招标，而建设单位则以种种借口将项目化整为零，规避招标；有的未经有关部门批准，将公开招标改成邀请招标，且内定邀请单位，变相认定中标单位。

（2）违规招标。在招标投标过程中，有的招标人或招标代理机构不严格执行相关法律法规，导致违规招标现象屡屡发生，如招标公告发布不及时、资格预审设置的门槛过高、招标文件制定不规范、故意排挤潜在投标人、向投标人泄漏机密等，有的招标代理机构甚至叫嚣：想给谁中标就让其中标。招标成了一种摆设。

（3）串通投标。为达到排挤其他投标人的目的，有的投标人在投标过程中相互串通，不仅投标文件相类似，就连关键的投标报价也相近，而且在投标过程中上蹿下跳、到处造舆论，千方百计排挤他人投标。有的投标人与招标人串通，事先获取相关机密，十拿九稳中标。如某一大型建筑工程的施工招标，就出现过3家省内企业串通投标、排挤省外企业的情形，结果被有关行业监管部门识破而未能得逞。

（4）弄虚作假。有的投标人通过伪造资质证书、职称证书、获奖证明、业绩材料等手段，以期达到中标目的；有的"皮包公司"根本不具备投标资格，只会通过弄虚作假、伪造相关证明材料来参加投标，如能中标必定会转包、以从中谋利。

（5）违规评标。有的评标专家受人之托（大多是利益关系），在评标过程中违反评标办法、甚至串通其他评标专家故意给某投标人评高分，同时压低其他投标人的得分，擅自操纵中标权；有的招标代理机构在评标过程中买通评标专家、达到操纵评标结果的目的。违规评标的危害性极大，使招标投标工作毁于一旦，必须严肃予以查处。

招标投标是依法进行的一项十分严谨的工作，必须用法律武器来维护其严肃性和权威性。按照《中华人民共和国招标投标法》等法律法规，凡规避招标的，责令限期改正，处项目合同金额5‰以上10‰以下罚款，暂停资金拨付，对直接责任人依法给予处分；招标代理机构违法违规的，处5万元以上25万元以下罚款、对直接责任人处以单位罚款数额5%以上10%以下罚款、没收违法所得、依法赔偿损失，构成犯罪的依法追究刑事责任；故意排挤潜在投标人、强制要求组成联合体投标、限制投标人之间竞争的，责令改正，处1万元以上5万元以下罚款；故意泄漏招标机密或标底的，给予警告、处以1万元以上10万元以下罚款，对直接责任人依法给予处分，构成犯罪的依法追究刑事责任；串通投标、以行贿手段谋取中标的，中标无效，处中标金额5‰以上10‰以下罚款，对直接责任人处单位罚款数额5%以上10%以下罚款，没收违法所得，情节严重的取消其1～2年投标资格、直至吊销营业执照，赔偿损失，构成犯罪的依法追究刑事责任；弄虚作假骗取中标的，中标无效，赔偿损失，构成犯罪的依法追究刑事责任；评标委员会违法评标的，给予警告，没收违法所得，处3000元以上5万元以下罚款，取消评委资格，构成犯罪的依法追究刑事责任；非法肢解、转让中标项目，转让、分包无效，处项目金额5‰以上10‰以下罚款，没收违法所得，情节严重的吊销营业执照。

维护招标投标工作的严肃性和权威性，必须从招标一开始做起，从确定招标方式、到招标公告的发布、招标文件的制定、招标答疑、开标、评标、定标，直到合同的签订，全过程都必须依法严谨进行，不得随意变更，不让投标人有空子可钻。招标人应顶住压力，排除干扰，充分体现"公开、公平、公正"原则，注意招标过程中出现的新动向、新问题，及时研究解决；投标人应遵纪守法、积极响应招标文件，精心组织投标，共同维护招标工作的权威性。

第8章 建议思考

笔者通过认真学习有关招标投标的法律法规，并结合多年来参加招标投标工作的实践，对招标投标活动有了进一步的认识，从而对此引发了深入的思考。现提出如下不成熟的建议，供行政监管部门和从事招标投标工作的同志参考。

8.1 适应审批制度改革

工程建设项目审批制度改革是推进政府职能转变、优化营商环境工作的重要内容。2018年5月2日，国务院总理李克强主持召开国务院常务会议，决定采取措施将企业开办时间和工程建设项目审批时间压减一半以上，进一步优化营商环境。确定在北京、天津、上海、重庆、沈阳、大连、南京、厦门、武汉、广州、深圳、成都、贵阳、渭南、延安和浙江省16个地区开展试点，改革精简房屋建筑、城市基础设施等工程建设项目审批全过程和所有类型审批事项，推动流程化和标准化。具体内容：一是精简审批。取消施工合同、建筑节能设计审查备案等事项，将消防、人防等设计并入施工图设计文件审查。环境影响、节能等评价不再作为项目审批或核准条件，由政府统一组织区域评估。二是分类管理。简化社会投资的中小型工程建设项目审批。对社会投资的房屋建筑工程，建设单位可自主决定发包方式。三是压缩流程。推行联合勘验、测绘、审图等，规划、国土、市政公用等单位限时联合验收。实行"一张蓝图"明确项目建设条件、"一个系统"受理审批督办、"一个窗口"提供综合服务、"一张表单"整合申报材料、"一套机制"规范审批运行。要求工程建设项目审批时间压缩一半以上，由目前平均200多个工作日减至120个工作日，推动政府职能转向减审批、强监管、优服务，促进市场公平竞争。2018年5月18日，国务院办公厅印发了《关于开展工程建设项目审批制度改革试点的通知》；2018年6月4日，国务院副总理韩正在厦门主持召开工程建设项目审批制度改革试点工作座谈会，拉开了进一步优化营商环境工作的大幕。

经过近一年的试点，各地探索了不少经验。为进一步推进工程建设项目审批制度的改革，2019年3月13日，国务院办公厅下发了《关于全面开展工程建设项目审批制度改革的实施意见》。该意见认为：工程建设项目审批制度改革是党中央、国务院在新形势下作出的重大决策，是推进政府职能转变和深化"放管服"改革、优化营商环境的重要内容。2018年5月工程建设项目审批制度改革试点开展以来，试点地区按照国务院部署，对工程建设项目审批制度实施了全流程、全覆盖改革，基本形成统一的审批流程、统一的信息数据平台、统一的审批管理体系和统一的监管方式。《关于全面开展工程建设项目审批制度改革的实施意见》对改革提出了总体要求，明确改革的内容是：对工程建设项目审批制度实施全流程、全覆盖改革；改革覆盖工程建设项目审批全过程（包括从立项到竣工验收和公共设施接入服务）；主要是房屋建筑和城市基础设施等工程，不包括特殊工程和交通、水利、能源等领域的重大工程；覆盖行政许可等审批事项和技术审查、中介服务、市政公用服务以及备案等其他类型事项，推动流程优化和标准化。并强调了"四统一"原则：

（1）统一审批流程。精简审批环节，下放审批权限，合并审批事项，转变管理方式，调整审批时序，合理划分审批阶段，将工程建设项目审批流程主要划分为立项用地规划许可、工程建设许可、施工许可、竣工验收四个阶段，分类制定审批流程，实行联合审图和联合验收，推行区域评估，推行告知承诺制。

（2）统一信息数据平台。建立完善工程建设项目审批管理系统，研究制定工程建设项目审批管理系统管理办法，在"一张蓝图"基础上开展审批，实现统一受理、并联审批、实时流转、跟踪督办。

（3）统一审批管理体系。"一张蓝图"统筹项目实施，"一个窗口"提供综合服务，"一张表单"整合申报材料，"一套机制"规范审批运行。

（4）统一监管方式。加强事中事后监管，加强信用体系建设，规范中介和市政公用服务。建立健全中介服务和市政公用服务管理制度，实行服务承诺制，实施统一规范管理，为建设单位提供"一站式"服务。

工程建设项目审批制度改革，与招标投标工作息息相关。在工程建设过程中，需要招标投标的项目较多，如规划、勘察、设计、施工、监理、材料设备采购等；时间也拉得比较长，其中前期工作占有一定比例。

招标投标工作要适应工程建设项目审批制度的改革，必须有计划、有步骤地进行。在工程建设过程中，应事先将需要招标的项目列出计划，提早作出安排，如规划、勘察、设计队伍的选择，确需进行招标的，应创造条件抓紧进行，否则项目审批就会拖后腿，时间拖长了将对该项目的经济效益和社会效益产生较大的影响。

压缩工程建设项目审批时间，除要求政府有关部门简政放权、信息共享、减少审批环节、提高办事效率外，对必须招标的项目，能否突破《中华人民共和国招标投标法》第二十四条规定的"自招标文件开始发出之日起至投标人提交投标文件截止之日止，最短不得少于二十日"的限制，值得研究。从实际情况看，这一规定保证了投标人有较充足的时间来编制投标文件，提高了招标投标的质量。但招标的项目其内容大小难易程度不一，对技术较复杂的设计招标，其方案设计20天时间很紧张，一般会推迟开标；而有的项目如政府投资建设的保障性住房项目，往往对开工、竣工时间都有较高的要求，但必须走招标程序，有的标段比较简单，如监理招标，监理大纲大同小异，只是取费报价与监理人员配备不尽相同，自招标文件开始发出之日起至投标人提交投标文件截止之日止，一般不需要 20 天。还有其他一些例子。规定所有项目招标的最短时间不少于 20 天不利于缩短审批时间、加快工程进度。因此，建议在修改《中华人民共和国招标投标法》时，充分考虑这些实际情况，能否分两种以上情形分别确定最短招标时间，使之更加贴近实际。当然，在相关法律法规修订公布之前，不得违法随意缩短招标时间。

8.2 规范招标人的行为

招标投标工作能否依法进行，很大程度上取决于招标人。因此作为招标人，应熟悉相关法律法规并带头遵守，摒弃一切私心杂念，为项目的招标投标创造良好的环境。

虽然《中华人民共和国招标投标法》等法律法规对规范招标人的行为有一些具体要求，如规定了必须招标的范围、不得规避招标、限制或排斥潜在投标人、严格履行审批备案手续、委托招标代理机构、公正组织招标活动、依法定标和签订合同等。但在招标投标活动中，因招标人的行为不规范导致招标代理机构和投标人无所适从，甚至不得不采取弄虚作假、行贿等非法手段，使招标活动流于形式，而且滋生了腐败行为。为确保招标活动"公开、公平、公正"进行，需要进一步研究如何规范招标人的行为，从制度上防止腐败。

（1）从政治纪律层面规范。习近平总书记多次强调领导干部要讲政治纪律、政治规矩。作为招标人，不管是政府投资项目还是其他项目，也必须讲政治纪律，就是要坚持大公无私、依法办事、廉洁自律、把纪律挺在前面，不能有丝毫的私心杂念。党的十八大以来，以习近平同志为核心的党中央高度重视反腐败工作，制定了一系列党规政纪，坚持从严治党、依法治国，查处了一大批违法违纪案件，其中不少涉及招标投标领域。讲政治、讲纪律，风清气正的政治环境，有利于做好招标投标工作。

（2）从规章制度层面规范。除继续完善招标投标相关法律法规外，有关行业监管部门要在调查研究的基础上，制定完善相应的规章制度，进一步规范在招标过程中招标人的行为。健全的法律法规和规章制度让招标人有法可依、有章可循，从而使招标投标工作走上依法行政的轨道。

（3）从具体操作层面规范。招标工作大多涉及勘察、设计、监理、施工、材料设备采购等行业及交通、水利、建设、铁路、民航等部门，各行业、各部门的具体情况不尽相同，建议有关部门针对各行业的特点，采取一些具体措施，规范招标人具体操作层面的招标工作。

（4）从违法查处层面规范。招标人违反《中华人民共和国招标投标法》及相关法律法规的情形屡有发生，而相关法律法规罚则自由裁量权过大，必须进一步予以规范，缩小自由裁量权。要进一步研究制定对招标人违法违规行为的查处办法，明确告示招标人违法违规所产生的后果，起警诫作用。

8.3　适当简化招标程序

"没有规矩，不成方圆"，招标投标依法按一定的程序进行是非常必要的，但目前一些地方和部门偏重于程序的合法而忽视成果的合法，使招标投标的目的发生了偏移。

例如，有的地方发布招标公告后，仍需投标人持有效证件到招标人或招标代理机构报名，这样做一方面增加了投标人的负担，让投标人来回奔波，浪费人力财力；另一方面容易造成投标报名信息的泄漏，给个别投标人围标、串标提供了可乘之机，建议推广网上报名办法。另外，招标人或招标代理机构可在招标公告发布的同时出售招标文件，让招标人报名后即可获取招标文件，使投标文件制定的时间更加充分、投标成本降低。

有的标段，如土建施工，会出现投标人有几十家甚至上百家的情况，给招标评标工作带来较大难度，不得不采取资格预审办法来筛选投标人。但这一做法带来的弊端也是显而易见的，无形之中排斥了不少潜在投标人，也增加了招标投标的环节。建议尽可能采取资格后审办法。

在监理招标过程中，评标办法对监理大纲提出的要求过细，迫使参加投标的监理单位花费大量的人力资源东拼西凑将监理大纲编写得厚厚的，生怕漏掉了内容而影响得分。其实过细的监理大纲也让评标专家们感到头痛，没有更多的时间去认真审阅，只能简单地翻一翻，凭印象打分。中标后监理单位大多不按照监理大纲从事监理工作，投标时编制的监理大纲对监理单位没有多大的制约作用。因此建议监理招标评标淡化对监理大纲的编制要求，减少分值、限制篇幅，减轻投标人负担。

同样，在施工招标过程中对施工组织设计的要求也是一种形式而已，为中标不少施工单位只得照搬照抄编写施工组织设计，评标过程中评标专家很少去仔细阅读投标人的施工组织设计，所给出的分也基本上是印象分，而且中标后投标人所提供的施工组织设计也只是一种摆设而已。建议对技术、性能没有特殊要求的施工招标推广报价承诺法评标，取消对施工组织设计的评审。

现场踏勘与召开答疑会不是招标过程中的必选项目。在招标过程中，的确有些项目尤其是规划设计项目需由招标人组织现场踏勘，让所有投标人更加直观地理解招标人的意图；因情况复杂，在出售招标文件后至开标前适时召开答疑会，集中解答招标人提出的问题也有一定的必要性。但从总体情况看，这两个程序弊多利少，增加了投标人负担，甚至会给围标、串标者提供机会。因此，对多数招标项目建议取消这两个程序，可改为由投标人自行决定是否需要踏勘现场；招标答疑采取书面形式，或由投标人在相关网站上提出问题、招标人回复投标人所提出的问题，同样能起到答疑的效果。

简化开标程序也值得有关行政监管部门认真研究。总的原则是：严格遵守相关法律法规，确保招标工作的公开透明，维护公平竞争，减轻投标人负担。如：除非确有必要，一般不要求招标人的法人代表出席开标会，由其授权委托人出席即可；尽量减少对相关证书的现场查验，除非这些证书与招标项目存在利害关系；一般情况下，资格标、技术标和商务标可同时开启，或合并进行；因设计、监理单位的经营状况与投标项目关系不大，建议取消对这些单位年度财务审计报告的评审等。笔者前两年曾参加过一次某行业的房屋装修施工招标评标活动，一个简单的投标控制价仅 200 多万元的施工标却按计划评标两天（第一天评资格标、技术标，第二天再开评商务标），既浪费了投标人和评标专家大量的宝贵时间，也增加了招标成本，要是在住房城乡建设部门这种标从开标到评标结束最多只需半天，可见招标工作行业之间的不平衡！招标程序的适当简化不仅能缩短开标评标时间，而且可减轻企业负担，优化营商环境。

8.4　着力提升投标人品质

提升投标人品质，是招标投标活动取得成功的关键所在。在相关法律法规的约束下，在社会主义市场经济体制逐步建立健全的今天，通过激烈的市场竞争，投标人的品质有了较大的提高，但仍需进一步提升。

（1）要根据招标需要对投标人提出合理的要求。各种项目的招标对投标人的要求是不一样的，大型工程、技术要求高的项目要求投标人具有较高的业务素质和参与投标的基本能力，其门槛不能放得过低，否则难以确保项目高质量地完成；一般性项目对招标人要求不必太高，为体现公平竞争原则不要刻意排挤潜在投标人。但对投标人而言，加强自身建设、提高素质才能适应市场竞争。首先是人才的竞争，投标人应在人才引进与培养方面下功夫，技术、经济、管理人才不仅要合理搭配，而且要有较高素质，有许多项目对投标人均提出需要专业注册人员、中高级职称，投标人必须响应，经济、管理类人才也必须跟上；其次是提高操作人员的技术水平，尤其是一线施工人员，没有过硬的专业技能是不能确保工程质量的，特别是创国优、省优工程，因此，企业必须重视对技术工人的培养考核，有稳定的专业技术队伍，而不是"皮包公司"；第三是要重视硬件建设，固定资产、自有资金、仪器设备，生产能力等必须与投标项目相适应；第四是要加强企业管理，围绕建立现代企业制度目标，建立健全各项管理规章制度，苦练内功，着力提高企业素质，才能在激烈的竞争环境中求生存谋发展。

（2）政府有关部门要切实搞好"放管服"，为企业参与市场竞争创造良好的营商环境。进一步转变政府职能，简政放权，加强监管，搞好服务，一个高效、廉洁、务实的政府对投标人而言意味着有一个良好的招标投标环境，投标人不用花精力去应付政府部门组织的各种"检查、培训、办证、考核"等，而把精力放在苦练内功上，更有利于提升投标人的品质。笔者在参加某项目评标过程中发现：有关行业主管部门对相关人员的培训考核发证工作统得过死，就连一般的监理员证书都要由国家某部直管的某学会（协会）来核发。建议将部分权力下放给省、市有关部门，减少企业"跑部进京"次数，切实减轻企业负担。

（3）从外部环境上促使投标人提高素质。如：推行电子化招标，投标人必须熟悉电子化招标流程，上传的材料必须真实准确；对施工现场的规范化管理，迫使投标人重视质量、安全和施工环境；加强诚信系统建设，让投标人更加注重企业信誉；严厉打击违法违规行为，营造投标人自觉遵纪守法氛围；加强社会主义核心价值观的宣传，牢固树立主人翁意识，充分调动投标人的积极性，最大限度地发挥潜能。

8.5 完善招标投标法规

《中华人民共和国招标投标法》等相关法律法规已实施多

年，使招标投标有法可依、有章可循，但在实施过程中也遇到一些新情况、新问题。要不断总结经验，对相关法律法规规章加以修改和完善。法律的制定和修改是一项非常严谨的工作，要通过大量的调查研究、广泛征求各方意见并经过立法程序来进行；法规的制定与修改也必须纳入立法计划，由相关部门提出初稿，经充分协调、反复修改后由国务院或省级人大常委会发布；国务院各部委及省级人民政府规章的制定和修改相对来说要简单些，完善招标投标相关法律法规规章不妨从部门和地方政府规章层面入手。

为规范招标投标行为，国家发展改革委等部门先后发布了数十个部门规章，对招标投标工作起到了巨大的作用。但随着国民经济和社会的发展，有些规章的内容需要修改补充，还有些新的规章需要制定。如：《中华人民共和国招标投标法》取消了对招标代理机构的资格认定后，如何规范对招标代理机构的监管，有关部门应重新研究制定具体措施；招标人和投标人是招标投标活动中的两大主体，但相关法律法规规章针对投标人的较多，针对招标人的较少，如何建章立制进一步规范招标人的行为，值得研究；《必须招标的工程项目规定》出台后，招标项目的标准提高了，有关部门如何指导无需招标的项目建设，促进建设市场的健康有序发展？也需开展认真的研究。据了解，有的省已着手根据新形势对相关招标投标的政府规章进行修改，或者推动人大常委会对相关地方性法规进行修改，值得关注。

和招标投标相比，与政府采购活动相关的法规规章相对来说要薄弱一些，建议有关部门加强这方面的工作。

8.6　强化招标投标监管

自招标投标制度建立以来尤其是《中华人民共和国招标投标法》实施以来，各地普遍设立了招标投标监管机构，配备了相关人员，依法对招标投标活动实施监管，但在监管过程中仍存在一些薄弱环节。

（1）条块分割、政出多门。目前从事招标投标监管的部门有发改、工信、住建、交通、水利、民航、铁路、财政等部门，除发展改革委宏观监管外，其他部门分别监管了本行业的招标投标工作，各行业之间不可否认有一些个性问题，但更多的是共性问题。条块分割造成招标投标管理政出多门，相互打架的情况不少，投标人为应付部门监管付出了大量的人财物力，有许多是重复劳动，如企业资质、技术人员与管理人员的执业资格、业绩的认定等等，不利于"放管服"和营造良好的营商环境。建议在机构改革、理顺政府职能方面进一步加大力度。目前一些地方成立了行政审批局（中心），将各部门分设的行政审批事项集中在行政审批局（中心）受理，让相关企业"只跑一次"或"一次不跑"，提高了政府工作效率，创造了良好的营商环境，值得研究推广。

（2）审批与监管脱节。负责审批企业资质、执业资格的部门一般不参与招标投标监管，而招标投标监管部门对此却没有话语权。为拓展招标投标业务，一些企业不惜代价提升资质，甚至弄虚作假、伪造相关证明材料，或通过"挂证"等手段虚假引进人才，导致其自身素质与所获资质等级完全不符。对这种情况招标投标监管部门很难发现、就算发现了也无法处理，招标人在这些假资质、假执业资格、假业绩面前无能为力，就连监管部门也束手无策。建议进一步建立健全企业诚信机制，适当整合审批与监管部门职能，加大处罚力度，形成诚实守信的良好氛围，确保招标投标活动的公平、公正。

（3）招标代理机构运作不规范。招标代理机构对促进招标投标市场的发展起到了积极的作用，但个别招标代理机构法律意识淡薄，不认真执行国家有关法律法规，规避监管，甚至钻政策法规的空子，从发布招标公告到招标文件的制定、再到评标定标，擅自进行暗箱操作，想让谁中标谁就能中标，扰乱了招标市场秩序。取消招标代理机构资质评定后，对招标代理机

构的监管只能加强、不能削弱，建议相关监管部门要紧紧盯住招标代理机构，并通过完善规章制度、规范招标投标程序等措施来约束招标代理机构的行为，使其依法从事代理招标事宜。

强化招标投标监管，必须以法律为武器，法律面前人人平等，无论是招标人、招标代理机构、投标人、评标专家等，在招标投标活动中都必须遵纪守法。作为招标投标行政监管部门，必须切实履行好监管职能，依法对在招标投标活动中出现的违法违规行为进行制止和处罚。

在全面依法治国的形势下，通过学法、普法、用法、执法，全民的法治意识大大增强，进一步加大监管力度，相信我国的招标投标市场将更加规范，招标投标在社会主义市场经济体制中将发挥越来越重要的作用！

第9章 案例分析

9.1 案例一：某建筑工程设计招标

某工程为大中型公共建筑，属全国爱国主义教育示范基地，国家和省重点工程，总建筑面积约 20000m²，投资估算 14000万元，建设工期约 2 年。在完成项目建议书、可行性研究报告、环境影响评价、选址、征地拆迁和规划、建设用地许可后，建设单位迅速启动了设计招标程序。

制定招标文件时招标人和招标代理机构进行了认真的研究，在遵循国家有关法律法规的框架下，体现了要求项目争创全国优秀建筑设计及建设工程鲁班奖的总目标。其招标文件体现了以下几个特点：(1) 对设计单位的资质提出了高要求，必须同时具备建筑工程设计甲级资质和承担过国家或省部级类似工程的设计工作；(2) 邀请了国内著名建筑设计专家、由中国工程院院士领衔组成评委会对投标人提供的建筑设计方案进行评审，从中选出 3 ～ 5 个方案供招标人进行比选；(3) 规定通过评委会评审推荐的建筑设计方案应由投标人进行第二轮修改，最终中标的建筑设计方案仍需经有关领导和专家的审定；(4) 对未能中标的建筑设计方案进行适当补偿，并强调了对知识产权的保护。

以下是该工程的设计招标文件。

第一章　投标邀请书

（1）某招标公司受建设单位的委托，邀请国内合格的投标人就某工程的建筑设计项目进行密封投标。

（2）报名条件：同时具备建筑工程设计甲级资质和承担过国家或省部级类似工程的设计工作。

（3）报名方式：自即日起至某年某月某日某时前持以下资料派人前往招标公司报名（信函报名以发出之日邮戳为准）：①设计单位法定代表人授权书（原件），营业执照复印件；②建筑工程甲级设计资质证书副本原件；③国家或省、部级类似工程设计业绩证明材料；④设计单位简介，拟负责本项目建筑师简介及业绩；⑤经办人有效身份证及复印件。

（4）现场踏勘：某月某日在某地集中组织现场踏勘、方案研讨及答疑。

（5）招标文件于某年某月某日起发至每一报名人，招标文件不收取投标人费用。

（6）投标人应于某年某月某日某时以前将密封的投标文件送至招标公司。逾期送达的投标文件恕不接受。

（7）开标时间：某年某月某日某时（北京时间）；开标地点：某招标公司开标大厅。

（8）凡对此次招标提出询问，请以信函或传真形式与招标公司联系。

招标代理机构名称、详细地址、邮编、联系人、电话、传真、开户银行、账号。

第二章 投标人须知

1. 总则

（1）投标范围

1）招标公司就本建筑设计项目进行招标。

2）中标人应在合同条款中规定的预计完成日期前完成方案设计。

（2）合格条件与投标人的资格要求

1）投标人应为具有法人资格、且满足报名条件所列的资格标准。

2）为具有被授予合同的资格，投标人应提供令招标人满意的证明材料，证明其符合规定的条件，并具有足够的能力来有效地履行合同。

（3）投标费用

投标人应承担其投标文件编制与递交所涉及的一切费用。在任何情况下建设单位和招标公司对上述费用均不负任何责任（除按本招标文件规定支付的补偿费外）。

（4）现场考察

投标人将被邀请对工程现场和其周围环境进行考察，以获取有关编制投标文件和签署实施合同所需的各项资料。投标人应承担现场考察的责任和风险。考察现场的费用由投标人承担。

（5）投标设计专利权说明

1）中标的投标人（以下简称中标人）应保证建设单位不受到第三方关于侵犯设计权的指控，任何第三方如果提出侵权指控，中标人应与第三方交涉并承担可能发生的一切法律责任以及造成的后果和费用，并赔偿建设单位的损失。

2）中标人不得以任何形式向建设单位以外的任何单位和个人提供中标设计资料，如有违反必须赔偿建设单位的损失。

3）建设单位在对中标设计方案进行优化时，可能部分采用未中标的投标人的设计方案，未中标的投标人应无条件同意并保证建设单位不受到第三方关于侵犯设计权的指控，任何第三方如果提出侵权指控，该投标人应与第三方交涉并承担可能发生的一切法律责任以及造成的后果和费用，并赔偿建设单位的损失。

（6）资金来源

本项目经国家、省发展和改革委员会批准立项，建设资金有保障。

2. 招标文件

（1）招标文件的内容

本招标文件包括投标邀请书、投标人须知、投标及方案要求、方案设计任务书、投标文件格式与附件等。

（2）招标文件的澄清

要求澄清招标文件的投标人应以书面形式按投标邀请书中的地址通知招标公司。招标公司将对其在投标截止期15天以前收到的要求澄清的问题予以答复。招标公司的答复将发给所有购买招标文件的投标人。

（3）招标文件的修正

1）在投标截止期10天之前，招标公司可以用修改通知书的方式修改招标文件。

2）据此发出的修改通知书将构成招标文件的一部分，当两者内容不一致时，以后发的修改通知书为准。该修改通知书将以书面方式发给所有购买招标文件的投标人，投标人应以书面方式通知招标公司确认收到每一份修改通知书。

3. 投标文件的编制

（1）投标文件的语言及计量单位

1）与投标有关的所有文件均应使用中文。

2）与投标有关的所有文件所用的计量单位应是中华人民共和国法定计量单位。

（2）投标文件的组成

投标人所递交的投标文件应包括下述文件：

1）投标书（含附表）；

2）资格审查材料；

3）总平面图、功能分析图、景观分析图、正立面图、剖面图、彩色效果图（包括建筑布置、绿化景观、设施布置等）；

4）设计说明书及第（3）项内容的汇编缩印本（设计说明书应列有各项建筑设计技术指标）。

（3）投标价格

1）所报价格应包含招标文件所要求的可能发生的设计费、顾问费及现场配合咨询服务费等所有费用。

2）所有根据合同或其他原因应由投标人支付的税金和其他应缴纳的费用都要包括在投标人提交的投标价格中。

3）固定价格合同：投标人所报的投标总价在合同实施时将

保持不变，并不受政策性价格的调整而增减。

（4）投标有效期

1）投标文件应在本项目所规定的投标截止期之后开始生效，在投标有效期内保持有效。

2）如果出现特殊情况，招标公司可要求投标人将投标有效期延长一段时间。这种要求和投标人的答复应以书面方式进行。投标人可以拒绝这种要求。同意延期的投标人，不需要也不允许修改其投标文件。

（5）投标文件的格式和签署

1）投标人须按本须知编制投标文件。有要求编制正本、副本的，则应相应地标明"正本"或"副本"，正本与副本如有不一致之处，则以正本为准。

2）投标文件均应使用不能擦去的墨料或墨水打印，并视情况由授权的签署人签署。凡有增加或修正之处均应由签署人签署证明。

3）全套投标文件应无涂改和行间插字，除非这些改动是根据招标公司的指示进行的，或者是为改正投标人造成的必须修改的错误而进行的。有改动时，修改处应由投标文件签署人签署证明。

4. 投标文件的提交

（1）投标文件的装订、密封、包装与标志

1）投标文件一律不得注明单位名称或具体人名以及其他可区分投标人的内容。

2）投标文件应分别单独装订成册，并分开单独密封。

3）投标人必须按照招标公司规定的样式密封与包装。

4）如有违反招标公司要求的装订、密封、包装及标识规定，将导致其投标文件被拒绝。

（2）投标截止期

投标文件应在本须知所规定的日期和时间前送达规定的地址。

（3）迟到的投标文件

招标公司在规定的投标截止期以后收到的投标文件，将原封退给投标人。

（4）投标文件的修改与撤回

1）投标人可以在招标公司规定的投标截止期之前，以书面通知的形式修改或撤回其投标文件。

2）在投标截止期后不能修改投标文件。

3）在投标截止期与投标有效期终止日之间，投标人不能撤回投标文件。

5. 开标与评标

（1）开标

1）招标公司将于本须知规定的时间和地点开标。

2）开标时招标公司将宣读开标一览表中的内容。

（2）评标过程保密

在宣布授予中标人合同之前，凡属于投标文件的审查、澄清、评价和比较及有关授予合同的信息，都不应向投标人或与该过程无公务关系的其他人泄漏。

（3）投标文件的澄清

1）为了有助于投标文件的审查、评价和比较，在进行本须知规定的评议时，根据需要，可以个别地要求投标人澄清其投标文件。有关澄清的要求与答复应采用书面形式，但不应寻求、提出或允许更改投标价格或投标文件的实质性内容。

2）如果投标人试图对评标过程或合同授予决定施加影响，则将导致该投标人的投标文件被拒绝。

（4）投标文件的审查与响应性的确定

1）在详细评标之前，评委会将对每份投标文件进行审查，看其是否实质上响应了招标文件的要求。

2）下列情况属于重大偏差：

①投标文件载明的招标项目完成期限超过招标文件规定的期限；

②明显不符合技术规范、技术标准的要求；

③投标文件附有招标人不能接受的条件；

④不符合招标文件中规定的其他实质性要求。

3）凡有下列情况之一者，投标文件作废标处理：

①评委会在评标过程中发现投标人以他人名义投标、串通投标的；

②投标截止时间之后送达的投标文件；

③未按要求经法定代表人（或正式授权代理人）签字或盖章和未盖法人单位公章的；

④不满足招标文件所规定的合格性标准或未提供资格证明文件的；

⑤投标文件实质性内容字迹模糊、内容不全的；

⑥隐瞒真实情况，弄虚作假的。

（5）投标文件的评价与比较

1）招标人将对按照本须知被确定为实质上响应招标文件要求的投标文件进行设计方案比选。

2）设计方案比选工作由招标人依法组成的评审委员会负责。设计方案比选工作在开标结束后进行。

3）评审委员会将由 7 名省内外有知名度的建筑设计专家组成，其中推选出 1 名主任评委负责主持评审工作。

4）设计方案比选采取以下形式：

所有评委对各投标人提出的设计方案发表评审意见；

每位评委根据建设单位对设计方案的要求和各自的判断按顺序匿名推荐 3 ～ 5 个设计方案（采取四舍五入方式按总方案数的 50% 推荐，最多不得超过 5 个，最少不少于 3 个）；

由具体负责招标的工作人员在省招标监管部门公务人员的监督之下如实整理专家评审意见、统计各评委所推荐的设计方案的票数；

经评审委员会确认评审意见交建设单位；

向投标人公布所推荐的设计方案。

5）详评采用综合评估法，对投标文件的技术部分、商务部分和价格部分进行综合评价。

①技术部分评价采用投标人名称密封的方式进行，从以下几个方面进行评价：

A. 建筑造型美观，具有独特的象征意义和永久的艺术魄力，能与周边环境相协调；

B. 建筑设计科学合理；

C. 总平面布局、功能分区设计合理，符合规划要求；

D. 各项设计技术指标科学、合理；

E. 结构设计、机电设计、消防、环保、节能等设计的技术方案切实可行。

②商务部分评价考虑以下因素：

投标人的综合实力和业绩；

设计总负责人和设计人员的水平；

合同条款的响应情况。

③报价部分评价仅供中标后签订设计合同时作参考。

各评委评审时应以技术部分为主，考虑商务部分和报价部分的因素之和不得超过20%。

（6）定标

1）评委会将按技术、商务和报价部分评价情况和所推荐的票数（含名次）进行排序，然后按本招标文件的规定向建设单位推荐排序在前的3～5个设计方案的投标人为中标候选人，此时确定的中标候选人排名不分先后。

2）建设单位将评审委员会推荐的中标候选人的设计方案交有关领导审阅，若对设计方案不满意时，可要求中标候选人对设计方案进行优化，然后从中选择确定一家中标人。招标人将在做出中标决定后的5个工作日内，向中标人发出中标通知书，同时向未中标人发出未中标通知书。

3）中标人在收到中标通知书后，应与建设单位签订设计服务合同。

4）中标人应按评审委员会和建设单位的意见优化设计方案，所需费用将包含在设计费中，业主不另外单独支付。

5）中标人要按照设计科学、功能齐全、现代化的要求，合理确定建设标准，按批准的投资规模，进行各阶段的专业设计，对因设计不妥或采用不恰当标准造成的超出投资控制额的情况，中标人负有重新修改设计的责任。

6. 投标补偿

投标设计补偿。

（1）建设单位与中标人按招标文件要求签订设计服务合同，对其设计方案不再另行给予设计补偿。

（2）对于未中标的投标人，被推荐为中标候选人而未中标的设计方案，投标人将获得 2 万元人民币的补偿金；其他投标人不给予补偿。

第三章　投标及方案要求

1. 招标内容

（1）本次招标内容为某工程的建筑设计。每个投标人可选送 1～2 个设计方案。

（2）中标人应按评标委员会及建设单位的意见对其中标的设计方案进行优化，直至建设单位满意，所需的费用应包含在投标人的投标报价中。

2. 设计周期要求

（1）设计方案中标后一个月提交初步设计及概算，初步设计批准后两个月内基本完成施工图设计。中标人不得将设计任务转包给其他设计单位。

（2）中标人根据建设单位要求及自身情况编写设计进度计划。

（3）投标文件及设计方案要求。

1）投标文件内容，见表 9.1-1。

投标文件内容 表 9.1-1

序号	项目	要求
1	总平面布置图（含内部、周边的交通网络及区域绿化）	图纸比例为 1∶500
2	立面图	至少包括主楼前后左右各一张
3	剖面图	按需要
4	设计分析图	包括功能、景观等方面的分析图
5	彩色效果图	总体鸟瞰图、立面透视图、门厅透视图，彩色效果图底板尺寸为750mm×1000mm，每块底板的四角应预留直径5mm的圆孔，以便于悬挂
6	设计说明书及本表序号1～6项的汇编缩印本	正本一套，副本4套，幅面为A3，且必须使用招标文件规定的统一格式的封面装订，设计说明书应包括的内容见本章
7	投标文件及其附件	数量为正本1份，副本一式4份，投标文件的编写格式见第六章，附件应包括的内容见本章

注：1. 在本表第1项～第6项所示的投标文件，除第6项正本封面后第一页注明投标人名称并加盖单位公章外，正本其他地方及所有副本一律不得注明投标人单位或个人的名称以及其他可鉴别投标人的标记或信息。

2. 表中第1项～第4项的图纸应装裱在轻质底板上。

3. 表中第3项～第4项中的局部说明部分采用1∶200的比例。

4. 表中第6项正本（副本除外）和第7项所示的投标文件应分别单独装订成册，并按第二章投标人须知的要求密封包装。

2）设计说明书应包括以下内容。

①设计理念；

②体现设计理念的构思、手法和特点；

③综合说明（包括总体布局、建筑外形、功能分区、各功能分区之间的衔接、区域交通和绿化的处理，主要材料设备的选择以及对消防、停车、环保、公用配套等方面的考虑和要求等）；

④建筑结构方案介绍；

⑤主要技术经济指标；

⑥工程投资估算（应作分项估算）；

⑦设计质量保证措施；

⑧特殊施工方案或技术的简要说明；

⑨其他需要说明的事项。

3）投标文件附件还应包括以下内容。

①投标人如果中标并承担后续设计任务，需建设单位支付的全部设计费用（所报费用应包含设计费、顾问费及施工现场配合咨询服务费等）；

②对于设计变更（不论是由建设单位提出或因设计单位考虑不周所致）以及在施工过程中发生的各类重大问题的处理方式；

③参与本项目的设计人员名单（其中应注明项目负责人、投标人聘请的建筑专家以及一旦中标后将负责施工现场的设计人员名单）；

④设计进度计划（包括方案设计的优化以及初步设计、施工图设计）；

⑤其他优惠条件。

第四章 方案设计任务书

1. 建设方案设计任务书（略）。

2. 规划设计条件（略）。

3. 用地规划图（略）。

第五章 投标文件格式（略）

第六章 附件（略）

该工程设计招标公告在权威媒体发布后，引起了国内数家著名建筑设计单位的关注，报名参加投标的设计单位共7家，招标文件发出后，考虑到该工程的影响力和高要求，给予了参加投标的设计单位较充足的时间来编制方案设计（30天），并要求设计单位派员踏勘现场、与建设单位交流。随后各设计单位组织了精干的力量开始方案设计，并不断予以优化。开标之日投标单位共带来设计方案 10 余个，每个设计方案均附有设计说明和效果图。招标代理机构按照招标人的要求从省内外抽取了7 名建筑设计专家（其中一人为某著名大学建筑系的中国工程院院士）组成了评标委员会，经过近两天的精心评选，共推荐了 5 个建筑设计方案给招标人，完成了第一阶段的设计招标工作。紧接着，招标人又给了评标专家委员会推荐的建筑设计方案单位 20 天时间，要求其认真修改初选入围的建筑设计方案，提供给项目建设领导小组和相关专家审定。在第二次评审会上，同济大学建筑设计研究院完成的建筑设计方案脱颖而出，获得了与会领导与专家的一致认可，一举中标。该项目的设计招标，为日后该工程荣获中国建设工程鲁班奖奠定了坚实的基础。

9.2 案例二：某房屋建筑工程监理招标

某大学实验大楼建设项目监理招标，该项目总建筑面积32000m²，工程总造价约 13000 万元，16 层框架结构，建设工期约两年，要求具有房屋建筑工程甲级资质或者工程监理综合资质的监理单位参加投标。

其招标文件主要内容如下。

第一章　监理投标须知

1. 前附表

内容包括：工程名称、项目建设地点、工程立项批准文件、设计单位、工程总投资、本项目监理收费、建筑面积、结构类型及层数、招标方式、质量控制目标、计划工期、监理单位资质等级要求、投标保证金数额、购买招标文件时间地点、现场踏勘时间地点、招标答疑会时间地点、投标文件份数要求、投标文件受理单位地点、投标截止时间、开标会时间地点、资金来源、资金到位情况等。

2. 综合说明

（1）总则

1）工程概况

①工程监理招标范围。

②监理工程的现场施工条件。

③监理工程招标条件、招标方式。

2）资格条件

①参加投标的投标人必须具有独立法人资格和满足招标人的监理资质等级要求。

②为具有被授予合同的资格，投标人应提供令招标单位满意的资格文件，以证明其符合投标条件和具有履行合同的能力。为此，所提交的资格文件中应包括下列资料：

A. 监理资质证书、营业执照原件。

B. 项目总监（注册监理工程师）资格证书原件。

C. 外省监理单位还应持有在本省建设行政主管部门办理的投标备案通知手续材料原件。

D. 投标保证金的转账凭证及收据原件。

E. 法定代表人证书（或法定代表人授权委托书）原件及本人身份证原件。

F. 拟投入本项目所有监理人员满足资格审查文件中"投标文件的其他材料《人员配备基本要求表》"要求的承诺书原件及《监理单位违约责任承诺书》原件。

G. 近5年（以监理合同签订时间为准）企业至少监理过一项建筑面积不少于 30000m² 的公共建筑工程（含土建、安装）。

③本项目不接受联合体投标。

3）资格后审

符合前项资格条件的投标人通过资格后审的均为合格投标人。资格后审不合格的，投标无效，退回投标文件。

4）本招标工程的投标有效期为 90 天（日历天），招标人应当在投标有效截止时限 30 日前确定中标人。

投标人应承担其编制投标文件与递交投标文件所涉及的一切费用。不管投标结果如何，招标人对上述费用不负任何责任。

5）招标文件的解释

招标文件的解释权归属招标人。投标人在收到招标文件后，若有疑问需要澄清，应于收到招标文件后 5 日内以书面形式向招标人提出，招标人将以书面形式予以解答，并在招标答疑会后将书面答复送至所有投标人。

6）招标文件的编制责任与组成

①招标文件由招标人或者受其委托的招标代理机构编制，其编制责任由招标人承担，招标代理机构应根据委托合同承担相应法律责任。

②投标人应认真审阅招标文件所有的内容，如果投标人的投标文件不能响应招标文件要求，责任由投标单位自负。

③招标文件包括本文件及所有的补充通知和招标答疑会记录。

7）招标文件的修改

①在投标截止日期 15 天前，招标人可能会以补充通知的方式修改招标文件。

②补充通知发出前应报招标投标监管机构备案。

③补充通知将以书面方式发给各投标人，补充通知作为招标文件组成部分，对投标人起同等法律约束作用。

8）招标文件备案

招标文件发出前，应按规定送至县级以上有直接管辖权的建设行政主管部门的招标投标监管机构备案，招标投标监管机构在备案时如发现招标文件中有不符合法律、法规的内容，责令招标人改正。

（2）投标报价

1）监理投标报价应是招标文件所约定的监理招标范围内全部工作内容的价格体现。

2）本工程监理服务计费额为某某万元。

监理取费方式：本工程采用下列第②种方式。

①政府指导价

按国家发展改革委员会、建设部关于《建设工程监理与相关服务收费管理规定》，以建设项目工程概算投资额（计费额）分档定额计费方式计收。

②市场调节价

按招标人提出的合理市场要约价格的方法计收。招标人应合理确定要约价格，不得盲目压价。

3）投标报价：招标人提出的合理要约价格为某万元，投标人应响应承诺报价。不响应招标人要约投标报价的，做无效标处理。

4）监理收费调整按下列①项执行。

①非监理单位原因造成工程停工，按招标人的签证协商进行调整。

②招标人设计变更。因招标人设计变更造成工程决算价与监理计费额相差在 ±10% 以内的，监理费不予调整；因招标人设计变更造成工程决算价与监理计费额相差在 ±10% 以上的，超出部分的监理费按投标报价与计费额的比例同比例计取。

（3）难点、重点监理措施

针对本项目具体情况，招标人提出下列工程中存在的重点和难点问题，由投标人在技术标中提出监理措施：

1）针对智能化子系统较多，应制定施工的具体监理措施。

2）针对装饰施工工期、质量的具体监理控制措施。

（4）投标文件的编制

1）投标人投标文件的组成

①商务标部分应包括下列内容：

A. 投标书；

B. 投标商务承诺书；

C. 监理项目组织结构：总监理工程师、总监理工程师代表、专业监理工程师、监理员；

D. 总监理工程师履历、业绩，诚信承诺；

E. 近60个月监理项目业绩表（包括已竣工监理项目和在

建监理项目）；

F. 参与本工程招标计分的各种证书、证件的复印件加盖单位公章与商务标装订成册；

G.《监理单位违约责任承诺书》。

②技术标部分应包括下列内容：

A. 法定代表人资格证明书；

B. 法定代表人授权委托书；

C. 监理项目控制承诺书；

D. 监理大纲：包括质量、进度、投资控制目标及措施；

E. 对重点、难点问题的监理方法、对策和措施；

F. 检测设备及手段；

G. 合理化建议；

H. 投标监理单位概况；

I. 投标人提供《投标资格审查表》的复印件并加盖单位公章；

J. 其他需要提供的资料。

2）投标保证金

①投标人应提供不少于投标须知中规定数额的投标保证金（不得超过投标总价的 2%），并要求在投标截止时间前提交。投标保证金必须从投标企业法人营业执照注册所在地本单位账户（不含企业的分公司或办事处的账户）转入招标人指定账户，不能提交现金。

保证金金额、户名、开户行、账号、到账时间。

②未中标的投标人应在接到招标人发出的未中标通知书后 7 日内退回有关招标资料，招标人同时如数无息退还其投标保证金。

③中标人的投标保证金在与招标单位正式签订合同后 5 日内，予以退回（无息）。

3）现场踏勘与招标答疑会

①投标人将被邀请对工程施工现场和周围环境进行踏勘，

以获取有关编制投标文件和所需的所有资料。踏勘现场所发生的费用由投标人自己承担。

②招标人在发放招标文件后将按投标须知规定的日期组织召开招标答疑会，投标人派代表出席，招标人进行澄清、解答投标单位提出的问题。

③投标人提出的与投标有关的任何问题在招标答疑会召开前以书面形式送达招标人（或在招标答疑会上递交）。

④会议记录包括所有问题的答复，并在答疑会后2日内书面送达给所有投标人，并以书面答复为准，同时报招标监管机构备案，由招标答疑会而产生的对招标文件内容的修改，招标人将以补充通知的方式发出。

4）投标文件的份数和签署

①投标人按本文件规定，编制技术、商务投标文件"正本"各一份和投标须知中所要求份数的"副本"，并标明"正本"和"副本"。投标文件正本和副本内容如有不一致之处，以正本为准。

②投标文件（含技术、商务标两部分）正本与副本均应使用不能擦去的墨水打印或书写，技术和商务标均应由投标人加盖单位公章和单位法定代表人或者法定代表人授权委托人的印章。

③全套投标文件应无涂改和行间插字，除非这些删改是根据招标人的指示进行的，或者是投标人造成的必须修改的错误。修改处应由投标人加盖单位公章。

（5）投标文件的递交

1）投标文件的密封与标志

①要求各投标人将商务标和技术标分别密封。每个投标人应按要求递交两个投标文件密封袋，其中所有技术标专用格式正、副本和监理大纲正、副本及有关资料装在技术标密封袋中，商务标专用格式正、副本与其他投标文件材料装在商务标密封袋内；商务、技术标内容较多时，可将技术、商务标文件分别

包装在两个或两个以上的密封袋内。

②所有封袋封面上都应写明招标人名称和工程名称，并注明开标时间前不得开封。

③所有封袋上都应写明投标人的名称、地址、邮政编码。

④所有密封袋密封口由投标人密封，并在密封袋的所有骑缝处加盖单位公章和法定代表人或授权委托人的印章。

⑤投标文件（技术标和商务标）不能相互错装密封袋。如果投标人未按上述规定提交投标文件，其投标文件将被拒绝，并退还给投标人。

⑥电子化招标投标的按系统要求进行。

2）投标截止期

①投标人应在投标须知中规定的投标文件递交截止时间之前将投标文件递交给招标人。招标人在接到投标文件时应在投标文件上注明收到的日期和时间。

②招标人可以以补充通知的方式，酌情延长递交投标文件的截止日期。在上述情况下，招标人与投标人以前的投标截止期方面的全部权力、责任和义务，将适用于延长后新的投标截止日期。

③超过投标文件递交截止时间送达的投标文件将被拒绝并当场退还投标人。

④招标人误收了按规定应当拒收的投标人的投标文件，在查明情况后将重新退还投标人，已参加评标的将终止评标资格。

3）投标文件的修改与撤回

①投标人可以在递交投标文件以后，在规定的投标截止期之前，以书面形式向招标人递交修改或撤回其投标文件的通知补充文件。

②投标人的修改或撤回通知，应按本文件规定的要求、密封、标志、盖章和递交（密封袋上应标明"修改"或"撤回"字样）。

③投标文件递交截止时间以后，投标人不得撤回投标文件，否则其投标保证金将被没收，并报有关监督部门视同违约处理，给予不良记录并向社会公布。

（6）开标

1）开标

①在规定的开标时间及投标人的法定代表人或授权委托人在场的情况下，招标人或招标人委托的招标代理机构负责组织和主持开标会议，参加开标的投标人的法定代表人或授权委托人应签名报到，以证明其准时出席开标会议。

②开标时，招标投标监督机构派员到现场进行监督。

投标人在开标时间未到达或未参加开标会议的将视为自动弃权。

2）开标、评标会程序

采用综合评估法：

①宣布主持人、唱标人、监标人、计分人、记录人；

②宣布开标纪律和注意事项；

③介绍评标委员会的组成（名单不得介绍）；

④宣布评标原则，简述评标办法；

⑤介绍参加开标会的有关单位和人员，查验法定代表人或授权委托人证件、委托书原件及本人身份证原件；查验各投标人的监理资质证书、营业执照、外省企业投标备案通知材料，投标保证金凭证原件；

⑥查验各投标人投标文件的密封情况并确认标书是否有效；

⑦采用资格后审的，先将各投标人的资格标送专家评审；

⑧现场宣布资格标评审结果；

⑨招标人开启和查验各投标人技术标文件签章是否有效，有效标送评标委员会评审；

⑩开启商务标，查验并展示各投标人参与计分的材料原件或证书原件，同时计分和公布预计分；

⑪公布技术标得分情况；

⑫将技术标合格的投标人的商务标及预计分送评标委员会评审，评标委员会按评标办法的规定内容审核综合素质得分及商务报价得分；

⑬评标委员会按总得分由高至低排序，推荐中标人或中标排序人，并签名确认；

⑭公布总得分，宣布中标人或者中标排序人；

⑮宣布开标、评标会结束。

投标人提供的证件原件一律当场、当时、当众出示，否则不予计分。

（7）评标

1）评标

①评标工作

招标人根据《中华人民共和国建筑法》、《中华人民共和国招标投标法》等规定组成评标委员会，按招标文件规定的评标办法进行评标。评标工作在项目分管的招标投标监督机构的监督下，并在严格保密的情况下由评标委员会专家负责完成。

A. 投标文件有下列情况之一者经评标委员会初审后按废标处理：

（A）投标文件有违反《评标委员会和评标方法暂行规定》规定内容的；

（B）投标文件有违反《工程建设项目施工招标投标办法》规定内容的；

（C）法律、法规规定的其他废标情形。

B. 投标文件有下列情况之一者，招标人或者招标代理机构应当拒收或者退回投标文件：

（A）投标文件逾期送达或者未送达指定地点的；

（B）投标文件未按招标文件要求密封的；

（C）外省投标企业未办理进入本省备案手续的；

（D）法定代表人的授权委托人不是本投标单位职工的；

（E）注册监理工程师受聘单位与投标人不符的。

C. 投标人或投标文件有下列情况之一的，取消投标资格，中标的取消中标资格：

（A）有违反《中华人民共和国招标投标法》的；

（B）其他违反法律、法规、规章规定的。

②评标方法：本工程采用《房屋建筑和市政基础设施工程监理招标评标办法》进行评标。

③评标委员会的组成按以下方法进行：

本工程评标委员会共设置5人，开标前从省级专家评委库（或市级分库）中按规定抽取5人，其中技术类专家3人，经济类专家2人，招标人代表0人。

④本工程采用以下方法确定中标人：

招标人根据评标委员会的评标报告所推荐的中标排序人（共推荐3名）确定中标人。

⑤本工程的定标原则按以下执行：

采用综合评估法，得分高者为第一中标人排序，依此类推。

⑥本招标工程评标委员会将向招标人推荐3家中标排序人。

2）投标文件的澄清

为了有助于投标文件的审查，评价和比较，评标委员会可以要求有关投标人澄清其投标文件部分内容，有关澄清并要求与答复，应以书面形式进行，但不允许更改投标报价或投标的实质性内容。

（8）授予合同

1）中标

①招标人确定中标人后，应报分管监督的招标投标监管机构签收，并于7日内向中标人发出"中标通知书"，同时将中标结果书面通知所有未中标的投标人，中标通知书将成为合同的组成部分。

②不管中标结果如何，招标人都有权拒绝任何投标人要求

对评标、定标情况和未中标原因作出解释。

③中标人确定后，招标人在办理招标投标备案时，应将工程的中标情况及总监理工程师在省级工程建设合同信息管理系统上公布，接受社会的监督。

④中标人收到中标通知书后，应在30天内与招标人签订监理合同。

⑤对中标人的其他约定。

A. 监理酬金按月支付；

B. 因招标人责任导致工程延期，招标人同意适当支付额外工作报酬；

C. 因监理人违反监理合同约定给招标人造成损失的，监理人应当赔偿招标人损失。

2）合同签订及工程担保

①招标人与中标人将根据《中华人民共和国合同法》和《中华人民共和国招标投标法》的规定，依据招标文件和中标人的投标文件双方签订监理合同。

②监理招标项目推行工程建设合同担保。

③中标人逾期未同招标人签订合同或未按时提交履约担保（保证金），招标人将没收中标人的投标保证金，并取消中标人的中标资格，招标人将有权依法依序另行选择其他中标排序人中标；如在法律规定期限内由于招标人的原因未同中标人签订合同，中标人有权依法要求招标人承担法律责任并赔偿经济损失。

④招标人与中标人均应忠实履行合同，当发生合同当事人不履行合同（含招标人不按合同约定支付工程监理费），债权人可要求担保人承担担保金额的全部担保责任。

⑤设计变更的工程量增减的合同价监理费调整在合同中约定。

⑥招标人与中标人签订的合同应按规定报项目分管的招标投标监管机构备案。

⑦招标人支付担保函和承包商（中标人）履约担保函参照《工程担保合同示范文本（试行）》示范文本执行。

3. 合同主要内容

监理合同应采用《建设工程委托监理合同》GF—2000—0202示范文本。

合同协议条款将由招标人（甲方）与中标人（乙方）结合本工程具体情况协商后签订。以下为招标人提出的合同协议条款主要内容，涉及投标人的条款在投标文件中进行承诺。

（1）监理大纲

1）进度计划目标控制

①投标人应将工程的施工组织设计作为目标控制的主要内容，若有不完善之处，监理单位在审议施工组织设计时可要求施工单位修正，修正后的施工组织设计交招标人批准施行。

②监理工程师以批准的进度计划组织施工为控制目标，对进度的监督、检查。工程实际进度与进度计划不符时，监理工程师应要求施工单位提出改进措施，确保进度目标的实现。

2）工程价款目标控制

①工程款预付目标控制

施工合同正式签署后　天内，甲方按合同价款的　％向施工方预付工程款后，监理单位应严格控制工程预付款的使用。开工后，将按合同协议条款的约定，监督此费用的使用，如发现施工方滥用此款，应及时通知甲方。当工程款付至　％时，预付款开始抵扣工程款。

②工程款支付（分进度款支付控制办法和尾款返还办法）：严格按照本项目投资、施工合同要求执行。

③工程款支付目标控制严格按照本项目投资、施工合同要求执行。

3）工程质量目标控制

①本工程的工程质量应符合国家工程质量验收标准合格以上要求，监理单位应按现行的国家施工验收规范和质量评定标

准及设计图纸、施工说明书、设备说明书、设计变更等技术文件为依据进行施工监理。

②现场监督施工方按施工合同约定的工程质量标准为监理质量目标。

③如工程质量达不到约定条件的部分，一经发现，应要求施工方返工，直至达到合同约定条件，并由施工方承担返工费用。返工后仍达不到约定条件，应继续返工到约定条件或合格标准。

④因建设方原因达不到质量等级约定条件，由建设方承担返工的经济支出，工期相应顺延。

⑤给建设方造成损失的，监理方承担连带责任，造成经济损失的，承担连带赔偿责任。

4）工程安全目标控制

按《中华人民共和国安全生产法》、《中华人民共和国建筑法》、《建设工程安全生产管理条例》、《安全生产许可证条例》等法律和法规规定的手段及方法，对施工方安全生产、文明施工进行严格监督管理。

监理招标若在施工招标前进行，监理单位应根据本省现状和实际及工程特点，编制预控目标监理大纲，在确定施工单位后，有针对性的修正监理大纲。

5）工程监理资料存档与备案

严格依据监理制度，完整、真实地向招标人递交工程监理存档和备案资料，严禁资料编制弄虚作假。

（2）监理合同价款与支付

监理合同价款的确定及调整。

中标人的监理投标报价即为中标价，中标价即为合同价，任何一方不得违法擅自改变，属允许范围内的价格调整由甲、乙双方依法按规定在监理合同协议条款中具体明确。

（3）工程检测

1）工程常规检测设备和工具一览表（略）

2）工程检测目标控制

检测方法与手段，检测点检测时间段检测目标值，检测记录。

（4）保修目标控制

1）监督施工方按《建设工程质量管理条例》和《房屋建筑工程质量保修办法》规定依法对本工程进行保修。

2）建设、施工双方在签订施工合同时必须按建设部发布的《房屋建筑工程质量保修办法》示范文本签订保修书，保修期从工程竣工验收合格之日算起。

3）保修期限执行《建设工程质量管理条例》，保修费用执行《建设工程质量保证金管理暂行办法》。按国家规定并在工程质量保修书中具体明确。

4. 技术规范

本工程要求投标人在监督工程中严格执行国家相关的工程技术规范及标准和相关地方标准对施工企业进行监理，并严格遵守旁站制度。

（1）本工程采用的技术规范

国家现行有关技术，施工及验收规范和质量检验标准及省市建设行政主管部门强制性文件、标准、规范。

（2）对材料的质量和试验要求

材料应提供三证（出厂证，合格证，材料检验报告）。

（3）对施工工艺的特殊要求

按国家有关现行规范标准执行。

5. 招标投标各种文件格式

采用《房屋建筑和市政基础设施工程监理招标投标示范格式文本》。

6. 图纸和技术资料

详见招标人提供的施工图纸和技术资料。

其他需要说明的事项：

（1）若投标人综合得分出现相同的情况，技术标得分高者排序在前；若技术标得分仍相同，则由招标人抽签，按被抽到投标人的先后顺序排序。本项目监理合同采用《建设工程委托监理合同》GF—2012—0202 示范文本。

（2）本项目监理费为监理招标范围内所有工程全过程监理费。中标人投标价即为合同价。

（3）中标单位应按监理合同规定，负责该项目工程质量、进度与工期、投资及安全文明施工等方面进行监督与控制。具体工作内容为：对土建、装修及与其配套的各单项工程进行监理；审查进场施工单位的专业施工资质，即土建、装修、消防、智能化、暖通、人防等专业资质，同时对施工单位提交的各专业施工组织设计及专项施工方案进行审核，对影响工程质量的主要因素监控，组织隐蔽项目验收，对设计变更的现场核实与处理，对施工过程进行跟踪监控，监督检查成品保护，行使质量监督权。

（4）依据设计文件及相关要求，按照国标各专业规范组织验收，一是监督施工单位分专业分批次检验验收各分部分项工程，按验收批的质量情况填写验收结论，并监督施工单位取得各专业合格证；二是根据《建筑工程施工质量验收统一标准》GB 50300—2013 的规定，提前就工程存在的缺陷及质量问题进行整改，确保工程验收合格，确保按时投入使用。

（5）投标人应在商务标文件中提供《监理单位违约责任承诺书》，未按要求提供者视为重大偏差。

（6）投标文件须上传至公共资源交易网。

（7）外省监理单位须提供真实、有效的可以充分证明备案成功的网页截图，截图数量不限，且需要加盖公章。

（8）本项目《其他需要说明的事项》中的内容如与招标文件其他部分内容不一致，以《其他需要说明的事项》中为准。

第二章　建筑和市政基础设施工程监理招标评标办法

为保证房屋建筑和市政基础设施工程监理（以下简称监理）招标评标工作的公正性，促进公平竞争和监理工作质量、水平的提高，现结合我省实际，制定本办法。

监理招标采用综合评估法评标，设定分值为 100 分。其中技术标（监理大纲）50 分，商务标（综合素质）50 分，评标委员会只推荐三名中标候选人，综合得分最高者为第一中标排序人或者中标人，综合得分第二高者为第二中标排序人，以此类推。若前三名综合得分出现相同的情况，可由招标人在招标文件中自行约定是技术标得分高者排序在前或者是商务标得分高者排序在前，若技术标和商务标得分仍相同，则由招标人抽签，按被抽到投标人的先后顺序进行 1～3 名排序。

开标和评标由招标人或者其委托的招标代理机构负责组织，并按规定程序进行。

1. 开标

（1）开标准备工作

1）在规定的地点和时间接受投标文件，并登记保管；

2）在规定的时间宣布开标会开始，并点到。

（2）开标程序

1）查验各投标人参加开标会的法定代表人或者授权委托人的证书原件及本人身份证原件，并当众宣读；

2）介绍参加开标会的行政监督人员和有关单位人员；

3）宣布主持人、唱标人、监标人、计分人、记录人；

4）宣布开标会纪律和注意事项；

5）介绍评标委员会的组建情况（专家名单不得介绍）；

6）宣布评标原则和评标办法；

7）查验外省进入本省投标备案手续原件和投标保证金转账凭证及招标人开具的收据原件；

8）查验投标文件密封情况并确认密封是否有效；

9）先当众开启技术标，查验标书签章情况并确认有效后，送评标委员会评审；

10）开启商务标，在开标现场计分原件应当时、当场、当众出示，否则不予计分。开标现场工作人员查验并展示各投标人参与计分的材料原件或者证书原件（不含证明材料），同时计分和公布预计分。

11）公布技术标最后得分；

12）将技术标合格的投标人的商务标及预计分送评标委员会评审，评标委员会评审后统计各投标人综合总得分，按总得分由高至低排序，推荐中标人或中标排序人，并签名确认；

13）公布总得分，宣布中标人或者中标排序人；

14）宣布开标、评标会结束。

2. 评标

评标委员会依据有关法规规定和招标文件及本办法进行评标。详细评审时某项评分内容计为零分，评标专家应说明计零分的依据及理由，未说明依据及理由的，该评标专家评分作废。

（1）初步评审

评标委员会按《房屋建筑和市政基础设施工程监理招标投标管理实施办法》及招标文件的规定，审查投标文件是否存在重大偏差和细微偏差，并逐项列出各投标文件存在的全部偏差。

1）对重大偏差的认定

重大偏差应由评标委员会集体讨论，评标委员会应严格按照重大偏差的规定，认真公正地进行认定，必要时应采用询标方式听取投标人对相关问题的解释，重大偏差认定后，全体评委应签名。

评标委员会不得任意扩大重大偏差的认定范围。

2）对细微偏差的认定

非重大偏差的偏差，认定为细微偏差。细微偏差系指投标文件在实质上响应了招标文件的要求，但在个别地方存在漏项或者提供了不完整的技术信息和数据等情况，细微偏差不影响投标文件的有效性，但评标委员会可以作不利于该投标人的量化处理。

（2）详细评审（百分制评分）：

1）技术标评审（50分）

①响应承诺内容评审

根据技术标专用格式部分中的响应承诺书评审：

A. 工程质量控制承诺满足招标文件要求；

B. 工程进度控制承诺满足招标文件要求；

C. 工程投资控制承诺满足招标文件要求；

D. 工程安全、文明施工管理承诺满足招标文件要求。

投标文件响应承诺不满足招标文件的合理性响应要求的属重大偏差。

②监理大纲评分（35.00分）

A. 监理大纲编制优秀的计35分；

B. 监理大纲编制合格的计34分；

C. 监理大纲编制无严重技术性错误，但有细微偏差的，评标专家在34分的基础上每一处细微偏差扣2分，累计最多扣6分，即该监理大纲最低得分不得少于28分。评标专家应详细注明扣分理由，否则，该评标专家的评分无效；

D. 监理大纲有违反规范、标准、程序等的计0分。

所有专家的评分去掉一个最高分和一个最低分后取平均值，即为该投标人监理大纲最终得分。

③检测设备及检测手段评分（5.00分）

A. 主要检测设备自有（凭监理单位提供的加盖单位公章原始发票复印件计分），满足本项目检测需要计5分；

B. 主要检测设备租赁（凭租赁合同原件计分），满足本项目检测需要计4.5分；

C. 检测设备基本满足要求计3分；

D. 检测设备不满足要求计0分。

④难点、重点监理措施（6.00分）

针对招标人对项目的具体情况提出的两个难点或重点问题，投标人提出监理措施，经评标委员会评审，按下列方式计分，最高累计 6 分：

A. 难点或重点监控措施合理可行每一个计 3 分；

B. 难点或重点监控措施基本可行每一个计 2 分；

C. 难点或重点监控措施不可行计 0 分。

⑤合理化建议（4.00 分）

A. 合理化建议有科学性和可操作性，具有采用价值计 4 分；

B. 合理化建议基本可采用计 3 分；

C. 无采用价值计 0 分。

2）商务标（报价、综合素质）内容评分（50 分）

商务标所有计分内容凭计分原件在开标现场预计分后送评标委员会复核并确认。

投标人在投标活动中提供证件（书）、材料弄虚作假的，取消其投标资格，中标的取消中标资格。

①监理单位资质证书（5.00 分）

A. 凭甲级及以上资质证书副本原件计 5 分；

B. 凭乙级资质证书副本原件计 4 分；

C. 凭丙级资质证书副本原件计 3 分。

②总监理工程师资历（5.00 分）

凭职称证书原件及注册资格证书原件计分。

A. 高级工程师及以上并取得注册监理工程师资格的计 5 分；

B. 工程师并取得注册监理工程师资格的计 3 分。

③总监理工程师工作经历（3.00 分）

凭注册资格证书原件计分。未提供注册资格证书的，凭资格证书计分。

A. 取得注册监理工程师执业资格 6 年（含）以上计 3 分；

B. 取得注册监理工程师执业资格 6 年以下计 2 分。

④监理人员配套（5.00 分）

凭商务标专用格式中组织结构表及资格证书原件计分。

A. 专业配套完整，注册监理资格人员占 50% 以上（含）计 5 分；

B. 专业配套完整，注册监理资格人员占30%以上（含）计3分；

C. 专业配套完整，注册监理资格人员占30%以下（含）计2分；

D. 专业配套不完整的计0分。

⑤企业荣誉（5.00分）

凭投标人提供的开标之月前60个月内获得的优良工程奖的证书原件按下列方法计分，最高累计5分：

A. 国优每个计2.5分；

B. 省优每个计2分；

C. 市优每个计1分。

投标人提供的同一项目获得多个奖项的，只按获得的最高级别奖计分。

⑥业绩（8.00分）

凭投标人提供的开标之月前60个月内，监理过（含在监工程）2个类似或近似项目的主要施工图、竣工验收备案表（单项专业工程可提供竣工验收报告书）、经建设行政主管部门备案的监理合同原件、经建设行政主管部门备案中标通知书原件中的2种或者2种以上资料，并按下列方法累计计分，最高累计8分：

A. 监理的类似工程规模（民用建筑指结构、建筑面积、层数，工业建筑指跨度和结构，构筑物指高度或容积）等于或大于招标项目的每个项目计4分；

B. 按前项要求小于招标项目的每个项目计3分；

C. 近似招标项目（即和招标项目同为民用建筑、工业建筑或构筑物即可，不限结构、建筑面积、层数）的每个项目计2分；无类似或近似工程项目的计0分。

⑦招标人考察评分（7.00分）

招标人对投标人的办公条件、公司管理制度、公司技术力量、监理过类似工程等进行综合考察评分（采用公开招标的资格后审统一计分）：

A. 满意计 7 分；

B. 基本满意计 5 分。

⑧投标报价（12.00 分）

招标人依据监理收费标准，提出合理要约价格，投标人响应承诺报价。

A. 响应招标人要约投标报价的得 12 分。

B. 不响应招标人要约投标报价的，作无效标处理。

第三章 投标文件技术标格式

1. 投标文件技术标的编制说明

（1）投标文件技术标应满足招标文件的要求，并包括下列内容：

①法定代表人资格证明书；②法定代表人授权委托书；③投标联合体各方共同投标协议书；④辅助资料表（表一至表四）；⑤投标人提交投标资格审查表的复印件；⑥投标保证金提交凭证的复印件；⑦工期、质量、进度、安全等控制目标承诺书；⑧监理大纲（由投标人按招标文件要求自行编制）；⑨重点、难点监理措施；⑩合理化建议。

（2）投标企业在填写本文件时必须认真、详细，投标文件中所承诺的内容均是中标后甲乙双方签订合同的依据。

（3）本技术标专用格式与监理大纲及有关资料装订成册。不够用时可由投标单位按标准格式自行复制。

（4）本文件属"招标投标情况书面报告"材料之一。

2. 法定代表人资格证明书

单位名称：

地址：

姓名： 性别： 年龄： 职务：

系 的法定代表人。为监理 工程。签署上述工程的投标文件、进行合同谈判、签署合同和处理与之有关的一切事务。

特此证明。

投标单位：（盖章）

日期：　　年　　月　　日

3. 授权委托书

本授权委托书声明：我　　（姓名）系　　（投标单位名称）的法定代表人　　，现授权委托（姓名）为我公司代理人，以本公司的名义参加　　（招标单位）的　　工程的监理投标活动。代理人在开标、评标、合同谈判过程中所签署的一切文件和处理与之有关的一切事务，我均予承认。

代理人：　　性别：　　年龄：　　单位：

部门：　　职务：

代理人无转委权。特此委托。

投标单位：（盖章）

法定代表人：（签字或盖章）

日期：　　年　　月　　日

4. 监理目标控制承诺书

序号、项目、内容。

（1）进度目标控制

（2）质量目标控制

（3）工程投资目标控制

（4）安全生产、文明施工目标管理

（5）工程合同管理

（6）其他承诺

投标单位（盖章）

法定代表人或委托代理人（签字或盖章）

日期：　　年　　月　　日

5. 投标监理单位概况

企业名称、成立日期、资质等级、外省监理企业批准投标手续办理情况、企业性质、企业地址、电话、经营范围、企业职工总数（其中技术人员　　人，注册监理师　　人，教授级

高级工程师 人，高级工程师 人，工程师 人，助理
工程师 人，工民建 人，水电暖 人，其他 人）、
公司自有主要检测设备（名称，自有或租赁，型号，数量，用
途，制造国或产地，制造年份）。

6. 投入本项目的检测设备和工具目录表

序号、机械或设备名称、型号、规格、数量、制造年份、
自有或租赁、检测内容、备注。

注：应根据工程项目的需要投入检测设备和工具。

第四章 投标文件商务标格式

（正、副）本

1. 投标文件商务标的编制说明

（1）投标文件商务标应包括下列内容：

1）投标书；

2）投标承诺书；

3）参与工程投标计分的各种证书（复印件）。

（2）投标文件商务标均采用本标准格式；

（3）投标报价的价格均以人民币表示；

（4）投标企业在填写文件时必须认真、详细，投标文件中
的内容均为中标后甲乙双方签订合同的依据；

（5）本文件属"招标投标情况书面报告"材料之一。

2. 投标书

（招标单位）：

（1）根据已收到的 工程的招标文件，我单位经考察现
场和研究贵方的招标文件后，愿以人民币（大写）： 元（小
写）： 元的总价承接本招标范围内的全部工程监理。

（2）如果我方中标，我方将在规定的时间内按中标价同贵
方签订监理合同，如果违约，贵方有权中止我方中标并选择其
他中标单位。

（3）如果我方中标，我方将按照招标文件和中标通知书
及本投标文件的内容签订合同，并承诺在工程监理中忠实履行

合同。

　　投标单位：（盖章）

　　法定代表人：（签字或盖章）

　　单位地址：

　　邮政编码：

　　电话：

　　开户银行：

　　银行账号：

　　开户银行地址：

　　电话：

　　日期：　　年　　月　　日

　　3. 投标商务承诺书

　　（1）序号。

　　（2）承诺内容。

　　诚信承诺：如果本单位中标，将忠实履行监理合同，严格执行监理大纲及国家标准、规范（规程），实现质量、进度、付款、安全等控制目标。未经业主同意不更换项目总监理工程师。

　　（3）实行监理工程担保的监理工程担保费用　　　元。

　　注：1）中标后，本承诺书作为签订监理合同的依据。

　　　　2）监理工程担保的费用不得超过招标文件的约定。

　　投标单位（盖章）

　　法定代表人或委托代理人（签字或盖章）

　　日期：　　年　　月　　日

　　4. 企业近60个月所承接的已竣工监理项目表

　　工程名称与地点、建筑面积、结构、层数、竣工日期、获奖情况、总监姓名。

　　注：竣工日期在开标之日前60个月内。

　　5. 企业近60个月所承接的在监监理项目表

　　工程名称与地点、建筑面积、结构、层数、开工日期、主体情况、总监姓名。

注：主体情况是指主体工程是否竣工或完成阶段。

6. 参与投标总监理工程师简历表

姓名、性别、手机、电话、职务、职称、学历、参加工作时间、从事项目、监理年限、注册监理工程师证书证号、身份证号。

诚信承诺。

如果中标，本人愿忠实履行监理合同，讲职业道德，严格执行监理大纲和国家标准、规范（规程），实现监理项目各项控制目标。

总监签名。

近60个月监理工程情况（含正在监理工程）。

建设单位、项目名称、建设规模、监理工程、开竣工日期、工程质量、近60个月获奖情况、目前监理工程个数、目前监理工作量（万元）。

7. 投入本项目的主要监理人员表

监理人员姓名、专业职称、承担过的项目、现场监理人员组织结构（总监理工程师、总监理工程师代表、注册监理工程师、监理员）。

注：总监代表不设置的不填。

此案为目前房屋建筑监理招标的普通案例，在某省普遍运用。从总体上看，该方法注重了监理大纲的编制，对监理单位的资质、总监理工程师的资历、监理人员的配套、企业荣誉、业绩等提出了明确要求，通过招标能选出较强的监理单位和总监理工程师及其团队，能有效地进行工程质量控制、进度控制和投资控制，加强工程安全和文明施工管理，保证施工工期和质量安全。但也有值得商榷的地方，如：偏重于监理大纲的编制，分值占到了35%，导致大多数监理单位将监理大纲编成上千页的"教科书"，生怕有遗漏，且内容千篇一律，缺少工程的针对性，浪费了大量的纸张，增加了企业投标成本;同样"难点、重点监理措施"、"合理化建议"也只是纸上谈兵，照搬照抄，体现不了企业的真实水平；"招标人考察评分"带有一定的主观性；"投标报价评分"只有响应、不响应两个选项（实际上只有响应一个选项），不利于体现"优质优价"原则。建议有关行政监管部门在认真总结经验的基础上，研究制定更加科学合理的《房屋建筑和市政基础设施工程监理招标评标办法》。

9.3 案例三：某农田水利工程施工招标

某县农田水利工程，总投资约 3300 万元，工程范围为某片区高标准农田建设渠道衬砌、田间道路、土地平整、渠系配套建筑物等，施工工期 120 天，邀请具备独立法人资格、具有市政公用工程施工总承包叁级及以上或水利水电工程施工总承包叁级及以上资质的潜在投标人参加投标（公开招标）。其主要内容如下。

第一章　招标公告

1. 招标条件

本招标项目已由相关部门批准建设，建设资金来自财政统筹整合资金，招标人为某县统筹整合资金推进高标准农田建设领导小组办公室。项目已具备招标条件，现对该项目施工进行公开招标。

2. 项目概况与招标范围

内容包括：建设地点、建设面积、本工程投资、计划工期、招标范围、标段划分。

3. 投标人资格要求

（1）企业应具备的资格条件

1）投标人未处于被责令停业、取消、暂停投标资格状态，且应具备独立法人资格，具有市政公用工程施工总承包叁级及以上或水利水电工程施工总承包叁级及以上资质；

2）投标人应具有有效工商营业执照；

3）投标人应具有有效安全生产许可证；

4）外省投标单位还应持有本省建设行政主管部门办理的进入本省投标备案通知手续材料。

（2）拟投入项目负责人（建造师）、八大员（或五大员）应具备资格条件

1）投标人拟投入项目负责人（建造师）必须执有市政公用工程专业二级及以上（或水利水电专业二级及以上）注册建造师证（不含临时建造师）、安全生产考核合格证书，建造师不得有在建项目。

2）八大员（或五大员）须持有有效的上岗证书，其中专职安全员必须执有有效的C类安全生产考核合格证。

上述人员均应是本单位在职人员。

（3）投标人具有投资参股关系的关联企业，或具有直接管理和被管理关系的母子公司，或同一母公司的子公司，或法定代表人为同一个人的两个及两个以上法人不得同时对同一标段投标。否则，均按无效投标处理。

（4）本工程不需提供类似施工业绩。

（5）本次招标不接受联合体投标。

4. 资格审查办法

本次施工招标采用资格后审合格制（开标后由评标委员会审查），具体办法详见招标文件相关内容。

5. 招标文件的获取

本工程招标公告将发布于省招标投标网、省公共资源交易中心网站上。凡有意参加投标者，请于招标公告发布之日起，在相关网站自行下载招标文件及相关资料，并按招标文件要求编制投标文件参加投标。

6. 投标文件的递交

（1）投标文件递交的截止时间为 年 月 日（北京时间）上午 时 分，地点为某县公共资源交易中心开标室。

（2）逾期送达的或者未送达指定地点的投标文件，招标人或招标代理机构有权将不予受理。

（3）投标人法定代表人或其委托代理人应携带招标文件规定的有效身份证明材料，在投标截止时间前到达开标地点，并签到出席开标大会。

7. 联系方式

招标人：地址、邮政编码、联系人、电话

招标代理机构：地址、邮政编码、联系人、电话

第二章 招标文件

第一节 前附表

内容包括：工程名称、建设地点、工程立项批准文件、设计单位、建设规模、本项目投资、招标范围、承包方式、质量要求、工期要求、期望中标价、投标单位资质等级要求、获取招标文件的时间及方式、现场踏勘、招标答疑、确定中标人、投标保证金、投标文件份数、投标文件递交受理单位及地点、投标截止时间、开标时间及地点、资金来源、资金到位情况、其他事项等。

第二节 综合说明

1. 总则

（1）工程概况

1）工程招标范围

某片区高标准农田建设渠道衬砌、田间道路、土地平整、渠系配套建筑物等（具体详见工程量清单）。

2）现场施工条件

① 建设用地面积；

② 场地拆迁及平整情况；

③ 施工用水、电；

④ 有关勘探资料；

⑤ 施工图纸设计和审查、备案情况；

⑥ 其他。

3）上述工程按照《中华人民共和国建筑法》、《中华人民共和国招标投标法》和国家、省有关招标投标法律、法规、规章等规定进行招标投标，并得到县发展改革委的监督和备案，现通过公开招标方式择优选定施工单位。

（2）参加投标的投标人资格条件：

1）投标人应具有建设行政主管部门颁发的市政公用工程施工总承包叁级及以上资质或水利水电施工总承包叁级及以上资质。拟派项目经理必须由注册建造师担任，应当具有市政公用工程或水利水电工程专业二级及以上注册建造师资格。

2）开标会投标人应当时、当场、当众提交以下有关证书证件原件及材料原件（注明可以提供加盖单位公章的复印件或扫描件的视同原件）：

①企业营业执照、企业资质证书；

②省级及以上建设行政主管部门颁发的安全生产许可证；

③注册建造师证书、安全生产考核合格证书；

④外省施工单位还应持有本省建设行政主管部门办理的备案手续材料；

⑤其他拟投入管理人员八大员（或五大员）上岗证书，安全员的安全生产考核证书；

⑥投标人的基本账户开户许可证；

⑦法定代表人或者其授权委托人必须出席开标会，不出席开标会的按弃权处理。法定代表人出席开标会的，应当提交法定代表人证书或者证明文件及本人身份证；授权委托人出席开标会的，应当提交法定代表人授权委托书、本人身份证；

⑧本项目不接受联合体投标。

未当时、当场、当众提交上述全部证件或证书或材料的，或未将其扫描件编制到资格标中的，按资格审查不合格处理。

（3）本招标工程的投标有效期为90天（日历天），招标人应当在投标有效截止时限30日前确定中标人。

投标人应承担其编制投标文件与递交投标文件所涉及的一切费用。不管投标结果如何，招标人对上述费用不负任何责任。

2. 招标文件

（1）招标文件的解释

1）招标文件的解释权归属招标人。投标人在收到招标文件后，若有疑问需要澄清，应按招标文件前附表规定的方式提出。招标人将按招标文件前附表规定答复。

2）期望中标价采用固定价格方式报价，招标人约定工程风险包干系数为　%（一般按2%～5%；工期在6个月内的，可按0～3%）；

3）期望中标价采用工程量清单计价方法。招标人应严格执行工程概算批复，如需调整，应按程序报原审批部门批复，政府投资工程的期望中标价应控制在工程概算范围内。

4）计价采用的定额及费用，具体详见工程量及招标控制价。

5）工程计费标准采用编制办法中规定的费率计取工程费用。

6）工程施工要求：按工程量清单及施工图纸设计要求。

（2）招标文件的编制责任与组成

1）招标文件由招标人或者受其委托的招标代理机构编制，其编制责任由招标人承担，招标代理机构应根据委托合同承担相应法律责任。

2）投标人应认真审阅招标文件所有的内容，如果投标人的投标文件不能响应招标文件要求，责任由投标单位自负。

3）招标文件包括本文件及所有发出的补充通知和答疑纪要。

（3）招标文件的修改

1）在投标截止日期15天前，招标人可能会以补充通知的方式修改招标文件。修改内容可能影响投标文件编制，不足15日的，招标人应当顺延投标截止时间。

2）补充通知将在省公共资源交易网刊登，补充通知作为招标文件的组成部分，对投标人起同等法律约束作用。各投标人应及时关注并查询，因查询不及时造成的后果由各投标人自负。

（4）招标文件备案

必须进行施工招标的工程，招标人应当依法编制招标文件，并承担编制责任。招标文件发出前，送至招标投标监管机构备案。招标投标监管机构在备案时如发现招标文件中有不符合法律、法规的内容，责令招标人改正。

3. 投标文件编制

（1）投标文件编制

投标人投标时，投标单位不需要编制施工组织设计和预算书，但中标后中标人需编制施工组织设计提交给招标人。

1）投标报价应是招标文件所约定的所投标段招标范围内全部内容的体现。

投标报价采取报价承诺方式，投标人必须在所投标段投标文件中响应、承诺招标文件中招标人提出的相应标段期望中标价为报价。不响应、承诺招标人提出相应标段的期望中标价的，按无效标处理。

2）本工程采用工程量清单计价

工程量清单由招标单位编制。工程量清单所列的子目和工程量同招标人所发的施工图纸不一致时，一律以工程量清单为准。

3）采用工程量清单计价或者提供招标控制价的，当发现招标人提供的工程清单中的工程量与施工图纸有误差，招标人和中标人在合同签订生效后1个月内，经双方核对，应予以调整。当工程量清单中的工程量误差增减幅度在±15%（含±15%）以内的按中标人响应、承诺投标报价中的综合单价执行；当误差引起的增减幅度超过±15%的，其增加或减少后剩余部分的工程量综合单价可作调整，具体由中标人提出合理的综合单价，经招标人确认后，报招标投标监管机构备案，并办理补充合同，逾期均不予认可。

4）工程结算时调整工程价款方式按下列第③④项执行，并在合同中约定：

①经招标人签证认可的市场材料价差；

②相应造价管理部门颁发的调价系数或有关文件规定；

③经设计单位发出招标人认可的设计变更；

④经招标人计量后签证认可的工程量变化。

5）材料与设备供应、结算及要求：

材料供应方式及结算办法：招标人对材料质量认可后，方可采购。设备供应方式及结算办法：中标人自备。

凡投标人采购的主要材料（钢材、水泥、压力涵管、T形槽等），必须提供出厂合格证书及试验资料，主要材料进场后均必须作二次试验并将试验报告送招标人，招标人对材料质量认可后，方可采购。坚决杜绝不合格材料进入施工现场，否则，招标人有权制止使用并追究投标人的违约责任。

6）所投标段投标文件的组成

投标人的投标文件所投标段应包括下列内容：

①投标书；

②投标人响应性承诺书；

③法定代表人身份证明书；

④法定代表人授权委托书；

⑤投标单位企业概况；

⑥拟派担任项目经理的注册建造师简历表；

⑦投入本项目的主要施工管理人员；

⑧投标保证金凭证复印件；

⑨资格审查所要求的所有相关资料；

⑩投标人认为需提供的其他资料。

投标人应使用本招标文件提供的施工招标投标示范格式文本填写，如相关内容不够填写时，由各投标人自行添补。

（2）投标保证金

1）投标保证金按前附表要求交纳。

2）未中标的投标人，招标人发出中标通知书后7日内如数无息退还其投标保证金。

3）中标人的投标保证金在与招标单位正式签订合同后5天内，予以无息退回。

（3）现场踏勘与招标答疑会

1）招标人不组织现场踏勘，投标人自行踏勘，踏勘现场所发生的费用及人身安全由投标人自己承担。

2）招标人不组织召开答疑会，采用网络答疑。

3）投标人提出的与投标有关的任何问题按招标文件规定形式递交。

4）会议记录包括所有问题和答复，答疑纪要应当报招标投标监督机构备案。

（4）投标文件的份数和签署

1）投标人按本文件规定，编制投标文件"正本"各一份和前附表中所要求份数的"副本"，并标明"正本"和"副本"。投标文件正本和副本内容如有不一致之处，以正本为准。

2）投标文件正本与副本均应使用不能擦去的墨水打印或书写，并应由投标人加盖单位公章和单位法定代表人或者法定代表人委托代理人的印章或签字。

3）投标文件应无涂改和行间插字，除非这些删改是根据招标人的指示进行的，或者是投标人造成的必须修改的错误。修改处应由投标人加盖单位公章。

4）投标人投多个标段时，应按上述要求分标段编制。

4. 投标文件的递交

（1）投标文件的密封与标志

1）本工程投标的投标文件按下列方式密封：

要求各投标人将标书密封。标书内容较多时，可将投标文件分别包装在两个或两个以上的密封袋内；

2）密封袋封面上都应写明招标人名称和工程名称，并注明开标时间前不得开封。

3）密封袋上都应写明投标人的名称、地址、邮政编码。

4）密封袋密封口由投标人密封，并在密封袋的所有骑缝处加盖单位公章和法定代表人或委托代表人的印章或签字。

5）投标人投多个标段时，应按上述要求分标段密封与标志。

如果投标人未按上述规定提交投标文件，其投标文件将被拒绝，并退还给投标人。

（2）投标截止期

1）投标人应在前附表中规定的投标文件递交截止时间之前将投标文件递交给招标人。招标人在接到投标文件时应在投标文件密封袋上注明收到的日期和时间。

2）招标人可以按本文件规定以补充通知的方式，酌情延长递交投标文件的截止日期。

3）超过投标文件递交截止时间送达的投标文件将被拒收。

4）招标人误收了按规定应当拒收的投标人的投标文件，在查明情况后将重新退还投标人，已参加评标的将终止评标资格。

5）投标人投多个标段时，应按上述要求分标段递交。

（3）投标文件的修改与撤回

1）投标人可以在递交投标文件以后，在规定的投标截止期之前，以书面形式（加盖单位公章）向招标人递交修改或撤回其投标文件的补充文件。

2）投标人的修改或撤回通知，应按本文件规定的要求对密封、标志、盖章和递交（密封袋上应标明"修改"或"撤回"字样）。

3）投标文件递交截止时间以后，投标人不得撤回投标文件。否则，其投标保证金将不予退还。

4）投标人投多个标段时，应按上述要求分标段修改与撤回。

5. 开标

（1）开标

1）在规定的开标时间及投标人的法定代表人或授权委托人在场的情况下，招标人或招标人委托的招标代理机构负责组织和主持开标会议，参加开标会的投标人的法定代表人或授权委托人应签名报到，以证明其准时出席开标会议。

2）开标时，招标投标监督机构派员到场进行监督。

3）投标人代表（指法定代表人或授权委托人）在开标会开始时间之前到达。

（2）开标、评标、定标会程序

本项目采用的评标办法为：报价承诺法。

1）开标程序

①宣布开标会开始、递交投标文件的家数和名单；

②确定入围的投标人。

A. 确定所有投标人的编号：

第一轮抽签：首先，将编有不重复数字的乒乓球放入密闭抽号箱内，个数为递交投标文件的有效投标人家数。然后，按递交投标文件的先后顺序，由各投标人的委托代理人自行随机抽取一个编有数字的乒乓球，该乒乓球上所写数字即为投标人的编号（在本片区开标会期间，该编号一直代表投标人），并做相应记录。

抽取时，每个投标人的委托代理人仅有一次抽取机会，且抽出后不得再放回密闭抽号箱内或重新抽取。

B. 确定入围投标人的抽取方式：

各标段总体要求：当某标段递交投标文件的投标人超过15家时，本标段随机抽取15家竞争入围单位。当某标段递交了投标文件的投标人少于15家时，本标段全部竞争入围。当某标段递交了投标文件的投标单位不足三家时，本标段招标失败，招标人重新组织本标段招标。

第二轮抽签：首先，将某标段对应编号（即递交了本标段投标文件的有效投标人第一轮抽签确定的编号）的乒乓球全部放入摇号机内。然后，由招标人代表从中随机抽取15家，并做相应记录。抽中的编号所对应的投标人即为本标段竞争入围单位，本标段未被抽中的投标人竞争失败，退场。

③资格审查。

对确定入围的投标人进行资格审查。

A. 查验投标人的法定代表人证书或委托代理人的委托书、本人身份证，拟派担任建造师的证书、本人身份证等证书证件材料。

B. 资格审查所需证书、证件等材料原件送评标委员会进行资格审查。公布资格审查结果。

④开启资格审查合格的投标人投标文件，查验投标文件签章有效性、宣布投标报价、工期等。响应招标期望中标价的为有效投标报价，未响应的，投标无效。

⑤投标文件送评标委员会评审。公布投标文件评审结果。评审合格的投标人，进入下一步抽取程序。评审不合格的投标人不得参加中标候选人抽取，退场。

⑥抽取中标候选人排序。

将评审合格的投标人的编号乒乓球放入摇号机内，由招标人分三次随机摸球抽取中标候选人排序，第一次随机抽取的编号所对应的投标人为中标排序第一，第二次随机抽取的编号所对应的投标人为中标排序第二，第三次随机抽取的编号所对应的投标人为中标排序第三。

⑦抽取中标候选人排序的结果送评标委员会确认。

⑧根据评标委员会的评标结果，招标人当场宣布中标候选人。

⑨宣布开标评标会议结束。

2）评标程序及标准

评标由招标人从省综合评标专家库中随机抽取评标专家组建的评标委员会负责。

本工程评标委员会共设置 5 人，其中招标人代表 1 人，开标前从省综合评标专家库中按规定抽取 4 人，其中市政或水利工程专业技术类专家 3 人，经济类专家 1 人。

①评标委员会对投标人进行资格审查。

本项目采用资格后审。开标后由评标委员会对投标人进行资格审查。本项目资格审查指的是凡符合本招标文件中"资格条件"的投标人，则视为资格审查合格。若其中任何一条不符合，则资格审查不合格，其投标无效，退场。

当某标段的所有投标人资格审查合格不足三家，认定该标段招标失败，招标人依法重新组织招标。

②评标委员会依据法律法规及招标文件要求，对投标文件进行符合性评审。符合性评审有下列内容：

A. 投标文件内容是否与招标范围相同；

B. 投标工期是否满足招标文件的要求；

C. 投标人承诺的质量等级是否满足招标文件的要求；

D. 投标有效期是否满足招标文件的要求；

E. 是否按招标文件要求的时间和方式提供投标担保；

F. 投标文件约定的合同条款的权利义务是否满足要求；

G. 是否有严格执行技术标准、规范的措施与承诺；

H. 是否附有招标人不能接受的条件；

I. 投标的组织结构中人员名单是否与所提供的原件一致；

J. 拟派担任项目经理的注册建造师和八大员（或五大员）是否有按施工要求到场及在施工期内不随意更换的诚信承诺；

K. 响应承诺招标期望中标价、工程量清单综合单价和工程量等；

L. 响应、承诺招标文件的其他要求。

③对现场随机抽取的中标排序前三名进行确认。

④向招标人提交书面评标报告，推荐中标候选人。

3）定标程序

本工程招标人根据评标委员会的评标报告所推荐的中标排序人（共推荐三名）确定中标人。

开标、评标工作结束，招标人根据评标报告或推荐的中标候选（排序）人转入定标阶段。

①招标人依法将评标结果，中标候选人公示3日。公示期结束，向招标投标监督机构提出定标意见书，向中标人发出中

标通知书。

②招标人和中标人应按招标文件、中标单位的投标文件及相关法律法规签订合同并报备案。

（3）投标文件的澄清

为了有助于投标文件的审查，评价和比较，评标委员会可以要求有关投标人澄清其投标文件部分内容，有关澄清的要求与答复，应以书面形式进行，但不允许更改投标报价或投标的实质性内容。

6. 授予合同

（1）中标

1）招标人应将确定中标人的中标通知书报招标投标监督机构备案后发出，并将中标结果书面通知所有未中标的投标人，中标通知书将成为合同的组成部分。

2）不管中标结果如何，招标人都有权拒绝任何投标人要求对评标、定标情况和未中标原因作出任何解释。

3）拟派担任项目经理的注册建造师应遵守《注册建造师管理规定》。

4）中标人收到中标通知书后，应在30天内与招标人签订施工合同。

5）中标人总包和分包的约定：不得转包，不得违法分包。

（2）合同签订

1）招标人与中标人应根据《中华人民共和国合同法》《中华人民共和国招标投标法》《中华人民共和国招标投标法实施条例》的规定，依据招标文件和中标人的投标文件双方签订施工合同。

2）中标人中标后，应向招标人提交10%中标金额的履约保证金，履约保证金转入招标人指定账户。

投标人履约保证金为工程竣工验收合格后28天内一直有效。

3）中标人逾期未同招标人签订合同，招标人将不退还中标人的投标保证金，并取消中标人的中标资格，招标人将有权依法依序另行选择其他中标排序人中标；如在法律规定期限内由于招标人的原因未同中标人签订合同，中标人有权依法要求招标人承担法律责任并赔偿经济损失。

4）招标人与中标人均应忠实履行合同，当发生合同当事人不履行合同，招标人可要求担保人承担履约保证金内的全部担保责任。

5）设计变更的工程量增减的合同价款调整在合同中约定。

6）招标人与中标人签订的合同按规定报招标投标监督机构备案。

7）招标人支付担保函和承包商（中标人）履约担保函、低价中标风险履约担保函、承包商（中标人）供货保函等担保函均采用《工程担保合同示范文本（试行）》。

第三节 合同主要内容

施工合同采用《建设工程施工合同》GF—2013—0201示范文本。

合同协议条款将由招标人与中标人结合本工程具体情况协商后签订。以下为招标人提出的合同协议条款主要内容，涉及投标人的条款在投标文件中进行承诺。

1. 施工组织设计和工期

（1）进度计划

中标人必须按批准的进度计划组织施工，接受招标人代表或监理工程师对进度的监督、检查。工程实际进度与进度计划不符时，中标人应按招标人代表或监理工程师的要求提出改进措施，报招标人批准后实施。

（2）工程工期

本工程招标人要求工期120日历天。

（3）工期延误

1）如果由于以下原因造成竣工日期推迟延误，经招标人代表确认后，中标人有理由延期完成工程或部分工程，招标人应同中标人商议决定延长竣工时间的期限。

①额外的或附加的工程数量。

②由招标人原因造成的延误、障碍、阻止。

③不可抗力。

④可能会出现的，不属中标人的过失或违约造成的。

2）非上述原因，中标人不能按合同工期完成，应承担违约责任，并向招标人支付赔偿费。赔偿费支付按合同工期每推延一天赔偿合同价格的　　　。

招标人可从应向中标人支付的任何金额中扣除此项赔偿费。此赔偿费的支付并不能解除中标人完成工程的责任或合同规定的其他责任。

（4）工期提前

本工程合同工期提前不给予奖励。

2. 质量与安全

（1）工程质量

1）本工程的工程质量应符合国家工程质量验收标准合格以上要求，中标人应按现行的国家施工验收规范和质量评定标准和设计图纸、施工说明书、设备说明书、设计变更等技术文件为依据施工。

2）中标人自报的工程质量标准为合同约定条件。

3）如工程质量达不到约定条件的部分，一经发现，可要求中标人返工，直至达到合同约定条件，并由中标人承担返工费用。

4）因招标人原因达不到质量等级约定条件，由招标人承担返工的经济支出，工期相应顺延。

（2）工程安全

严格执行《中华人民共和国安全生产法》、《中华人民共和国建筑法》、《建设工程安全生产管理条例》、《安全生产许可证条例》等法律和法规的规定。

3. 合同价款与支付

（1）合同价款的确定及调整

1）招标人期望中标价即为中标价，中标价即为合同价，任何一方不得违法擅自改变，属允许范围内的价格调整由中标人、投标人双方依法按规定在合同协议条款中具体明确。

2）建筑工程安全生产、文明施工措施费用严格执行《建筑工程安全防护、文明施工措施费用及使用管理规定》。

（2）工程款支付

各标段工程款的支付：每月在发包人核定工程量及费用报审批后，支付核定费用的70%作为工程进度款；工程竣工验收合格并经财政和审计部门决算审计后，支付至审定价款的97%，工程结算价以审计部门审定为准；余款3%在保修期满后（保修期一年）按规定付清，承包人应同时提供税务部门开具的建安工程发票。

4. 材料设备供应

（1）招标人供应材料、设备

招标人供应材料、设备的种类、规格、数量、单价详见本招标文件附表。

（2）中标人采购材料、设备

除招标人供应材料、设备外均需中标人自行采购，但质量应得到招标人确认。

5. 保修

（1）保修

1）中标人应按《建设工程质量管理条例》和《房屋建筑工程质量保修办法》规定依法对本工程进行保修。

2）中标人、招标人双方在签订施工合同时必须同时按建设部、国家工商行政管理局推行的《房屋建筑工程质量保修书》示范文本签订保修书，保修期从工程竣工验收合格之日算起。

3）保修期限执行《建设工程质量管理条例》，保修费用执行《建设工程质量保证金管理暂行办法》。按国家规定并在工程质量保修书中具体明确。

第四节 技术规范

本工程执行国家相关的工程技术规范及标准和省相关地方标准。

1. 本工程采用的技术规范

按国家现行有关技术、施工及验收规范和质量检验标准及省市建设行政主管部门强制性文件、标准、规范。

2. 对材料的质量和试验要求

材料应提供三证（出厂证、合格证、材料验收报告），材料试验应按国家有关规定进行见证取样。

3. 对施工工艺的特殊要求

按国家有关现行规范标准和图纸执行。

第五节　投标文件格式（略）

第六节　图纸和技术资料

详见招标人提供的施工图纸和技术资料。

第七节　工程量及招标控制价资料（略）

本工程属于基本农田水利工程，其招标评标采用了《房屋建筑和市政基础设施工程施工招标投标评标办法》，同时兼顾了水利工程的特性。本工程招标有如下特点：一是对施工企业资质要求较低，具有市政公用工程施工总承包叁级及以上或水利水电工程施工总承包叁级及以上资质均可，且资质不作为加分的条件，让更多的潜在投标人参与投标；二是采取电子化招标程序，投标人在公共资源交易网上报名，且不组织现场踏勘和招标答疑会，有效地防范了围标、串标现象的发生；三是因工程量不算大（工程总投资在5000万元以下）、技术要求不高，采取报价承诺法评标简化了招标评标程序，不需要投标人编制施工组织设计减轻了投标人的工作量；四是采取抽签、然后由评标委员会进行资格后审的方法来确定中标人，体现了"公开、公平"的原则，减少了投诉现象，大多数投标人对招标结果无意见。但也存在一些缺陷：一是由于没有将施工企业的资质等级、业绩、项目经理的资质及业绩等作为评分标准，难实现择优选用施工队伍的招标目的；二是将招标人的期望中标价作为投标人的唯一报价，不利于投标人在合理低价的范围内展开竞争；三是偏重于随机性（靠抽签来确定中标人），不利于促进投标人综合素质的提升；四是在中标后的施工管理及工程结算阶段，可能会因为缺乏竞争性而出现一些扯皮现象，不利于建设项目管理。

9.4 案例四：某工程材料设备采购

某活动中心工程属政府投资项目，项目需采购与安装电梯设备 5 台。按照相关规定，其电梯设备采取政府采购方式公开招标，委托招标代理机构运作，其招标文件主要内容如下：

电子化政府采购公开招标文件

第一章 投标邀请

某招标公司受招标人委托，依据　　号采购计划确定的采购方式，对其所需货物和附属售后服务进行电子化公开招标采购，欢迎符合资格条件的投标人投标。

项目名称：某活动中心电梯设备采购与安装项目

招标编号：

采购人联系方式：采购人名称、地址、联系人、联系电话

采购代理机构联系方式：采购代理机构名称、地址、联系人、联系电话、传真、电子函件

采购项目预算：人民币　　万元。

采购项目最高限价：人民币　　万元。

1. 采购人的采购需求（表 9.4-1）

采购人的采购需求　　　　　表 9.4-1

货物名称	简要说明	数量	采购项目编号	备注
某活动中心电梯安装与采购	电梯安装与采购	5 台		采购预算人民币 （万元）

2. 投标人的资格条件

（1）具有独立承担民事责任的能力；

（2）具有良好的商业信誉和健全的财务会计制度；

（3）具有履行合同所必须的设备和专业技术能力；

（4）有依法缴纳税收和社会保障资金的良好记录；

（5）参加政府采购活动前三年内，在经营活动中没有重大违法记录；

（6）制造商具有特种设备制造许可证和国家技术监督部门颁发的特种设备（电梯）安装、改造、维修A级资质；

（7）法律、行政法规规定的其他条件及项目特殊要求。

1）单位负责人为同一人或者存在直接控股、管理关系的不同投标人，不得参加同一合同项下的采购活动；

2）为采购项目提供整体设计、规范编制或者项目管理、监理、检测等服务的投标人不得参加该采购项目的采购活动；

3）投标人被"信用中国"网站列入失信被执行人和重大税收违法案件当事人名单的、被"中国政府采购网"网站列入政府采购严重违法失信行为记录名单（处罚期限尚未届满的），不得参与本项目的政府采购活动；

4）投标产品属于政府强制采购节能产品的，必须为招标公告发布之日前财政部、国家发展改革委公布节能产品政府采购清单最新一期的产品；

5）本项目不接受联合体投标；

6）所投的产品不是投标人自己制造的，产品应具有有效的制造商授权；

7）其他资格条件。

3. 获取招标文件的时间和期限、地点、方式

（1）有意向的投标人必须在省公共资源交易网注册并办理CA数字证书和电子签章。

（2）有意向的投标人可自　　年　　月　　日（同公告发布之日）至　　年　　月　　日（北京时间），在省公共资源交易网上报名和下载招标文件。

4. 招标公告期限

自发布之日起 9 个工作日

5. 投标截止时间、开标时间及地点

（1）投标人必须在投标截止时间前将电子投标文件上传至省公共资源交易网，逾期作无效投标处理。

（2）投标截止时间和开标时间为　　　年　　　月　　　日　　　时（北京时间）。届时请投标人的法定代表人或经正式授权的代表携带 CA 数字证书出席开标大会，签到时间以递交 CA 数字证书时间为准。

（3）CA 数字证书递交地点和开标地点：（略）

6. 投标保证金

投标保证金缴纳方式、户名、开户行、账号及金额详见招标文件。

7. 采购代理服务费

本项目采购代理服务费向中标人收取，收费标准详见招标文件。

8. 采购项目联系方式

项目联系人：

项目联系电话：

第二章　投标人须知

1. 投标人须知前附表（表 9.4-2）

投标人须知前附表　　　　表 9.4-2

序号	条款号	内　　　容
1	2.（1）	项目名称及招标编号：详见第一章 投标邀请
2	2.（2）1）	采购人名称：详见第一章 投标邀请
3	2.（2）2）	采购代理机构：详见第一章 投标邀请
4	2.（3）2）	本项目是否接受联合体投标：不接受

序号	条款号	内　　容
5	2.（7）	投标人应当提交的资格、资信证明文件的要求：2.（7）1）～2.（7）10）； 2.（7）11）其他文件：＿＿＿＿／＿＿＿＿
6	2.（8）	为落实政府采购政策，采购标的需满足的要求，以及投标人须提供的证明材料
7	3.（3）	采用最低评标价法的项目，提供相同品牌产品的不同投标人参加同一合同项下投标的，报价相同的按第（2）种办法确定参加评标的投标人： （1）由采购人确定； （2）由评标委员会采用随机抽取的方式确定。 采用综合评分法的项目，提供相同品牌产品且通过资格审查、符合性审查的不同投标人参加同一合同项下投标的，评审得分相同的按第（1）办法确定一个投标人获得中标人推荐资格： （1）直接确定为投标报价最低者； （2）由采购人确定； （3）由评标委员会采用随机抽取的方式确定
8	3.（6）	投标保证金： 投标保证金金额：人民币　万元。 本项目保证金应当采用支票、汇票、本票、网上银行支付或者金融机构、担保机构出具的保函等非现金形式交纳。 供应商须在　年　月　日　时之前向采购代理机构提交保证金。 投标保证金银行账户信息： 户　名： 开户行： 账　号：
9	3.（7）1）	投标有效期：从提交投标文件的截止之日起90天
10	3.（8）1）	投标截止时间：详见第一章投标邀请； 加盖电子签章的电子版投标文件必须在投标截止时间前上传到省公共资源交易网； CA数字证书必须在投标截止时间前送达指定的开标地点
11	3.（9）1）	本项目是否允许分包：不允许
12	4.（1）	开标时间：详见第一章投标邀请 开标地点：详见第一章投标邀请
13	5.（16）1）	评标方法：最低评标价法

序号	条款号	内　　容
14	5.（16）2）	评标标准（详见第六章评标标准）
15	7.（3）	履约保证金金额：合同总价的5%

序号	条款号	内　　容		
16	9.（1）	采购代理服务费：按第一章投标邀请，采购代理服务费按差额定率进法计算收取，收费标准如下表所列： 收费标准＝中标金额 × 收费费率＋速算增加数收费标准		
		中标金额 （万元）	货物招标收费费率	速算增加数 （万元）
		100 以下	1.5%	0
		100～500	1.1%	0.4

2. 招标

（1）适用范围

本招标文件仅适用于本"投标邀请"中所述货物和附属售后服务的采购。

（2）定义

1）采购人：详见投标人须知前附表（表9.4-2）；

2）采购代理机构：某招标公司；

3）投标人：是指响应招标、参加投标竞争的法人、其他组织或者自然人。

（3）合格投标人

1）投标人的资格条件：详见第一章投标邀请；

2）联合体投标：本项目不接受联合体投标。

（4）投标费用

投标人应自行承担所有与准备和参加投标有关的全部费用。不论投标的结果如何，采购代理机构均无义务和责任承担这些费用。

（5）投标人代表

指全权代表投标人参加投标活动并签署投标文件的人。如果投标人代表不是法定代表人，须持有《法定代表人授权书》。

（6）招标文件的构成

1）要求提供的货物和附属服务、招标过程和合同条款在招标文件中均有说明。

2）除非有特殊要求，招标文件不单独提供招标货物和附属售后服务使用地的自然环境、气候条件、公用设施等情况，投标人被视为熟悉上述与履行合同有关的一切情况。

（7）投标人应当提交的资格、资信证明文件的要求

1）具有独立承担民事责任的能力的资格证明文件；

2）具有良好的商业信誉和健全的财务会计制度的证明文件；

3）具有履行合同所必须的设备和专业技术能力的证明文件；

4）有依法缴纳税收和社会保障资金的良好记录的证明文件；

5）参加政府采购前3年内，在经营活动中没有重大违法记录的证明文件；

6）法定代表人授权书；

7）投标人的资格声明；

8）投标保证金凭证及退还投标保证金的信息；

9）制造商出具的授权函或投标人与制造商的经销协议、代理协议；

10）联合体协议（适用于联合体投标）；

11）其他资格证明文件。

（8）为落实政府采购政策，采购标的需满足的要求，以及投标人须提供的证明材料

1）中小企业（含中型、小型、微型企业，下同）参加投标

①中小企业应当同时符合以下条件：

A. 符合中小企业划分标准；

B. 提供本企业制造的货物，或者提供其他中小企业制造的货物。本项所称货物不包括使用大型企业注册商标的货物；

C. 小型、微型企业提供中型企业制造的货物的，视同为中型企业；

② 中小企业参加投标须提供的证明材料：

A. 中、小、微企业参加政府采购项目投标时，必须提供《中小企业声明函》以及企业所在地的县级以上中小企业主管部门出具的中、小、微企业认定有效证明；

B. 中、小、微企业参加政府采购项目投标时，提供其他中小企业制造货物的，必须同时提供货物制造企业的《中小企业声明函》以及企业所在地的县级以上中小企业主管部门出具的中、小、微企业认定有效证明。

2）监狱企业参加投标

① 监狱企业应当符合以下条件：

监狱企业是指由司法部认定的为罪犯、戒毒人员提供生产项目和劳动对象，且全部产权属于司法部监狱管理局、戒毒管理局、直属煤矿管理局，各省、自治区、直辖市监狱管理局、戒毒管理局，各地（设区的市）监狱、强制隔离戒毒所、戒毒康复所，以及新疆生产建设兵团监狱管理局、戒毒管理局的企业。

② 监狱企业参加投标须提供的证明材料：

监狱企业参加政府采购活动时，应当提供由省级以上监狱管理局、戒毒管理局出具的属于监狱企业的证明文件。

3）残疾人福利性单位参加投标

① 享受政府采购支持政策的残疾人福利性单位应当同时满足以下条件：

A. 安置的残疾人占本单位在职职工人数的比例不低于25%（含25%），并且安置的残疾人人数不少于10人（含10人）；

B. 依法与安置的每位残疾人签订了一年以上（含一年）的劳动合同或服务协议；

C. 为安置的每位残疾人按月足额缴纳了基本养老保险、基本医疗保险、失业保险、工伤保险和生育保险等社会保险费；

D. 通过银行等金融机构向安置的每位残疾人，按月支付了不低于单位所在区县适用的经省级人民政府批准的月最低工资标准的工资；

E. 提供本单位制造的货物、承担的工程或者服务（以下简称产品），或者提供其他残疾人福利性单位制造的货物（不包括使用非残疾人福利性单位注册商标的货物）。

前款所称残疾人是指法定劳动年龄内，持有《中华人民共和国残疾人证》或者《中华人民共和国残疾军人证（1～8级）》的自然人，包括具有劳动条件和劳动意愿的精神残疾人。在职职工人数是指与残疾人福利性单位建立劳动关系并依法签订劳动合同或者服务协议的雇员人数。

②残疾人福利性单位参加投标须提供的证明材料：

A. 符合条件的残疾人福利性单位在参加政府采购活动时，应当提供《残疾人福利性单位声明函》，并对声明的真实性负责。

B. 投标人提供的《残疾人福利性单位声明函》与事实不符的，依照《政府采购法》的规定追究法律责任。

4）节能产品、环境标志产品参加投标

①节能产品是指列入《节能产品政府采购清单》的产品；

②环境标志产品是指列入《环境标志产品政府采购清单》的产品；

③《节能产品政府采购清单》、《环境标志产品政府采购清单》以招标公告发布之日前《中国政府采购网》发布的最新一期为准；

④如属节能清单、环保清单的产品，需提供产品及型号所在清单页的扫描件并用标识标明或证书的扫描件；

⑤对于同时列入环保清单和节能产品政府采购清单的产品，应当优先于只列入其中一个清单的产品；

⑥招标文件对节能产品、环境标志产品另有规定的从其规定。

（9）对小型和微型企业、监狱企业、残疾人福利性单位产品参加投标享受的政策

1）对小型和微型企业产品的价格给予6%的扣除，用扣除后的价格参与评审。

2）监狱企业视同小型、微型企业，享受评审中价格扣除等政府促进中小企业发展的政府采购政策。

3）残疾人福利性单位视同小型、微型企业，享受评审中价格扣除等政府促进中小企业发展的政府采购政策；福利性单位属于小型、微型企业的，不重复享受政策。

4）鼓励大中型企业和其他自然人、法人或者其他组织与小型、微型企业组成联合体共同参加非专门面向中小企业的政府采购活动。联合协议中约定，小型、微型企业的协议合同金额占到联合体协议合同总金额30%以上的，可给予联合体2%的价格扣除。（适用于联合体投标）

联合体各方均为小型、微型企业的，联合体视同为小型、微型企业。（适用于联合体投标）

组成联合体的大中型企业和其他自然人、法人或者其他组织，与小型、微型企业之间不得存在投资关系。（适用于联合体投标）

（10）招标文件的修改

1）采购代理机构可以对已发出的招标文件进行必要澄清或者修改，澄清或者修改的内容可能影响投标文件编制的，采购代理机构在投标截止时间至少15日前，在政府采购网以及省公共资源交易网上发布更正公告，上传答疑澄清文件。不足15日的，采购代理机构应当顺延提交投标文件的截止时间。

2）已下载招标文件的投标人必须在省公共资源交易网上下载答疑澄清文件。投标人因未下载答疑澄清文件、由此可能引起的投标文件递交失败、解密失败、内容缺失等相关后果由投标人自行承担。

3）当招标文件和澄清文件在同一内容的表述上不一致时，

以最后发出的文件为准。

4）更正或者修改的内容是招标文件的组成部分，并对投标人具有约束力。

3. 投标

（1）投标文件的编制

1）投标人应当按照招标文件的要求编制投标文件。投标文件应当对招标文件提出的要求和条件作出明确响应。

2）招标文件中注明不可以采购进口产品的（见第一章投标邀请），不允许提供进口产品参与采购活动；提供进口产品参与采购活动的，被视为投标无效。

3）投标文件因字迹潦草或表达不清所引起的后果由投标人负责。

（2）投标文件计量单位

投标文件中所使用的计量单位，除招标文件中有特殊要求外，应采用国家法定计量单位。

（3）提供相同品牌产品的不同投标人参加同一合同项下投标的，参加评标、获得中标人推荐资格的认定

1）采用最低评标价法的采购项目，提供相同品牌产品的不同投标人参加同一合同项下投标的，以其中通过资格审查、符合性审查且报价最低的参加评标；报价相同的，由采购人或者采购人委托评标委员会按照投标人须知前附表规定的方式确定一个参加评标的投标人，招标文件未规定的采取随机抽取方式确定，其他投标无效。

2）使用综合评分法的采购项目，提供相同品牌产品且通过资格审查、符合性审查的不同投标人参加同一合同项下投标的，按一家投标人计算，评审后得分最高的同品牌投标人获得中标人推荐资格；评审得分相同的，由采购人或者采购人委托评标委员会按照投标人须知前附表规定的方式确定一个投标人获得中标人推荐资格，招标文件未规定的采取随机抽取方式确定，其他同品牌投标人不作为中标候选人。

3）非单一产品采购项目，多家投标人提供的全部核心产品品牌相同的，按前两款规定处理。核心产品见投标人须知前附表（表9.4-2）。

（4）投标文件的构成

1）投标文件应由下列部分构成（格式详见第四章投标文件格式）：

①投标书；

②开标一览表；

③分项报价表；

④开标一览明细表；

⑤技术需求响应/偏离表；

⑥商务条件响应/偏离表；

⑦投标人应当提交的资格、资信证明文件；

⑧为落实政府采购政策投标人须提供的证明材料；

⑨技术文件；

⑩其他资料。

2）投标人应编写投标文件目录及页码

（5）投标报价

1）所有投标均以人民币报价，报价内容包含招标文件规定的货物附属售后服务；标准附件；备品备件；专用工具；安装、调试、检验；培训；技术服务；运至最终目的地的运费和保险费等相关费用。

2）投标人要按开标一览表（统一格式）和分项报价表（统一格式）、开标一览明细表的内容填写产品单价、总价及其他事项。投标总价中不得包含招标文件要求以外的内容，否则，在评标时不予核减。若投标人不同意，投标无效。

3）投标总价中如缺漏招标文件所要求的内容，投标人中标后须提供，且中标价以投标报价为准；若投标人不同意，投标无效。

4）投标人所报的投标价在合同执行过程中是固定不变的，

不得以任何理由予以变更。投标人应对所有招标内容进行投标，且只提供最优方案一套，投标人提交任何包含价格调整要求的投标将按非实质性响应投标，投标无效。

5）投标人如需用外汇购入某些投标货物，须折合人民币（包含进口环节税）计入总报价中。

6）最低报价不能作为中标的保证。

（6）投标保证金

1）投标人须在投标文件递交截止时间之前向采购代理机构提交投标保证金，并作为其投标文件的一部分，详见投标人须知前附表（表 9.4-2）。

2）任何未按"投标人须知第 3.（6）条"要求提交投标保证金的投标文件，投标无效。

3）自中标通知书发出之日起 5 个工作日内退还未中标人的投标保证金，自采购合同签订之日起 5 个工作日内退还中标人的投标保证金。

4）投标人在投标截止时间前撤回已提交的投标文件的，采购代理机构应当自投标截止之日起 5 个工作日内，退还已收取的投标保证金，但因投标人自身原因导致无法及时退还的除外。

5）下列任何情况发生时，不予退还其交纳的投标保证金：

①投标人在投标有效期内撤回其投标；

②中标人未按招标文件所述规定签订合同；

③中标人未按规定缴付采购代理服务费；

④中标人未按规定提交履约保证金；（如招标文件要求提交履约保证金）；

⑤中标人提供虚假材料和文件意图骗取中标。

（7）投标有效期

1）投标有效期从提交投标文件的截止之日起算。投标文件中承诺的投标有效期应不少于招标文件中载明的投标有效期。并在投标文件中承诺的投标有效期内保持有效。招标文件中载明的投标有效期详见"投标人须知前附表"，投标有效期不足的投标，投标无效。

2）在特殊情况下，采购代理机构可延长投标有效期。延长投标有效期在政府采购网以及省公共资源交易网上发布，延期函以网上公告的形式通知所有已参加投标的投标人。已参加投标的投标人应以书面形式答复采购代理机构，同意延长有效期的投标人不能修改其投标文件，有关投标保证金的规定在投标有效期的延长期内继续有效。

（8）投标文件的递交

1）投标截止时间

①投标截止时间详见第一章投标邀请。

②电子版投标文件必须在招标文件规定的投标截止时间前上传到省公共资源交易网，CA数字证书必须在招标文件规定的开标地点和投标截止时间前送达，否则投标无效。

③采购代理机构推迟投标截止时间，在政府采购网以及省公共资源交易网上发布延期公告，延期函以网上公告的形式通知所有已下载招标文件的投标人。在这种情况下，采购代理机构、采购人和投标人受投标截止时间制约的所有权利和义务均应延长至新的投标截止时间。

2）迟交的投标文件

在投标截止时间以后送达的CA数字证书，采购代理机构将拒绝接收。

3）投标文件的修改和撤回

①在投标截止时间前，投标人修改或撤回投标文件的，投标人可以在省公共资源交易网上重新上传修改后投标文件或撤回其投标。

②从投标截止期至投标有效期期满这段时间内，投标人不得撤回其投标，否则不予退还其交纳的投标保证金。

（9）分包的规定

1）本项目是否允许分包：不允许；

2）在中标后将中标项目的非主体、非关键性工作分包的，应当在投标文件中载明分包承担主体，分包承担主体应当具备相应资质条件且不得再次分包（适用于允许分包）。

（10）恶意串通等行为的处理及串通投标情形的认定

1）投标人应当遵循公平竞争的原则，不得恶意串通，不得妨碍其他投标人的竞争行为，不得损害采购人或者其他投标人的合法权益。

在评标过程中发现投标人有上述情形的，评标委员会应当认定其投标无效，并书面报告本级财政部门。

2）有下列情形之一的，视为投标人串通投标，其投标无效：

①不同投标人的投标文件由同一单位或者个人编制；

②不同投标人委托同一单位或者个人办理投标事宜；

③不同投标人的投标文件载明的项目管理成员或者联系人员为同一人；

④不同投标人的投标文件异常一致或者投标报价呈规律性差异；

⑤不同投标人的投标文件相互混装；

⑥不同投标人的投标保证金从同一单位或者个人的账户转出。

4. 开标

（1）采购代理机构在"投标邀请"中规定的时间和地点组织公开开标。开标时所有投标人代表须携带 CA 数字证书参加，并应签名和递交 CA 数字证书以证明其出席。签到时间以递交 CA 证书时间为准。

（2）开标由采购人或者采购代理机构主持，邀请投标人参加。评标委员会成员不得参加开标活动。

（3）投标截止时间前投标人未递交 CA 数字证书或 CA 数字证书无法解密投标文件的，投标无效。

（4）开标时，采购代理机构将宣读投标人名称、投标总价以及采购代理机构认为合适的其他内容。

投标人不足 3 家的，不得开标。

（5）只有开标时唱出的内容，在评标时才予以考虑。在开标时没有宣读的投标文件，在评标时将不予考虑。

（6）开标过程应当由采购代理机构负责记录，并随采购文件一并存档。

投标人代表对开标过程和开标记录有疑义，以及认为采购人、采购代理机构相关工作人员有需要回避的情形的，应当场提出询问或者回避申请。采购人、采购代理机构对投标人代表提出的询问或者回避申请应当及时处理。

投标人未参加开标的，视同认可开标结果。

5. 评标

（1）公开招标采购项目开标结束后，采购人或者采购代理机构应当依法对投标人的资格进行审查。

合格投标人不足 3 家的，不得评标。

（2）招标代理机构将在开、评标期间查询投标人的信用记录并告知评标委员会，经评标委员会评审确定投标人存在不良信用记录的，其投标无效；查询到的不良信用记录随采购文件存档。

1）根据财政部《关于在政府采购活动中查询及使用信用记录有关问题的通知》，不良信用记录指：投标人在"信用中国"网站被列入失信被执行人和重大税收违法案件当事人名单或在中国政府采购网被列入政府采购严重违法失信行为记录名单。

2）投标人不良信用记录以招标代理机构查询结果为准，招标代理机构查询之后，网站信息发生的任何变更均不再作为评标依据，投标人自行提供的与网站信息不一致的其他证明材料亦不作为评标依据。

（3）评标委员会

评标由依照有关法规组建的评标委员会负责。

（4）评标委员会应当对符合资格的投标人的投标文件进行符合性审查，以确定其是否满足招标文件的实质性要求。

（5）对于投标文件中含义不明确、同类问题表述不一致或者有明显文字和计算错误的内容，评标委员会应当以书面形式要求投标人作出必要的澄清、说明或者补正。

投标人的澄清、说明或者补正应当采用书面形式，并加盖公章，或者由法定代表人或其授权的代表签字。投标人的澄清、说明或者补正不得超出投标文件的范围或者改变投标文件的实质性内容。

（6）评标委员会应当按照招标文件中规定的评标方法和标准，对符合性审查合格的投标文件进行商务和技术评估，综合比较与评价。

（7）采用综合评分法的，评标结果按评审后得分由高到低顺序排列。得分相同的，按投标报价由低到高顺序排列；得分且投标报价相同的，按节能环保产品金额占投标报价比例（简称"比例"）由高到低顺序排列；得分、投标报价及比例相同的，由评标委员会随机抽取。

（8）采用最低评标价法的，评标结果按投标报价由低到高顺序排列。投标文件满足招标文件全部实质性要求且投标报价最低的投标人为排名第一的中标候选人。投标报价相同的按节能环保产品金额占投标报价比例（简称"比例"）由高到低顺序排列；投标报价及比例相同的，由评标委员会随机抽取。

（9）评标委员会根据全体成员签字的原始评标记录和评标结果编写评标报告。

（10）投标文件报价出现前后不一致的，除招标文件另有规定外，按照下列规定修正：

1）投标文件中开标一览表（报价表）内容与投标文件中相应内容不一致的，以开标一览表（报价表）为准；

2）大写金额和小写金额不一致的，以大写金额为准；

3）单价金额小数点或者百分比有明显错位的，以开标一览表的总价为准，并修改单价；

4）总价金额与按单价汇总金额不一致的，以单价金额计算结果为准。

同时出现两种以上不一致的，按照前款规定的顺序修正。修正后的报价按照投标人的澄清、说明或者补正应当采用书面形式，并加盖公章，或者由法定代表人或其授权的代表签字。投标人的澄清、说明或者补正不得超出投标文件的范围或者改变投标文件的实质性内容的规定经投标人确认后产生约束力，投标人不确认的，其投标无效。

（11）评标委员会认为投标人的报价明显低于其他通过符合性审查投标人的报价，有可能影响产品质量或者不能诚信履约的，应当要求其在评标现场合理的时间内提供书面说明，必要时提交相关证明材料；投标人不能证明其报价合理性的，评标委员会应当将其作为无效投标处理。

（12）投标人存在下列情况之一的，投标无效：

1）未按照招标文件的规定提交投标保证金的；

2）投标文件未按招标文件要求签署、盖章的；

3）不具备招标文件中规定的资格要求的；

4）报价超过招标文件中规定的预算金额或者最高限价的；

5）投标文件含有采购人不能接受的附加条件的；

6）法律、法规和招标文件规定的其他无效情形。

（13）在招标采购中，出现下列情形之一的，应予废标：

1）符合专业条件的投标人或者对招标文件作实质响应的投标人不足3家的；

2）出现影响采购公正的违法、违规行为的；

3）投标人的报价均超过了采购预算，采购人不能支付的；

4）因重大变故，采购任务取消。

（14）评标委员会发现招标文件存在歧义、重大缺陷导致评标工作无法进行，或者招标文件内容违反国家有关强制性规定的，应当停止评标工作，与采购人或者采购代理机构沟通并作书面记录。采购人或者采购代理机构确认后，应当修改招标文件，重新组织采购活动。

（15）评标委员会决定投标的实质性响应，只根据投标本身的真实无误的内容，除查询投标人信用记录，其他评审工作不依据外部的证据，但投标有不真实不正确的内容时除外。

（16）评标方法和评标标准

1）评标方法，见"投标人须知前附表"

①综合评分法，是指投标文件满足招标文件全部实质性要求，且按照评审因素的量化指标评审得分最高的投标人为中标候选人的评标方法。

②最低评标价法，是指投标文件满足招标文件全部实质性要求，且投标报价最低的投标人为中标候选人的评标方法。

2）评标标准（详见第六章评标标准）

6. 意外情况的情形和处理

（1）意外情况的情形

因客观原因造成电子化政府采购系统无法正常运行、或者无法保证采购活动信息安全，应采取意外情况的处理措施。意外情况包括以下情形：

1）网络系统及其他设备发生故障，导致无法访问网站或无法使用电子化政府采购系统的；

2）电子化政府采购系统的软件或网络数据库出现错误，导致无法正常操作的；

3）电子化政府采购系统发现有安全漏洞，有潜在泄密危险的；

4）其他无法保证采购活动正常进行的。

（2）意外情况的处理

出现上述情况，故障当日（工作时间内）可排除的，电子化政府采购恢复进行；如故障当日无法排除的，采购活动终止，重新组织采购活动。

7. 中标和合同

（1）中标人的确定

采购人应当自收到评标报告之日起5个工作日内，在评标报告确定的中标候选人名单中按顺序确定中标人。

（2）中标结果公告

中标人确定后，采购代理机构在省公共资源交易网和政府采购网上公告中标结果，中标公告期限为1个工作日。

（3）履约保证金

1）中标人在与采购人签订采购合同之前，应向采购人提交"投标人须知前附表"规定的履约保证金。履约保证金按采购人的要求汇入采购人指定账户。

2）履约保证金用于补偿因中标人不能完成其合同义务而使采购人蒙受的损失。

3）如果中标人没有按本须知第7.（3）条规定执行，采购代理机构将不予退还其交纳的投标保证金。采购人将有充分理由取消该中标决定，在此情况下可以与排位在中标人之后第一位的中标候选人签订政府采购合同，以此类推；或重新组织招标。

4）履约保证金在项目验收合格后一个月内全额退还，不付利息。

（4）签订合同

1）中标人应按中标通知书规定的时间、地点与采购人签订合同，否则按开标后撤回投标处理。

2）招标文件、中标人的投标文件及评标过程中有关澄清文件均为签订合同的依据。

3）中标通知书是合同的一个组成部分。

4）采购人与中标人应当根据合同的约定依法履行合同义务。

政府采购合同的履行、违约责任和解决争议的方法等适用《中华人民共和国合同法》。

5）采购人应当加强对中标人的履约管理，并按照采购合同约定，及时向中标人支付采购资金。对于中标人违反采购合同约定的行为，采购人应当及时处理，依法追究其违约责任。

6）合同履行中，采购人需追加与合同标的相同的货物的，在不改变合同其他条款的前提下，可以与中标人协商签订补充合同，但所有补充合同的采购金额不得超过原合同采购金额的百分之十。

7）中标人拒绝与采购人签订合同的，采购人可以按照评标报告推荐的中标候选人名单排序，确定下一候选人为中标人，也可以重新开展政府采购活动；拒绝签订政府采购合同的中标人不得参加该项目重新开展的采购活动，并不予退还其交纳的投标保证金。

8. 询问和质疑

（1）询问

投标人对政府采购活动事项有疑问的，可以向采购人或者采购代理机构提出询问，采购代理机构应当在3个工作日内对投标人依法提出询问作出答复。

（2）质疑

1）投标人认为采购文件、采购过程和中标结果使自己的权益受到损害的，可以按以下规定提出质疑。

①对可以质疑的招标文件提出质疑的，为收到招标文件之日或者招标文件公告期限届满之日起7个工作日内，以书面形式向采购人或者采购代理机构提交；

②对招标过程提出质疑的，为各招标程序环节结束之日起7个工作日内，以书面形式向采购人或者采购代理机构提交；

③对中标结果提出质疑的，为中标结果公告期限届满之日起7个工作日内，以书面形式向采购人或者采购代理机构提交。

2）投标人提出质疑应当提交质疑函。质疑函应当包括但不限于下列内容：

①投标人的名称、地址、邮编、联系人及联系电话；

②质疑项目的名称、编号；

③质疑事项；

④事实依据和证明材料；

⑤法律依据；

⑥提出质疑的日期。

质疑函应当署名。投标人为自然人的，应当由本人签字；投标人为法人或者其他组织的，应当由法定代表人或者主要负责人签字盖章并加盖公章。对不是采购代理机构购买的招标文件质疑的，须同时提供下载招标文件的凭证。

9. 采购代理服务费

（1）如为中标人支付采购代理服务费，中标人在领取中标通知书时须按投标人须知前附表（表9.4-2）规定的收费标准，向采购代理机构缴纳采购代理服务费。在领取代理服务费发票时提供采购合同一份。

（2）采购代理服务费采用银行转账、支票、汇票、本票等非现金形式交纳。

（3）中标人如未按本须知第9.（1）条规定办理，采购代理机构将按规定不予退还其投标保证金。

10. 附则

解释权：

本招标文件是根据国家有关法律、法规以及政府采购管理有关规定编制，解释权属某招标公司。

第三章 拟签订的合同文本

甲方（采购单位）：

乙方（供货单位）：

签订时间： 年 月 日

签订地点：

根据《中华人民共和国合同法》及 年 月 日（招标代理机构名称）关于 项目的招标结果和招标文件（招标编号： ）的要求，经双方协商一致，签订本合同。详细价格、技术说明及其他有关合同货物的特定信息由合同附件予以说明，所有附件及本项目的招标投标文件、会议纪要、协议等均为本合同不可分割之一部分。

第一条 合同货物

乙方根据甲方要求提供以下货物：

序号	货物名称	规格型号	原产国	生产厂商	单位	数量	单价	单项合计

第二条 合同总价

总价为人民币（大写）： 。该合同总价是货物设计、制造、包装、仓储、运输、安装及验收合格之前及保修期内备品备件发生的所有含税费用。本合同执行期间合同总价不变。

第三条 专利权

乙方应保护甲方在使用该货物或其任何一部分时不受第三方提出侵犯专利权、商标权、著作权或其他知识产权起诉的指控。如果任何第三方提出侵权指控，乙方须与第三方交涉并承担可能发生的一切法律责任和费用。

第四条 包装和装运标志

（1）除合同另有规定外，乙方提供的全部货物，均应采用国家或专业标准保护措施进行包装，使包装适应于海运、或空运、或陆上长距离运输，并有良好的防潮、防振、防锈和防粗暴装卸等保护措施，确保货物安全无损运抵现场。由于包装不善所引起的货物锈蚀、损坏和损失造成的后果均由乙方承担。

（2）每件包装箱内应附一份详细装箱单和质量合格证。

（3）除合同另有规定外，装运标志均应采用国家或专业标准进行。由于标志不妥所造成货物损坏和损失的后果均由乙方承担。

第五条 质量

（1）乙方须提供全新的、符合国家有关质量标准和规范、环保要求的货物，其质量、规格及技术特征符合合同附件的要求。

（2）每台货物上均应钉有名牌（内容包括：制造商、货物名称、型号规格、出厂日期等）并附有产品质量检验合格标志。

（3）货物制造质量出现问题，乙方应负责三包（包修、包换、包退），费用由乙方负责。

（4）货到现场后由于甲方保管不当造成的质量问题，乙方亦应负责修理，但费用由甲方负担。

第六条　交货及验收

（1）在合同签订后　　　日内，乙方免费送货至甲方地点：　　，由甲方与乙方一起进行到货验收及由乙方免费完成货物和系统的安装调试工作，然后由双方共同进行质量验收，如质量验收合格，双方签署质量验收表。

（2）货物的到货验收包括：型号、规格、数量、外观质量及货物包装完整无损。

（3）货物和系统安装调试完成后10天之内，甲方无故不进行验收工作而使用货物的，视同已安装调试完成并验收合格。

（4）货物和系统调试验收的标准：按行业通行标准、厂方出厂标准和乙方投标文件的承诺（详见合同附件载明的标准，并不低于国家相关标准）。

（5）国内产品或合资厂的产品必须具备出厂合格证和原厂保修卡。

（6）乙方应将所提供货物的装箱清单、用户手册、原厂保修卡、随机资料及配件、随机工具等交付给甲方；乙方不能完整交付货物及本款规定的单证和工具的，视为未按合同约定付货，乙方必须负责补齐，因此导致逾期交付的，由乙方承担相关的违约责任。

第七条　付款方式

甲乙双方签订合同后支付合同总价的　　%，所有合同项下项目实施完毕，并经甲方验收合格后支付合同总价的　　%，剩余　　%作为质保金在质保期结束后10个工作日内付清。

第八条　售后服务

（1）乙方应为甲方提供免费培训服务，并指派专人负责与甲方联系售后服务事宜。主要培训内容为货物的基本结构、性能、主要部件的构造及处理，日常使用操作、保养与管理、常见故障的排除、紧急情况的处理等，如甲方未使用过同类型货物，乙方还需就货物的功能对乙方进行相应的技术培训，培训地点主要在货物安装现场或由甲方安排。

（2）质量保证期为：　　　；质保期自甲方在货物质量验收单上签字之日起计算，保修费用计入总价。

（3）质量保证期内，乙方负责对其提供的货物整机进行维修和系统维护，不再收取任何费用，但不可抗力（如火灾、雷击等）造成的故障除外。

（4）货物故障报修的响应时间为：工作期间（星期一至星期五8：00～18：00）为　　　小时；非工作期间为　　　小时；售后服务电话：　　　。

（5）若货物故障在检修8工作小时后仍无法排除，乙方应在48h内免费提供不低于故障货物规格型号档次的备用货物供甲方使用，直至故障货物修复。

（6）所有货物保修服务方式均为乙方上门保修，即由乙方派员到货物使用现场维修，由此产生的一切费用均由乙方承担。

（7）乙方须每隔半年上门对甲方进行回访（需由用户盖章确认）。

（8）保修期后的货物维护由双方协商再定。

第九条　违约责任

（1）甲方无正当理由拒收货物、拒付货款的，由甲方向乙方偿付合同总价的5‰的违约金。

（2）甲方应在合同规定时间内向乙方支付货款，每逾期1天甲方向乙方偿付欠款总额的5‰滞纳金，累计滞纳金总额不超过欠款总额的5‰。

（3）乙方不能交付货物，则由乙方向甲方支付合同总价的5‰的违约金。

（4）乙方逾期交付货物的，每逾期1天，乙方向甲方偿付逾期交货部分货款总额的5‰的滞纳金，累计滞纳金不超过逾期交货部分货款总额的 5‰，逾期交货超过 10 天，甲方有权终止合同，并按第九条第 3 款处理。

（5）乙方所交的货物品种、型号、规格不符合合同规定的，甲方有权拒收设备。乙方向甲方支付货款总额的 5‰的违约金。

（6）如经乙方两次维修，货物仍不能达到合同约定质量标准，甲方有权退货，乙方退回全部货款，并按第九条第 3 款处理，同时，乙方还须赔偿甲方因此遭受的损失。

（7）乙方所供货物必须权属清楚，不得侵害他人的知识产权，否则构成对甲方违约，违约金按第九条执行。

第十条 争议及仲裁

（1）因货物的质量问题发生争议，由质量监督部门或其指定的质量鉴定单位进行质量鉴定。货物符合标准的，鉴定费由甲方承担；货物不符合质量标准的，鉴定费由乙方承担。

（2）因本合同引起的争议，甲、乙双方应首先通过友好协商解决，如果协商或调解不能解决争议，则提请仲裁委员会按照其仲裁规则进行仲裁。

第十一条 其他

（1）本合同正副本　　份，具有同等法律效力，甲、乙双方各执　　份，招标代理机构　　份。合同自签字之日起即时生效。

（2）本合同未尽事宜，由双方协商处理。

甲方（盖章）：　　　　　　　　乙方（盖章）：

签约代表（签字）：　　　　　　签约代表（签字）：

地址：　　　　　　　　　　　　地址：

电话：　　　　　　　　　　　　电话：

传真：　　　　　　　　　　　　传真：

　　　年　　月　　日　　　　　年　　月　　日

第四章 投标文件格式

投标文件

项目名称: _____

招标编号: _____

投标单位（签章）

年　　月　　日

格式 1　投标书

致：某某招标公司

根据贵方为（项目名称）项目招标采购货物及有关服务的投标邀请（招标编号），签字代表（姓名、职务）经正式授权并代表投标人（投标人名称、地址）提交下述文件（电子版上传到省公共资源交易网）：

（1）投标书。

（2）开标一览表。

（3）分项报价表。

（4）开标一览明细表。

（5）技术需求响应/偏离表。

（6）商务条件响应/偏离表。

（7）投标人应当提交的资格、资信证明文件。

（8）为落实政府采购政策投标人须提供的证明材料。

（9）技术文件。

（10）其他资料。

（11）提交的投标保证金，金额为　　　　　　　　　。

据此函，签字代表宣布同意如下：

（1）所附开标一览表中规定的应提交和交付的货物投标总价为　　　　　　　（用文字和数字表示的投标总价）。

（2）投标人将按招标文件的规定履行合同责任和义务。

（3）投标人已详细审查全部招标文件，包括第（编号、补遗函）（如果有的话）。我们完全理解并同意放弃对这方面有不明及误解的权力。

（4）本投标有效期为从提交投标文件截止之日起90天。

（5）如果在规定的开标时间后，投标人在投标有效期内撤回投标，投标保证金不予退还。

（6）投标人同意提供按照贵方可能要求的与其投标有关的

一切数据或资料，完全理解贵方不一定接受最低价的投标或收到的任何投标。

（7）与本投标有关的一切正式往来信函请寄：

地址：　　　　　　　　传真：

电话：　　　　　　　　电子邮件：

投标人代表签字或签章

投标人签章

日期　　年　　月　　日

格式2　开标一览表

投标人按照电子化政府采购投标要求填写

格式3　分项报价表

投标人按照电子化政府采购投标要求填写

格式 4　开标一览明细表

投标人名称：

招标编号：　　　　　　　　　　　　包 号：

序号	名称	制造商、品牌	规格、型号	产地	数量	单价（元）	总价（元）	是否属于小、微企业、监狱企业或残疾人	是否属于节能、环保产品	备注
1										
2										
合　计：(大写)					人民币：(小写)					

注：1. 小、微企业产品、监狱或残疾人福利性单位产品须在明细表中注明，并在投标文件中提供相应证明材料，否则产生的一切后果由投标人承担。

2. 节能、环保产品需备注注明，同时标明该产品在节能、环保政府采购清单中的页码，并提供复印件或截图，否则产生的一切后果由投标人承担。（不属于节能、环保产品的不需提供）

3. 招标文件对节能、环保产品另有规定的从其规定。

投标人代表签字或签章：

格式 5 技术需求响应 / 偏离表

序号	招标文件条目号	招标技术需求	投标技术响应	响应 / 偏离	说明

注：1. 响应 / 偏离内容应在说明栏中说明该条款在投标文件中（或页码）依据；

2. 投标人不按上述表格填写，所产生的一切后果由投标人承担。

投标人代表签字或签章：

格式6　商务条件响应/偏离表

序号	招标文件条目号	招标文件的商务条件	投标文件的商务响应	响应/偏离	说明

注：1. 响应/偏离内容应在说明栏中说明该条款在投标文件中（或页码）的依据；

　　2. 商务条款包括工期、付款方式、质保期、验收及售后服务等内容；

　　3. 投标人不按上述表格填写，所产生的一切后果由投标人承担。

投标人代表签字或签章：

格式7 投标人应当提交的资格、资信证明文件

（1）具有独立承担民事责任的能力的资格证明文件。

如投标人是企业的（包括合伙企业）应提供有效的"企业法人营业执照"或"营业执照"；如投标人是事业单位的应提供"事业单位法人证书"；如投标人是非企业专业服务机构的应提供执业许可证等证明文件；投标人是个体工商户的应提供有效的"个体工商户营业执照"、组织机构代码证证明文件（实行"统一社会信用代码"的不需单独提供组织机构代码证）；如投标人是自然人的，应提供有效的自然人的身份证明（中国公民）。

（2）具有良好的商业信誉和健全的财务会计制度的证明文件。

投标人是法人的，提供开标前两个年度内任一年度经审计的财务状况报告，或在开标前三个月内其基本开户银行出具的资信证明；其他组织和自然人，没有经审计的财务报告，可以提供在开标前三个月内银行出具的资信证明。

（3）具有履行合同所必须的设备和专业技术能力的证明文件。

投标人提供具有履行合同所必须的设备和专业技术能力的承诺函。（格式自拟）

（4）有依法缴纳税收和社会保障资金的良好记录的证明文件。

税务登记证（实行统一社会信用代码的不需单独提供）和开标前六个月内任意一个月的企业缴税凭证或证明；

开标前六个月内任意一个月的缴纳社会保障资金的凭证或当地社会保障局出具的缴纳明细。依法免税或不需要缴纳社会保障资金的投标人，应当提供相关文件，证明其依法免税或不需要缴纳社会保障资金。

（5）参加政府采购前3年内，在经营活动中没有重大违法记录的证明文件。

参加政府采购前3年内，在经营活动中没有重大违法记录承诺函。（格式自拟）

重大违法记录，是指投标人因违法经营受到刑事处罚或者责令停产停业、吊销许可证或者执照、较大罚款等行政处罚。

（6）法定代表人授权书。

致：某某招标公司

（投标人全称）法定代表人_____ 授权　　　　　（全权代表姓名）为全权代表，参加贵处组织的　　　　（招标编号）项目招标活动，全权代表我方处理招标活动中的一切事宜。

　　　　　　　　　　　　法定代表人签字或签章：

　　　　　　　　　　　　投标人签章：

　　　　　　　　　　　　日期：　　年　　月　　日

　　附：

　　全权代表姓名：

　　职务：

　　电话：

　　详细通信地址：

　　邮政编码：

　　附：全权代表身份证扫描件

（7）投标人的资格声明（参考格式）。

致：某某招标公司

为响应贵方（项目名称、招标编号）投标邀请，下述签字人愿参与投标，提供采购需求一览表和技术规格规定的货物和有关服务，提交下述文件并声明全部说明是真实的和正确的。

①我方的资格声明正本扫描件一份；

②下述签字人在资格声明中证明本资格文件中的内容是真实和正确的。

投标人代表签字或签章

投标人签章

日期： 年 月 日

（8）投标保证金凭证和退还投标保证金的信息。

项目名称：

招标编号： 包号：

收款人（投标人）名称：	
递交的保证金金额（大写）	（小写单位： 元）
收款人开户银行：（写清楚开户银行全称，不能简写。）	
收款人开户银行账号：	
联系人： 联系电话：	

注：以上信息请按要求填写清楚，若填写有误导致保证金不能及时退还，由投标人自行承担责任。

附：

投标人盖章的保证金凭证扫描件

（9）制造商出具的授权函（适用于进口产品参加投标）。

（注：招标文件另有规定的从其规定或投标人与制造商的经销协议、代理协议）

致：某某招标公司

我们（制造商名称），主要营业地点设在（制造商地址）。我们是按中华人民共和国法律成立的，主要营业地点设在（贸易公司地址）的（贸易公司名称）将以我方的产品对贵公司的招标项目进行投标，我们特作如下说明：

1）同意（贸易公司名称）在中华人民共和国境内以（制造商名称）的（产品名称、型号）参加贵公司有关（项目名称、项目编号）招标，并在中标后向我方购买相关产品。

2）（贸易公司名称）在中标后，将按照与采购人签订的合同承担责任。

3）我们将依法承担制造商的责任。

我方于 年 月 日签署本文件，（贸易公司名称）于 年 月 日接受此件，以此为证。

贸易公司签章　　　　　　　　制造商签章
法定代表人或授权代表　　　　法定代表人或授权代表
职务部门　　　　　　　　　　职务部门
签字人签名或签章　　　　　　签字人签名或签章

（10）联合体协议（适用于联合体投标）。

联合协议应当载明联合体各方承担的工作和义务，联合体协议各方均应当签章。

（11）其他资格证明文件。

格式8　为落实政府采购政策投标人须提供的证明材料

（1）中小企业声明

本公司郑重声明，根据《政府采购促进中小企业发展暂行办法》（财库 [2011]181 号）的规定，本公司为　　（请填写：中型、小型、微型）企业。即，本公司同时满足以下条件：

1）根据工业和信息化部、国家统计局、国家发展和改革委员会、财政部《关于印发中小企业划型标准规定的通知》（工信部联企业 [2011]300 号）规定的划分标准，本公司为 （请填写：中型、小型、微型）企业。

2）本公司参加 单位的 项目采购活动提供本企业制造的货物，或者提供其他 （请填写：中型、小型、微型）企业制造的货物。本条所称货物不包括使用大型企业注册商标的货物。

本公司对上述声明的真实性负责。如有虚假，将依法承担相应责任。

企业签章：

日期： 年 月 日

（注：不符合小型、微型企业条件的不需提供）

（2）企业所在地的县级以上中小企业主管部门出具的中、小、微企业认定有效证明或省级以上监狱管理局、戒毒管理局出具的属于监狱企业证明文件。

中、小、微企业认定证明

（参考格式）

编号：

企业基本情况	企业名称		组织机构代码		法定代表人	
	行业代码		注册类型		联系人	
	主营业务（万元）		联系地址		邮政编码	
	联系电话		传真		电子邮箱	
	营业收入		从业人员		开业时间	年 月
县级中小企业主管部门认定意见	经调查核实，该企业属 ___ 行业 ___（请填写：中型、小型、微型）企业，有效期至本年底。 盖章： 日期：					

注：1. 省级以上监狱管理局、戒毒管理局出具的属于监狱企业证明文件格式由出具单位提供；
 2. 不符合小型、微型企业条件或不属于监狱企业的不需提供。

（3）残疾人福利性单位声明函

残疾人福利性单位声明函

本单位郑重声明，根据财政部、民政部、中国残疾人联合会《关于促进残疾人就业政府采购政策的通知》的规定，本单位为符合条件的残疾人福利性单位，且本单位参加　　　　单位的　　　　项目采购活动提供本单位制造的货物（由本单位承担工程／提供服务），或者提供其他残疾人福利性单位制造的货物（不包括使用非残疾人福利性单位注册商标的货物）。

本单位对上述声明的真实性负责。如有虚假，将依法承担相应责任。

单位名称（盖章）：

日期：

（4）节能清单、环保清单的产品，产品及型号所在清单页（包含页码）的扫描件并用标识标明产品所在位置（文件另有规定的从其规定）。

格式9　技术文件

内容包括：

（1）货物的技术规格与功能的详细说明。

（2）主要外购件、配套件的型号规格和制造商明细表。

（3）标准附件、备品备件和专用工具等。

（4）投标人认为需要说明的其他内容（投标人视需要自行编写）。

格式10　其他资料

（1）投标企业情况一览表

投标人名称					
注册地址			邮政编码		
联系方式	联系人		联系电话		
	传 真		网址/邮箱		
企业性质					
法定代表人	姓名	技术职称		电话	
技术负责人	姓名	技术职称		电话	
成立时间		员工总人数：			
营业执照号			高级职称人员		
注册资金		其中	中级职称人员		
开户银行			初级职称人员		
银行账号			技工		
经营范围备注					

投标人签章

（2）近年完成的类似项目情况表

项目名称	
项目所在地	
采购人名称	
采购人地址	
采购人电话	
合同价格	
交付日期	
技术负责人	
项目描述	
备注	

投标人签章

（3）与技术、商务等评审计分有关的资料

第五章 采购需求表及采购需求

1. 采购需求表

内容 ＼ 货物名称	电梯采购与安装
数量	5台
工期	年 月 日前验收合格并交付使用
交货地点	某活动中心
安装地点	某活动中心
备注	（1）具体详见设备需求一览表。 （2）本项目为交钥匙工程，所有货物、材料、运输、转运、辅材、安装、施工、调试、系统集成、验收、培训、税金等费用均包含在投标总价中。 （3）招标人保留中标后根据项目实际情况进行调整的权力。

梯号	楼层号	层站门数	提升高度（m）	机房高（mm）	井道尺寸（宽×深）	吨位（kg）/速度（m/s）	控制方式

2. 技术规格及相关要求（略）

第六章 评标标准

评标委员会应当按照招标文件中规定的评标方法和标准，对符合性审查合格的投标文件进行商务和技术评估，综合比较与评价。

1. 符合性审查

发生下列情况之一的，其投标被视为无效投标：

（1）未在规定的投标截止时间前上传投标文件或递交 CA 证书的；

（2）未按电子化政府采购规定的格式制作投标文件的；

（3）通过电子化政府采购系统提交的投标文件无法正常打开的；

（4）未提交开标一览表、分项报价表或分项报价表中未列出分项报价的；

（5）投标总价中不得包含招标文件要求以外的内容，否则，在评标时不予核减。若投标人不同意的；

（6）投标总价中不得缺漏招标文件所要求的内容，否则，评标时将有效投标中该项内容的最高价计入其投标总价。缺漏部分中标后须提供，且中标价以投标报价为准。若投标人不同意的；

（7）提供了多套投标方案或提交了可调整报价的；

（8）初审中，投标人不同意对其算术计算错误的更正；

（9）投标报价超过了政府采购预算的；

（10）投标有效期不足的；

（11）超出经营范围投标的；

（12）资格证明文件不全的；

（13）没有按招标文件要求签字、签章的，或签字（签章）人无法定代表人有效委托的；

（14）电子版投标文件中资格证明材料与注册时所上传的材料不一致的；

（15）技术文件技术规格中的响应与事实不符或虚假投标的；

（16）招标文件中约定的其他情形的。

2. 评分标准

对通过了符合性审查的投标文件进行技术和商务评分（表9.4-3）。

技术和商务评分

表 9.4-3

项目细则	分值细则		分值
价格 （30分）	价格分采用低价优先法计算，即满足招标文件要求且投标价格最低的投标报价为评标基准价，其价格分为满分。其他投标人的价格分统一按下列公式计算： 　　投标报价得分＝（评标基准价／投标报价）×30分		30分
技术分 （35分）	曳引机	所投乘客电梯曳引机整机与投标电梯同品牌且为欧、美、日原品牌国制造的原装进口的得5分，其他不得分。 　　评审依据：投标人承诺书，　年　月　日至今的任意时间段进口件海关报关单复印件加盖制造商公章	5分
	控制系统	所投乘客电梯控制主板和变频器与投标电梯同品牌且为欧、美、日原品牌国制造的原装进口的得5分，其他不得分。 　　评审依据：投标人承诺书，　年　月　日至今的任意时间段进口件海关报关单复印件加盖制造商公章	5分
	门机	所投乘客电梯门机整机与投标电梯同品牌且为欧、美、日原品牌国制造的原装进口的得5分，其他不得分。 　　评审依据：投标人承诺书，　年　月　日至今的任意时间段进口件海关报关单复印件	5分
	限速器	所投乘客电梯限速器与投标电梯同品牌且为欧、美、日原品牌国制造的原装进口的得5分，其他不得分。 　　评审依据：投标人承诺书，　年　月　日至今的任意时间段进口件海关报关单复印件加盖制造商公章	5分

项目细则		分值细则	分值	
技术分 （35分）	安全钳	所投乘客电梯安全钳与投标电梯同品牌且为欧、美、日原品牌国制造的原装进口的各得3分，其他不得分。 　评审依据：投标人承诺书，　年　月　日至今的任意时间段进口件海关报关单复印件加盖制造商公章	3分	
	缓冲器	所投乘客电梯缓冲器与投标电梯同品牌且为欧、美、日原品牌国制造的原装进口的得4分，其他不得分。 　评审依据：投标人承诺书，　年　月　日至今的任意时间段进口件海关报关单复印件加盖制造商公章	4分	
	速度	制造商（或制造商授权的代理厂商）的乘客电梯曳引式客梯许可制造速度达7m/s（含）以上得4分；乘客电梯曳引式客梯许可制造速度6（含）～7m/s（不含）得2分；乘客电梯曳引式客梯许可制造速度6m/s（不含）以下得1分； 　评分依据：所投产品制造商（或制造商授权的代理厂商）的《中华人民共和国特种设备制造许可证》（电梯）加盖所投产品制造商（或制造商授权的代理厂商）公章的复印件	4分	
	能耗认证	所投乘客电梯机型取得TUV电梯能耗认证且等级为A级的得4分。不提供不得分。 　评审依据：凭认证证书原件复印件加盖制造商公章计分	4分	
商务 与服务 （35分）		（1）投标品牌制造商（或制造商授权的代理厂商）自　年　月　日至今（以合同签订生效时间为准），制造商或制造商授权的代理厂商业绩： 　每提供累计合同垂直梯台数超过　台的得1分，最高得5分。 　评分依据：提供合同原件（可体现台数和规格的）	5分	

项目细则	分值细则	分值	
	（2）投标品牌制造商（或制造商授权的代理厂商）主营业务收入：根据投标人所投品牌的制造商（或制造商授权的代理厂商）　年主营业务收入（人民币）：　　亿元及以上得5分，　　亿元以下　　亿元及以上得3分，　　亿元以下得1分。评审依据：以人民币为单位，投标人需提供电梯制造商（或制造商授权的代理厂商）　年度财务审计报告关键页复印件并加盖制造商（或制造商授权的代理厂商）公章，未提供或提供不全的不得分	5分	
商务与服务（35分）	（3）比较所投电梯品牌制造商（或制造商授权的代理厂商）在当地直属分公司的技术服务人员取得电梯类操作证资格的人数，其中提供分公司本单位操作证　本以上得5分，并依次分档得1～4分，未提供不得分。 评审依据：提供技术监督质监局所颁发的电梯操作证复印件以及制造商（或制造商授权的代理厂商）在当地分公司为上述人员缴纳的近3个月社保的缴费清单复印件加盖制造商（或制造商授权的代理厂商）在当地分公司的公章，未提供或少提供不得分。 （4）具备200m以上（含200m）的电梯测试实验塔得4分，100～200m之间的得2分，100m（含100m）以下的不得分。 评审依据：能够证明电梯测试实验塔高度的证明文件复印件加盖制造商公章。 （5）质保期为1年，每增加半年得1.5分，最多得3分。 评审依据：投标文件响应情况	12分	
	（6）安装施工实施方案及质量、安全保证措施等综合评价打分，优秀3分，一般1分。 评审依据：投标文件响应情况。 （7）根据投标人拟投标设备制造商（或制造商授权的代理厂商）实力及技术水平、产品的先进性、可靠性、适应性、使用寿命、信誉等综合评价，优秀6分，一般2分	9分	
	（8）售后服务承诺：承诺24h不间断提供服务，30分钟内到场服务，得1分，否则投标被否决。 评审依据：投标文件响应情况	1分	

续表

项目细则	分值细则	分值	
商务 与服务 （35分）	（9）制造商在当地注册分公司且分公司须取得质量技术监督部门颁发的特种设备（电梯）安装、维修A级及以上资质，能提供及时快捷的售后服务。 评审依据：凭资质证书原件复印件及售后服务承诺书加盖制造商公章计分（原件备查）	3分	

　　该案例为政府采购招标中的一种常规做法，在对所采购的货物提出明确的技术经济指标后，对供应商提出了明确要求，强调应具有良好的商业信誉和健全的财务会计制度、具有履行合同所必须的设备和专业技术能力、依法纳税和缴纳社保资金、在经营活动中没有重大违法记录，还针对不同货物对供应商提出了相关资质要求。在评分标准中，充分考虑了低价优先的原则（占30%），另给予了小微企业、监狱企业、残疾人福利性单位等弱势群体适当照顾（产品价格扣除6%），符合国家有关法律法规和相关政策。但也存在招标文件内容重复、评分标准过细、业绩要求偏高、售后服务条件较苛刻等问题，加上有的货物品牌不多，容易产生因报名的供应商不足3家而流标的现象。同样也值得有关行政监管部门认真总结研究。

附　录

附录1　中华人民共和国招标投标法

（1999年8月30日第九届全国人民代表大会常务委员会第十一次会议通过。根据2017年12月27日第十二届全国人民代表大会常务委员会第三十一次会议《关于修改〈中华人民共和国招标投标法〉、〈中华人民共和国计量法〉的决定》修正）

第一章　总　　则

第一条　为了规范招标投标活动，保护国家利益、社会公共利益和招标投标活动当事人的合法权益，提高经济效益，保证项目质量，制定本法。

第二条　在中华人民共和国境内进行招标投标活动，适用本法。

第三条　在中华人民共和国境内进行下列工程建设项目包括项目的勘察、设计、施工、监理以及与工程建设有关的重要设备、材料等的采购，必须进行招标：

（一）大型基础设施、公用事业等关系社会公共利益、公众安全的项目；

（二）全部或者部分使用国有资金投资或者国家融资的项目；

（三）使用国际组织或者外国政府贷款、援助资金的项目。

前款所列项目的具体范围和规模标准，由国务院发展计划部门会同国务院有关部门制订，报国务院批准。

法律或者国务院对必须进行招标的其他项目的范围有规定的，依照其规定。

第四条　任何单位和个人不得将依法必须进行招标的项目化整为零或者以其他任何方式规避招标。

第五条　招标投标活动应当遵循公开、公平、公正和诚实信用的原则。

第六条　依法必须进行招标的项目，其招标投标活动不受地区或者部门的限制。任何单位和个人不得违法限制或者排斥本地区、本系统以外的法人或者其他组织参加投标，不得以任何方式非法干涉招标投标活动。

第七条　招标投标活动及其当事人应当接受依法实施的监督。

有关行政监督部门依法对招标投标活动实施监督，依法查处招标投标活动中的违法行为。

对招标投标活动的行政监督及有关部门的具体职权划分，由国务院规定。

第二章　招　　标

第八条　招标人是依照本法规定提出招标项目、进行招标的法人或者其他组织。

第九条　招标项目按照国家有关规定需要履行项目审批手续的，应当先履行审批手续，取得批准。

招标人应当有进行招标项目的相应资金或者资金来源已经落实，并应当在招标文件中如实载明。

第十条　招标分为公开招标和邀请招标。

公开招标，是指招标人以招标公告的方式邀请不特定的法人或者其他组织投标。

邀请招标，是指招标人以投标邀请书的方式邀请特定的法人或者其他组织投标。

第十一条　国务院发展计划部门确定的国家重点项目和省、自治区、直辖市人民政府确定的地方重点项目不适宜公开招标的，经国务院发展计划部门或者省、自治区、直辖市人民政府批准，可以进行邀请招标。

第十二条　招标人有权自行选择招标代理机构，委托其办理招标事宜。任何单位和个人不得以任何方式为招标人指定招标代理机构。

招标人具有编制招标文件和组织评标能力的，可以自行办理招标事宜。任何单位和个人不得强制其委托招标代理机构办理招标事宜。

依法必须进行招标的项目，招标人自行办理招标事宜的，应当向有关行政监督部门备案。

第十三条　招标代理机构是依法设立、从事招标代理业务并提供相关服务的社会中介组织。

招标代理机构应当具备下列条件：

（一）有从事招标代理业务的营业场所和相应资金；

（二）有能够编制招标文件和组织评标的相应专业力量。

第十四条　招标代理机构与行政机关和其他国家机关不得存在隶属关系或者其他利益关系。

第十五条　招标代理机构应当在招标人委托的范围内办理招标事宜，并遵守本法关于招标人的规定。

第十六条　招标人采用公开招标方式的，应当发布招标公告。依法必须进行招标的项目的招标公告，应当通过国家指定的报刊、信息网络或者其他媒介发布。

招标公告应当载明招标人的名称和地址、招标项目的性质、数量、实施地点和时间以及获取招标文件的办法等事项。

第十七条　招标人采用邀请招标方式的，应当向三个以上具备承担招标项目的能力、资信良好的特定的法人或者其他组织发出投标邀请书。

投标邀请书应当载明本法第十六条第二款规定的事项。

第十八条　招标人可以根据招标项目本身的要求，在招标公告或者投标邀请书中，要求潜在投标人提供有关资质证明文件和业绩情况，并对潜在投标人进行资格审查；国家对投标人的资格条件有规定的，依照其规定。

招标人不得以不合理的条件限制或者排斥潜在投标人，不得对潜在投标人实行歧视待遇。

第十九条　招标人应当根据招标项目的特点和需要编制招标文件。招标文件应当包括招标项目的技术要求、对投标人资格审查的标准、投标报价要求和评标标准等所有实质性要求和条件以及拟签订合同的主要条款。

国家对招标项目的技术、标准有规定的，招标人应当按照其规定在招标文件中提出相应要求。

招标项目需要划分标段、确定工期的，招标人应当合理划分标段、确定工期，并在招标文件中载明。

第二十条　招标文件不得要求或者标明特定的生产供应者以及含有倾向或者排斥潜在投标人的其他内容。

第二十一条　招标人根据招标项目的具体情况，可以组织潜在投标人踏勘项目现场。

第二十二条　招标人不得向他人透露已获取招标文件的潜在投标人的名称、数量以及可能影响公平竞争的有关招标投标的其他情况。

招标人设有标底的，标底必须保密。

第二十三条　招标人对已发出的招标文件进行必要的澄清或者修改的，应当在招标文件要求提交投标文件截止时间至少十五日前，以书面形式通知所有招标文件收受人。该澄清或者修改的内容为招标文件的组成部分。

第二十四条　招标人应当确定投标人编制投标文件所需要的合理时间；但是，依法必须进行招标的项目，自招标文件开始发出之日起至投标人提交投标文件截止之日止，最短不得少于二十日。

第三章　投　　标

第二十五条　投标人是响应招标、参加投标竞争的法人或者其他组织。

依法招标的科研项目允许个人参加投标的，投标的个人适用本法有关投标人的规定。

第二十六条 投标人应当具备承担招标项目的能力；国家有关规定对投标人资格条件或者招标文件对投标人资格条件有规定的，投标人应当具备规定的资格条件。

第二十七条 投标人应当按照招标文件的要求编制投标文件。投标文件应当对招标文件提出的实质性要求和条件作出响应。

招标项目属于建设施工的，投标文件的内容应当包括拟派出的项目负责人与主要技术人员的简历、业绩和拟用于完成招标项目的机械设备等。

第二十八条 投标人应当在招标文件要求提交投标文件的截止时间前，将投标文件送达投标地点。招标人收到投标文件后，应当签收保存，不得开启。投标人少于三个的，招标人应当依照本法重新招标。

在招标文件要求提交投标文件的截止时间后送达的投标文件，招标人应当拒收。

第二十九条 投标人在招标文件要求提交投标文件的截止时间前，可以补充、修改或者撤回已提交的投标文件，并书面通知招标人。补充、修改的内容为投标文件的组成部分。

第三十条 投标人根据招标文件载明的项目实际情况，拟在中标后将中标项目的部分非主体、非关键性工作进行分包的，应当在投标文件中载明。

第三十一条 两个以上法人或者其他组织可以组成一个联合体，以一个投标人的身份共同投标。

联合体各方均应当具备承担招标项目的相应能力；国家有关规定或者招标文件对投标人资格条件有规定的，联合体各方均应当具备规定的相应资格条件。由同一专业的单位组成的联合体，按照资质等级较低的单位确定资质等级。

联合体各方应当签订共同投标协议，明确约定各方拟承担的工作和责任，并将共同投标协议连同投标文件一并提交招标人。联合体中标的,联合体各方应当共同与招标人签订合同,就中标项目向招标人承担连带责任。

招标人不得强制投标人组成联合体共同投标,不得限制投标人之间的竞争。

第三十二条 投标人不得相互串通投标报价,不得排挤其他投标人的公平竞争,损害招标人或者其他投标人的合法权益。

投标人不得与招标人串通投标,损害国家利益、社会公共利益或者他人的合法权益。

禁止投标人以向招标人或者评标委员会成员行贿的手段谋取中标。

第三十三条 投标人不得以低于成本的报价竞标,也不得以他人名义投标或者以其他方式弄虚作假,骗取中标。

第四章 开标、评标和中标

第三十四条 开标应当在招标文件确定的提交投标文件截止时间的同一时间公开进行;开标地点应当为招标文件中预先确定的地点。

第三十五条 开标由招标人主持,邀请所有投标人参加。

第三十六条 开标时,由投标人或者其推选的代表检查投标文件的密封情况,也可以由招标人委托的公证机构检查并公证;经确认无误后,由工作人员当众拆封,宣读投标人名称、投标价格和投标文件的其他主要内容。

招标人在招标文件要求提交投标文件的截止时间前收到的所有投标文件,开标时都应当当众予以拆封、宣读。

开标过程应当记录,并存档备查。

第三十七条 评标由招标人依法组建的评标委员会负责。

依法必须进行招标的项目,其评标委员会由招标人的代表和有关技术、经济等方面的专家组成,成员人数为五人以上单数,其中技术、经济等方面的专家不得少于成员总数的三分之二。

前款专家应当从事相关领域工作满八年并具有高级职称或者具有同等专业水平，由招标人从国务院有关部门或者省、自治区、直辖市人民政府有关部门提供的专家名册或者招标代理机构的专家库内的相关专业的专家名单中确定；一般招标项目可以采取随机抽取方式，特殊招标项目可以由招标人直接确定。

与投标人有利害关系的人不得进入相关项目的评标委员会；已经进入的应当更换。

评标委员会成员的名单在中标结果确定前应当保密。

第三十八条　招标人应当采取必要的措施，保证评标在严格保密的情况下进行。

任何单位和个人不得非法干预、影响评标的过程和结果。

第三十九条　评标委员会可以要求投标人对投标文件中含义不明确的内容作必要的澄清或者说明，但是澄清或者说明不得超出投标文件的范围或者改变投标文件的实质性内容。

第四十条　评标委员会应当按照招标文件确定的评标标准和方法，对投标文件进行评审和比较；设有标底的，应当参考标底。评标委员会完成评标后，应当向招标人提出书面评标报告，并推荐合格的中标候选人。

招标人根据评标委员会提出的书面评标报告和推荐的中标候选人确定中标人。招标人也可以授权评标委员会直接确定中标人。

国务院对特定招标项目的评标有特别规定的，从其规定。

第四十一条　中标人的投标应当符合下列条件之一：

（一）能够最大限度地满足招标文件中规定的各项综合评价标准；

（二）能够满足招标文件的实质性要求，并且经评审的投标价格最低；但是投标价格低于成本的除外。

第四十二条　评标委员会经评审，认为所有投标都不符合招标文件要求的，可以否决所有投标。

依法必须进行招标的项目的所有投标被否决的，招标人应当依照本法重新招标。

第四十三条 在确定中标人前，招标人不得与投标人就投标价格、投标方案等实质性内容进行谈判。

第四十四条 评标委员会成员应当客观、公正地履行职务，遵守职业道德，对所提出的评审意见承担个人责任。

评标委员会成员不得私下接触投标人，不得收受投标人的财物或者其他好处。

评标委员会成员和参与评标的有关工作人员不得透露对投标文件的评审和比较、中标候选人的推荐情况以及与评标有关的其他情况。

第四十五条 中标人确定后，招标人应当向中标人发出中标通知书，并同时将中标结果通知所有未中标的投标人。

中标通知书对招标人和中标人具有法律效力。中标通知书发出后，招标人改变中标结果的，或者中标人放弃中标项目的，应当依法承担法律责任。

第四十六条 招标人和中标人应当自中标通知书发出之日起三十日内，按照招标文件和中标人的投标文件订立书面合同。招标人和中标人不得再行订立背离合同实质性内容的其他协议。

招标文件要求中标人提交履约保证金的，中标人应当提交。

第四十七条 依法必须进行招标的项目，招标人应当自确定中标人之日起十五日内，向有关行政监督部门提交招标投标情况的书面报告。

第四十八条 中标人应当按照合同约定履行义务，完成中标项目。中标人不得向他人转让中标项目，也不得将中标项目肢解后分别向他人转让。

中标人按照合同约定或者经招标人同意，可以将中标项目的部分非主体、非关键性工作分包给他人完成。接受分包的人应当具备相应的资格条件，并不得再次分包。

中标人应当就分包项目向招标人负责，接受分包的人就分包项目承担连带责任。

第五章　法　律　责　任

第四十九条　违反本法规定，必须进行招标的项目而不招标的，将必须进行招标的项目化整为零或者以其他任何方式规避招标的，责令限期改正，可以处项目合同金额千分之五以上千分之十以下的罚款；对全部或者部分使用国有资金的项目，可以暂停项目执行或者暂停资金拨付；对单位直接负责的主管人员和其他直接责任人员依法给予处分。

第五十条　招标代理机构违反本法规定，泄漏应当保密的与招标投标活动有关的情况和资料的，或者与招标人、投标人串通损害国家利益、社会公共利益或者他人合法权益的，处五万元以上二十五万元以下的罚款，对单位直接负责的主管人员和其他直接责任人员处单位罚款数额百分之五以上百分之十以下的罚款；有违法所得的，并处没收违法所得；情节严重的，禁止其一年至二年内代理依法必须进行招标的项目并予以公告，直至由工商行政管理机关吊销营业执照；构成犯罪的，依法追究刑事责任。给他人造成损失的，依法承担赔偿责任。

前款所列行为影响中标结果的，中标无效。

第五十一条　招标人以不合理的条件限制或者排斥潜在投标人的，对潜在投标人实行歧视待遇的，强制要求投标人组成联合体共同投标的，或者限制投标人之间竞争的，责令改正，可以处一万元以上五万元以下的罚款。

第五十二条　依法必须进行招标的项目的招标人向他人透露已获取招标文件的潜在投标人的名称、数量或者可能影响公平竞争的有关招标投标的其他情况的，或者泄漏标底的，给予警告，可以并处一万元以上十万元以下的罚款；对单位直接负责的主管人员和其他直接责任人员依法给予处分；构成犯罪的，依法追究刑事责任。

前款所列行为影响中标结果的，中标无效。

第五十三条　投标人相互串通投标或者与招标人串通投标

的，投标人以向招标人或者评标委员会成员行贿的手段谋取中标的，中标无效，处中标项目金额千分之五以上千分之十以下的罚款，对单位直接负责的主管人员和其他直接责任人员处单位罚款数额百分之五以上百分之十以下的罚款；有违法所得的，并处没收违法所得；情节严重的，取消其一年至二年内参加依法必须进行招标的项目的投标资格并予以公告，直至由工商行政管理机关吊销营业执照；构成犯罪的，依法追究刑事责任。给他人造成损失的，依法承担赔偿责任。

第五十四条　投标人以他人名义投标或者以其他方式弄虚作假，骗取中标的，中标无效，给招标人造成损失的，依法承担赔偿责任；构成犯罪的，依法追究刑事责任。

依法必须进行招标的项目的投标人有前款所列行为尚未构成犯罪的，处中标项目金额千分之五以上千分之十以下的罚款，对单位直接负责的主管人员和其他直接责任人员处单位罚款数额百分之五以上百分之十以下的罚款；有违法所得的，并处没收违法所得；情节严重的，取消其一年至三年内参加依法必须进行招标的项目的投标资格并予以公告，直至由工商行政管理机关吊销营业执照。

第五十五条　依法必须进行招标的项目，招标人违反本法规定，与投标人就投标价格、投标方案等实质性内容进行谈判的，给予警告，对单位直接负责的主管人员和其他直接责任人员依法给予处分。

前款所列行为影响中标结果的，中标无效。

第五十六条　评标委员会成员收受投标人的财物或者其他好处的，评标委员会成员或者参加评标的有关工作人员向他人透露对投标文件的评审和比较、中标候选人的推荐以及与评标有关的其他情况的，给予警告，没收收受的财物，可以并处三千元以上五万元以下的罚款，对有所列违法行为的评标委员会成员取消担任评标委员会成员的资格，不得再参加任何依法必须进行招标的项目的评标；构成犯罪的，依法追究刑事责任。

第五十七条　招标人在评标委员会依法推荐的中标候选人以外确定中标人的，依法必须进行招标的项目在所有投标被评标委员会否决后自行确定中标人的，中标无效。责令改正，可以处中标项目金额千分之五以上千分之十以下的罚款；对单位直接负责的主管人员和其他直接责任人员依法给予处分。

第五十八条　中标人将中标项目转让给他人的，将中标项目肢解后分别转让给他人的，违反本法规定将中标项目的部分主体、关键性工作分包给他人的，或者分包人再次分包的，转让、分包无效，处转让、分包项目金额千分之五以上千分之十以下的罚款；有违法所得的，并处没收违法所得；可以责令停业整顿；情节严重的，由工商行政管理机关吊销营业执照。

第五十九条　招标人与中标人不按照招标文件和中标人的投标文件订立合同的，或者招标人、中标人订立背离合同实质性内容的协议的，责令改正；可以处中标项目金额千分之五以上千分之十以下的罚款。

第六十条　中标人不履行与招标人订立的合同的，履约保证金不予退还，给招标人造成的损失超过履约保证金数额的，还应当对超过部分予以赔偿；没有提交履约保证金的，应当对招标人的损失承担赔偿责任。

中标人不按照与招标人订立的合同履行义务，情节严重的，取消其二年至五年内参加依法必须进行招标的项目的投标资格并予以公告，直至由工商行政管理机关吊销营业执照。

因不可抗力不能履行合同的，不适用前两款规定。

第六十一条　本章规定的行政处罚，由国务院规定的有关行政监督部门决定。本法已对实施行政处罚的机关作出规定的除外。

第六十二条　任何单位违反本法规定，限制或者排斥本地区、本系统以外的法人或者其他组织参加投标的，为招标人指定招标代理机构的，强制招标人委托招标代理机构办理招标事宜的，或者以其他方式干涉招标投标活动的，责令改正；对单位直接负责的主管人员和其他直接责任人员依法给予警告、记过、记大过的处分，情节较重的，依法给予降级、撤职、开除的处分。

个人利用职权进行前款违法行为的，依照前款规定追究责任。

第六十三条 对招标投标活动依法负有行政监督职责的国家机关工作人员徇私舞弊、滥用职权或者玩忽职守，构成犯罪的，依法追究刑事责任；不构成犯罪的，依法给予行政处分。

第六十四条 依法必须进行招标的项目违反本法规定，中标无效的，应当依照本法规定的中标条件从其余投标人中重新确定中标人或者依照本法重新进行招标。

第六章 附 则

第六十五条 投标人和其他利害关系人认为招标投标活动不符合本法有关规定的，有权向招标人提出异议或者依法向有关行政监督部门投诉。

第六十六条 涉及国家安全、国家秘密、抢险救灾或者属于利用扶贫资金实行以工代赈、需要使用农民工等特殊情况，不适宜进行招标的项目，按照国家有关规定可以不进行招标。

第六十七条 使用国际组织或者外国政府贷款、援助资金的项目进行招标，贷款方、资金提供方对招标投标的具体条件和程序有不同规定的，可以适用其规定，但违背中华人民共和国的社会公共利益的除外。

第六十八条 本法自 2000 年 1 月 1 日起施行。

附录 2　中华人民共和国政府采购法

（2002 年 6 月 29 日第九届全国人民代表大会常务委员会第二十八次会议通过。根据 2014 年 8 月 31 日第十二届全国人民代表大会常务委员会第十次会议《关于修改〈中华人民共和国保险法〉等五部法律的决定》修正）

第一章　总　　则

第一条　为了规范政府采购行为，提高政府采购资金的使用效益，维护国家利益和社会公共利益，保护政府采购当事人的合法权益，促进廉政建设，制定本法。

第二条　在中华人民共和国境内进行的政府采购适用本法。

本法所称政府采购，是指各级国家机关、事业单位和团体组织，使用财政性资金采购依法制定的集中采购目录以内的或者采购限额标准以上的货物、工程和服务的行为。

政府集中采购目录和采购限额标准依照本法规定的权限制定。

本法所称采购，是指以合同方式有偿取得货物、工程和服务的行为，包括购买、租赁、委托、雇用等。

本法所称货物，是指各种形态和种类的物品，包括原材料、燃料、设备、产品等。

本法所称工程，是指建设工程，包括建筑物和构筑物的新建、改建、扩建、装修、拆除、修缮等。

本法所称服务，是指除货物和工程以外的其他政府采购对象。

第三条　政府采购应当遵循公开透明原则、公平竞争原则、公正原则和诚实信用原则。

第四条　政府采购工程进行招标投标的，适用招标投标法。

第五条　任何单位和个人不得采用任何方式，阻挠和限制供应商自由进入本地区和本行业的政府采购市场。

第六条　政府采购应当严格按照批准的预算执行。

第七条　政府采购实行集中采购和分散采购相结合。集中采购的范围由省级以上人民政府公布的集中采购目录确定。

属于中央预算的政府采购项目，其集中采购目录由国务院确定并公布；属于地方预算的政府采购项目，其集中采购目录由省、自治区、直辖市人民政府或者其授权的机构确定并公布。

纳入集中采购目录的政府采购项目，应当实行集中采购。

第八条　政府采购限额标准，属于中央预算的政府采购项目，由国务院确定并公布；属于地方预算的政府采购项目，由省、自治区、直辖市人民政府或者其授权的机构确定并公布。

第九条　政府采购应当有助于实现国家的经济和社会发展政策目标，包括保护环境，扶持不发达地区和少数民族地区，促进中小企业发展等。

第十条　政府采购应当采购本国货物、工程和服务。但有下列情形之一的除外：

（一）需要采购的货物、工程或者服务在中国境内无法获取或者无法以合理的商业条件获取的；

（二）为在中国境外使用而进行采购的；

（三）其他法律、行政法规另有规定的。

前款所称本国货物、工程和服务的界定，依照国务院有关规定执行。

第十一条　政府采购的信息应当在政府采购监督管理部门指定的媒体上及时向社会公开发布，但涉及商业秘密的除外。

第十二条　在政府采购活动中，采购人员及相关人员与供应商有利害关系的，必须回避。供应商认为采购人员及相关人员与其他供应商有利害关系的，可以申请其回避。

前款所称相关人员，包括招标采购中评标委员会的组成人员，竞争性谈判采购中谈判小组的组成人员，询价采购中询价小组的组成人员等。

第十三条　各级人民政府财政部门是负责政府采购监督管理的部门，依法履行对政府采购活动的监督管理职责。

各级人民政府其他有关部门依法履行与政府采购活动有关的监督管理职责。

第二章　政府采购当事人

第十四条　政府采购当事人是指在政府采购活动中享有权利和承担义务的各类主体，包括采购人、供应商和采购代理机构等。

第十五条　采购人是指依法进行政府采购的国家机关、事业单位、团体组织。

第十六条　集中采购机构为采购代理机构。设区的市、自治州以上人民政府根据本级政府采购项目组织集中采购的需要设立集中采购机构。

集中采购机构是非营利事业法人，根据采购人的委托办理采购事宜。

第十七条　集中采购机构进行政府采购活动，应当符合采购价格低于市场平均价格、采购效率更高、采购质量优良和服务良好的要求。

第十八条　采购人采购纳入集中采购目录的政府采购项目，必须委托集中采购机构代理采购；采购未纳入集中采购目录的政府采购项目，可以自行采购，也可以委托集中采购机构在委托的范围内代理采购。

纳入集中采购目录属于通用的政府采购项目的，应当委托集中采购机构代理采购；属于本部门、本系统有特殊要求的项目，应当实行部门集中采购；属于本单位有特殊要求的项目，经省级以上人民政府批准，可以自行采购。

第十九条　采购人可以委托集中采购机构以外的采购代理机构，在委托的范围内办理政府采购事宜。

采购人有权自行选择采购代理机构，任何单位和个人不得以任何方式为采购人指定采购代理机构。

第二十条　采购人依法委托采购代理机构办理采购事宜的，应当由采购人与采购代理机构签订委托代理协议，依法确定委托代理的事项，约定双方的权利义务。

第二十一条　供应商是指向采购人提供货物、工程或者服务的法人、其他组织或者自然人。

第二十二条　供应商参加政府采购活动应当具备下列条件：

（一）具有独立承担民事责任的能力；

（二）具有良好的商业信誉和健全的财务会计制度；

（三）具有履行合同所必需的设备和专业技术能力；

（四）有依法缴纳税收和社会保障资金的良好记录；

（五）参加政府采购活动前三年内，在经营活动中没有重大违法记录；

（六）法律、行政法规规定的其他条件。

采购人可以根据采购项目的特殊要求，规定供应商的特定条件，但不得以不合理的条件对供应商实行差别待遇或者歧视待遇。

第二十三条　采购人可以要求参加政府采购的供应商提供有关资质证明文件和业绩情况，并根据本法规定的供应商条件和采购项目对供应商的特定要求，对供应商的资格进行审查。

第二十四条　两个以上的自然人、法人或者其他组织可以组成一个联合体，以一个供应商的身份共同参加政府采购。

以联合体形式进行政府采购的，参加联合体的供应商均应当具备本法第二十二条规定的条件，并应当向采购人提交联合协议，载明联合体各方承担的工作和义务。联合体各方应当共同与采购人签订采购合同，就采购合同约定的事项对采购人承担连带责任。

第二十五条　政府采购当事人不得相互串通损害国家利益、社会公共利益和其他当事人的合法权益；不得以任何手段排斥其他供应商参与竞争。

供应商不得以向采购人、采购代理机构、评标委员会的组成人员、竞争性谈判小组的组成人员、询价小组的组成人员行贿或者采取其他不正当手段谋取中标或者成交。

采购代理机构不得以向采购人行贿或者采取其他不正当手

段谋取非法利益。

第三章　政府采购方式

第二十六条　政府采购采用以下方式：

（一）公开招标；

（二）邀请招标；

（三）竞争性谈判；

（四）单一来源采购；

（五）询价；

（六）国务院政府采购监督管理部门认定的其他采购方式。

公开招标应作为政府采购的主要采购方式。

第二十七条　采购人采购货物或者服务应当采用公开招标方式的，其具体数额标准，属于中央预算的政府采购项目，由国务院规定；属于地方预算的政府采购项目，由省、自治区、直辖市人民政府规定；因特殊情况需要采用公开招标以外的采购方式的，应当在采购活动开始前获得设区的市、自治州以上人民政府采购监督管理部门的批准。

第二十八条　采购人不得将应当以公开招标方式采购的货物或者服务化整为零或者以其他任何方式规避公开招标采购。

第二十九条　符合下列情形之一的货物或者服务，可以依照本法采用邀请招标方式采购：

（一）具有特殊性，只能从有限范围的供应商处采购的；

（二）采用公开招标方式的费用占政府采购项目总价值的比例过大的。

第三十条　符合下列情形之一的货物或者服务，可以依照本法采用竞争性谈判方式采购：

（一）招标后没有供应商投标或者没有合格标的或者重新招标未能成立的；

（二）技术复杂或者性质特殊，不能确定详细规格或者具体要求的；

（三）采用招标所需时间不能满足用户紧急需要的；

（四）不能事先计算出价格总额的。

第三十一条 符合下列情形之一的货物或者服务，可以依照本法采用单一来源方式采购：

（一）只能从唯一供应商处采购的；

（二）发生了不可预见的紧急情况不能从其他供应商处采购的；

（三）必须保证原有采购项目一致性或者服务配套的要求，需要继续从原供应商处添购，且添购资金总额不超过原合同采购金额百分之十的。

第三十二条 采购的货物规格、标准统一、现货货源充足且价格变化幅度小的政府采购项目，可以依照本法采用询价方式采购。

第四章　政府采购程序

第三十三条 负有编制部门预算职责的部门在编制下一财政年度部门预算时，应当将该财政年度政府采购的项目及资金预算列出，报本级财政部门汇总。部门预算的审批，按预算管理权限和程序进行。

第三十四条 货物或者服务项目采取邀请招标方式采购的，采购人应当从符合相应资格条件的供应商中，通过随机方式选择三家以上的供应商，并向其发出投标邀请书。

第三十五条 货物和服务项目实行招标方式采购的，自招标文件开始发出之日起至投标人提交投标文件截止之日止，不得少于二十日。

第三十六条 在招标采购中，出现下列情形之一的，应予废标：

（一）符合专业条件的供应商或者对招标文件作实质响应的供应商不足三家的；

（二）出现影响采购公正的违法、违规行为的；

（三）投标人的报价均超过了采购预算，采购人不能支付的；

（四）因重大变故，采购任务取消的。

废标后，采购人应当将废标理由通知所有投标人。

第三十七条　废标后，除采购任务取消情形外，应当重新组织招标；需要采取其他方式采购的，应当在采购活动开始前获得设区的市、自治州以上人民政府采购监督管理部门或者政府有关部门批准。

第三十八条　采用竞争性谈判方式采购的，应当遵循下列程序：

（一）成立谈判小组。谈判小组由采购人的代表和有关专家共三人以上的单数组成，其中专家的人数不得少于成员总数的三分之二。

（二）制定谈判文件。谈判文件应当明确谈判程序、谈判内容、合同草案的条款以及评定成交的标准等事项。

（三）确定邀请参加谈判的供应商名单。谈判小组从符合相应资格条件的供应商名单中确定不少于三家的供应商参加谈判，并向其提供谈判文件。

（四）谈判。谈判小组所有成员集中与单一供应商分别进行谈判。在谈判中，谈判的任何一方不得透露与谈判有关的其他供应商的技术资料、价格和其他信息。谈判文件有实质性变动的，谈判小组应当以书面形式通知所有参加谈判的供应商。

（五）确定成交供应商。谈判结束后，谈判小组应当要求所有参加谈判的供应商在规定时间内进行最后报价，采购人从谈判小组提出的成交候选人中根据符合采购需求、质量和服务相等且报价最低的原则确定成交供应商，并将结果通知所有参加谈判的未成交的供应商。

第三十九条　采取单一来源方式采购的，采购人与供应商应当遵循本法规定的原则，在保证采购项目质量和双方商定合理价格的基础上进行采购。

第四十条　采取询价方式采购的，应当遵循下列程序：

（一）成立询价小组。询价小组由采购人的代表和有关专家共三人以上的单数组成，其中专家的人数不得少于成员总数的三分之二。询价小组应当对采购项目的价格构成和评定成交的标准等事项作出规定。

（二）确定被询价的供应商名单。询价小组根据采购需求，从符合相应资格条件的供应商名单中确定不少于三家的供应商，并向其发出询价通知书让其报价。

（三）询价。询价小组要求被询价的供应商一次报出不得更改的价格。

（四）确定成交供应商。采购人根据符合采购需求、质量和服务相等且报价最低的原则确定成交供应商，并将结果通知所有被询价的未成交的供应商。

第四十一条　采购人或者其委托的采购代理机构应当组织对供应商履约的验收。大型或者复杂的政府采购项目，应当邀请国家认可的质量检测机构参加验收工作。验收方成员应当在验收书上签字，并承担相应的法律责任。

第四十二条　采购人、采购代理机构对政府采购项目每项采购活动的采购文件应当妥善保存，不得伪造、变造、隐匿或者销毁。采购文件的保存期限为从采购结束之日起至少保存十五年。

采购文件包括采购活动记录、采购预算、招标文件、投标文件、评标标准、评估报告、定标文件、合同文本、验收证明、质疑答复、投诉处理决定及其他有关文件、资料。

采购活动记录至少应当包括下列内容：

（一）采购项目类别、名称；

（二）采购项目预算、资金构成和合同价格；

（三）采购方式，采用公开招标以外的采购方式的，应当载明原因；

（四）邀请和选择供应商的条件及原因；

（五）评标标准及确定中标人的原因；

（六）废标的原因；

（七）采用招标以外采购方式的相应记载。

第五章 政府采购合同

第四十三条 政府采购合同适用合同法。采购人和供应商之间的权利和义务，应当按照平等、自愿的原则以合同方式约定。

采购人可以委托采购代理机构代表其与供应商签订政府采购合同。由采购代理机构以采购人名义签订合同的，应当提交采购人的授权委托书，作为合同附件。

第四十四条 政府采购合同应当采用书面形式。

第四十五条 国务院政府采购监督管理部门应当会同国务院有关部门，规定政府采购合同必须具备的条款。

第四十六条 采购人与中标、成交供应商应当在中标、成交通知书发出之日起三十日内，按照采购文件确定的事项签订政府采购合同。

中标、成交通知书对采购人和中标、成交供应商均具有法律效力。中标、成交通知书发出后，采购人改变中标、成交结果的，或者中标、成交供应商放弃中标、成交项目的，应当依法承担法律责任。

第四十七条 政府采购项目的采购合同自签订之日起七个工作日内，采购人应当将合同副本报同级政府采购监督管理部门和有关部门备案。

第四十八条 经采购人同意，中标、成交供应商可以依法采取分包方式履行合同。

政府采购合同分包履行的，中标、成交供应商就采购项目和分包项目向采购人负责，分包供应商就分包项目承担责任。

第四十九条 政府采购合同履行中，采购人需追加与合同标的相同的货物、工程或者服务的，在不改变合同其他条款的前提下，可以与供应商协商签订补充合同，但所有补充合同的采购金额不得超过原合同采购金额的百分之十。

第五十条　政府采购合同的双方当事人不得擅自变更、中止或者终止合同。

政府采购合同继续履行将损害国家利益和社会公共利益的，双方当事人应当变更、中止或者终止合同。有过错的一方应当承担赔偿责任，双方都有过错的，各自承担相应的责任。

第六章　质疑与投诉

第五十一条　供应商对政府采购活动事项有疑问的，可以向采购人提出询问，采购人应当及时作出答复，但答复的内容不得涉及商业秘密。

第五十二条　供应商认为采购文件、采购过程和中标、成交结果使自己的权益受到损害的，可以在知道或者应知其权益受到损害之日起七个工作日内，以书面形式向采购人提出质疑。

第五十三条　采购人应当在收到供应商的书面质疑后七个工作日内作出答复，并以书面形式通知质疑供应商和其他有关供应商，但答复的内容不得涉及商业秘密。

第五十四条　采购人委托采购代理机构采购的，供应商可以向采购代理机构提出询问或者质疑，采购代理机构应当依照本法第五十一条、第五十三条的规定就采购人委托授权范围内的事项作出答复。

第五十五条　质疑供应商对采购人、采购代理机构的答复不满意或者采购人、采购代理机构未在规定的时间内作出答复的，可以在答复期满后十五个工作日内向同级政府采购监督管理部门投诉。

第五十六条　政府采购监督管理部门应当在收到投诉后三十个工作日内，对投诉事项作出处理决定，并以书面形式通知投诉人和与投诉事项有关的当事人。

第五十七条　政府采购监督管理部门在处理投诉事项期间，

可以视具体情况书面通知采购人暂停采购活动，但暂停时间最长不得超过三十日。

第五十八条　投诉人对政府采购监督管理部门的投诉处理决定不服或者政府采购监督管理部门逾期未作处理的，可以依法申请行政复议或者向人民法院提起行政诉讼。

第七章　监督检查

第五十九条　政府采购监督管理部门应当加强对政府采购活动及集中采购机构的监督检查。

监督检查的主要内容是：

（一）有关政府采购的法律、行政法规和规章的执行情况；

（二）采购范围、采购方式和采购程序的执行情况；

（三）政府采购人员的职业素质和专业技能。

第六十条　政府采购监督管理部门不得设置集中采购机构，不得参与政府采购项目的采购活动。

采购代理机构与行政机关不得存在隶属关系或者其他利益关系。

第六十一条　集中采购机构应当建立健全内部监督管理制度。采购活动的决策和执行程序应当明确，并相互监督、相互制约。经办采购的人员与负责采购合同审核、验收人员的职责权限应当明确，并相互分离。

第六十二条　集中采购机构的采购人员应当具有相关职业素质和专业技能，符合政府采购监督管理部门规定的专业岗位任职要求。

集中采购机构对其工作人员应当加强教育和培训；对采购人员的专业水平、工作实绩和职业道德状况定期进行考核。采购人员经考核不合格的，不得继续任职。

第六十三条　政府采购项目的采购标准应当公开。

采用本法规定的采购方式的，采购人在采购活动完成后，应当将采购结果予以公布。

第六十四条　采购人必须按照本法规定的采购方式和采购程序进行采购。

任何单位和个人不得违反本法规定，要求采购人或者采购工作人员向其指定的供应商进行采购。

第六十五条　政府采购监督管理部门应当对政府采购项目的采购活动进行检查，政府采购当事人应当如实反映情况，提供有关材料。

第六十六条　政府采购监督管理部门应当对集中采购机构的采购价格、节约资金效果、服务质量、信誉状况、有无违法行为等事项进行考核，并定期如实公布考核结果。

第六十七条　依照法律、行政法规的规定对政府采购负有行政监督职责的政府有关部门，应当按照其职责分工，加强对政府采购活动的监督。

第六十八条　审计机关应当对政府采购进行审计监督。政府采购监督管理部门、政府采购各当事人有关政府采购活动，应当接受审计机关的审计监督。

第六十九条　监察机关应当加强对参与政府采购活动的国家机关、国家公务员和国家行政机关任命的其他人员实施监察。

第七十条　任何单位和个人对政府采购活动中的违法行为，有权控告和检举，有关部门、机关应当依照各自职责及时处理。

第八章　法 律 责 任

第七十一条　采购人、采购代理机构有下列情形之一的，责令限期改正，给予警告，可以并处罚款，对直接负责的主管人员和其他直接责任人员，由其行政主管部门或者有关机关给予处分，并予通报：

（一）应当采用公开招标方式而擅自采用其他方式采购的；

（二）擅自提高采购标准的；

（三）以不合理的条件对供应商实行差别待遇或者歧视待遇的；

（四）在招标采购过程中与投标人进行协商谈判的；

（五）中标、成交通知书发出后不与中标、成交供应商签订采购合同的；

（六）拒绝有关部门依法实施监督检查的。

第七十二条　采购人、采购代理机构及其工作人员有下列情形之一，构成犯罪的，依法追究刑事责任；尚不构成犯罪的，处以罚款，有违法所得的，并处没收违法所得，属于国家机关工作人员的，依法给予行政处分：

（一）与供应商或者采购代理机构恶意串通的；

（二）在采购过程中接受贿赂或者获取其他不正当利益的；

（三）在有关部门依法实施的监督检查中提供虚假情况的；

（四）开标前泄漏标底的。

第七十三条　有前两条违法行为之一影响中标、成交结果或者可能影响中标、成交结果的，按下列情况分别处理：

（一）未确定中标、成交供应商的，终止采购活动；

（二）中标、成交供应商已经确定但采购合同尚未履行的，撤销合同，从合格的中标、成交候选人中另行确定中标、成交供应商；

（三）采购合同已经履行的，给采购人、供应商造成损失的，由责任人承担赔偿责任。

第七十四条　采购人对应当实行集中采购的政府采购项目，不委托集中采购机构实行集中采购的，由政府采购监督管理部门责令改正；拒不改正的，停止按预算向其支付资金，由其上级行政主管部门或者有关机关依法给予其直接负责的主管人员和其他直接责任人员处分。

第七十五条　采购人未依法公布政府采购项目的采购标准和采购结果的，责令改正，对直接负责的主管人员依法给予处分。

第七十六条　采购人、采购代理机构违反本法规定隐匿、销毁应当保存的采购文件或者伪造、变造采购文件的，由政府采购监督管理部门处以二万元以上十万元以下的罚款，对其直接负责的主管人员和其他直接责任人员依法给予处分；构成犯罪的，依法追究刑事责任。

第七十七条　供应商有下列情形之一的，处以采购金额千分之五以上千分之十以下的罚款，列入不良行为记录名单，在一至三年内禁止参加政府采购活动，有违法所得的，并处没收违法所得，情节严重的，由工商行政管理机关吊销营业执照；构成犯罪的，依法追究刑事责任：

（一）提供虚假材料谋取中标、成交的；

（二）采取不正当手段诋毁、排挤其他供应商的；

（三）与采购人、其他供应商或者采购代理机构恶意串通的；

（四）向采购人、采购代理机构行贿或者提供其他不正当利益的；

（五）在招标采购过程中与采购人进行协商谈判的；

（六）拒绝有关部门监督检查或者提供虚假情况的。

供应商有前款第（一）至（五）项情形之一的，中标、成交无效。

第七十八条　采购代理机构在代理政府采购业务中有违法行为的，按照有关法律规定处以罚款，可以在一至三年内禁止其代理政府采购业务，构成犯罪的，依法追究刑事责任。

第七十九条　政府采购当事人有本法第七十一条、第七十二条、第七十七条违法行为之一，给他人造成损失的，并应依照有关民事法律规定承担民事责任。

第八十条　政府采购监督管理部门的工作人员在实施监督检查中违反本法规定滥用职权，玩忽职守，徇私舞弊的，依法给予行政处分；构成犯罪的，依法追究刑事责任。

第八十一条　政府采购监督管理部门对供应商的投诉逾期未作处理的，给予直接负责的主管人员和其他直接责任人员行政处分。

第八十二条 政府采购监督管理部门对集中采购机构业绩的考核，有虚假陈述，隐瞒真实情况的，或者不作定期考核和公布考核结果的，应当及时纠正，由其上级机关或者监察机关对其负责人进行通报，并对直接负责的人员依法给予行政处分。

集中采购机构在政府采购监督管理部门考核中，虚报业绩，隐瞒真实情况的，处以二万元以上二十万元以下的罚款，并予以通报；情节严重的，取消其代理采购的资格。

第八十三条 任何单位或者个人阻挠和限制供应商进入本地区或者本行业政府采购市场的，责令限期改正；拒不改正的，由该单位、个人的上级行政主管部门或者有关机关给予单位责任人或者个人处分。

第九章　附　　则

第八十四条 使用国际组织和外国政府贷款进行的政府采购，贷款方、资金提供方与中方达成的协议对采购的具体条件另有规定的，可以适用其规定，但不得损害国家利益和社会公共利益。

第八十五条 对因严重自然灾害和其他不可抗力事件所实施的紧急采购和涉及国家安全和秘密的采购，不适用本法。

第八十六条 军事采购法规由中央军事委员会另行制定。

第八十七条 本法实施的具体步骤和办法由国务院规定。

第八十八条 本法自 2003 年 1 月 1 日起施行。

附录3　中华人民共和国建筑法

（1997 年 11 月 1 日第八届全国人民代表大会常务委员会第 28 次会议通过。根据 2011 年 4 月 22 日第十一届全国人民代表大会常务委员会第 20 次会议《关于修改〈中华人民共和国建筑法〉的决定》第一次修正。根据 2019 年 4 月 23 日第十三届全国人民代表大会常务委员会第 10 次会议《关于修改〈中华人民共和国建筑法〉等八部法律的决定》第二次修正）

第一章　总　　则

第一条　为了加强对建筑活动的监督管理，维护建筑市场秩序，保证建筑工程的质量和安全，促进建筑业健康发展，制定本法。

第二条　在中华人民共和国境内从事建筑活动，实施对建筑活动的监督管理，应当遵守本法。

本法所称建筑活动，是指各类房屋建筑及其附属设施的建造和与其配套的线路、管道、设备的安装活动。

第三条　建筑活动应当确保建筑工程质量和安全，符合国家的建筑工程安全标准。

第四条　国家扶持建筑业的发展，支持建筑科学技术研究，提高房屋建筑设计水平，鼓励节约能源和保护环境，提倡采用先进技术、先进设备、先进工艺、新型建筑材料和现代管理方式。

第五条　从事建筑活动应当遵守法律、法规，不得损害社会公共利益和他人的合法权益。

任何单位和个人都不得妨碍和阻挠依法进行的建筑活动。

第六条　国务院建设行政主管部门对全国的建筑活动实施统一监督管理。

第二章 建 筑 许 可

第一节 建筑工程施工许可

第七条 建筑工程开工前，建设单位应当按照国家有关规定向工程所在地县级以上人民政府建设行政主管部门申请领取施工许可证；但是，国务院建设行政主管部门确定的限额以下的小型工程除外。

按照国务院规定的权限和程序批准开工报告的建筑工程，不再领取施工许可证。

第八条 申请领取施工许可证，应当具备下列条件：

（一）已经办理该建筑工程用地批准手续；

（二）依法应当办理建设工程规划许可证的，已经取得建设工程规划许可证；

（三）需要拆迁的，其拆迁进度符合施工要求；

（四）已经确定建筑施工企业；

（五）有满足施工需要的资金安排、施工图纸及技术资料；

（六）有保证工程质量和安全的具体措施。

建设行政主管部门应当自收到申请之日起七日内，对符合条件的申请颁发施工许可证。

第九条 建设单位应当自领取施工许可证之日起三个月内开工。因故不能按期开工的，应当向发证机关申请延期；延期以两次为限，每次不超过三个月。既不开工又不申请延期或者超过延期时限的，施工许可证自行废止。

第十条 在建的建筑工程因故中止施工的，建设单位应当自中止施工之日起一个月内，向发证机关报告，并按照规定做好建筑工程的维护管理工作。

建筑工程恢复施工时，应当向发证机关报告；中止施工满一年的工程恢复施工前，建设单位应当报发证机关核验施工许可证。

第十一条 按照国务院有关规定批准开工报告的建筑工程，

因故不能按期开工或者中止施工的，应当及时向批准机关报告情况。因故不能按期开工超过六个月的，应当重新办理开工报告的批准手续。

第二节 从业资格

第十二条 从事建筑活动的建筑施工企业、勘察单位、设计单位和工程监理单位，应当具备下列条件：

（一）有符合国家规定的注册资本；

（二）有与其从事的建筑活动相适应的具有法定执业资格的专业技术人员；

（三）有从事相关建筑活动所应有的技术装备；

（四）法律、行政法规规定的其他条件。

第十三条 从事建筑活动的建筑施工企业、勘察单位、设计单位和工程监理单位，按照其拥有的注册资本、专业技术人员、技术装备和已完成的建筑工程业绩等资质条件，划分为不同的资质等级，经资质审查合格，取得相应等级的资质证书后，方可在其资质等级许可的范围内从事建筑活动。

第十四条 从事建筑活动的专业技术人员，应当依法取得相应的执业资格证书，并在执业资格证书许可的范围内从事建筑活动。

第三章 建筑工程发包与承包

第一节 一般规定

第十五条 建筑工程的发包单位与承包单位应当依法订立书面合同，明确双方的权利和义务。

发包单位和承包单位应当全面履行合同约定的义务。不按照合同约定履行义务的，依法承担违约责任。

第十六条 建筑工程发包与承包的招标投标活动，应当遵循公开、公正、平等竞争的原则，择优选择承包单位。

建筑工程的招标投标，本法没有规定的，适用有关招标投标法律的规定。

第十七条 发包单位及其工作人员在建筑工程发包中不得收受贿赂、回扣或者索取其他好处。

承包单位及其工作人员不得利用向发包单位及其工作人员行贿、提供回扣或者给予其他好处等不正当手段承揽工程。

第十八条 建筑工程造价应当按照国家有关规定,由发包单位与承包单位在合同中约定。公开招标发包的,其造价的约定,须遵守招标投标法律的规定。

发包单位应当按照合同的约定,及时拨付工程款项。

第二节 发 包

第十九条 建筑工程依法实行招标发包,对不适于招标发包的可以直接发包。

第二十条 建筑工程实行公开招标的,发包单位应当依照法定程序和方式,发布招标公告,提供载有招标工程的主要技术要求、主要的合同条款、评标的标准和方法以及开标、评标、定标的程序等内容的招标文件。

开标应当在招标文件规定的时间、地点公开进行。开标后应当按照招标文件规定的评标标准和程序对标书进行评价、比较,在具备相应资质条件的投标者中,择优选定中标者。

第二十一条 建筑工程招标的开标、评标、定标由建设单位依法组织实施,并接受有关行政主管部门的监督。

第二十二条 建筑工程实行招标发包的,发包单位应当将建筑工程发包给依法中标的承包单位。建筑工程实行直接发包的,发包单位应当将建筑工程发包给具有相应资质条件的承包单位。

第二十三条 政府及其所属部门不得滥用行政权力,限定发包单位将招标发包的建筑工程发包给指定的承包单位。

第二十四条 提倡对建筑工程实行总承包,禁止将建筑工程肢解发包。

建筑工程的发包单位可以将建筑工程的勘察、设计、施工、设备采购一并发包给一个工程总承包单位,也可以将建筑工程勘察、设计、施工、设备采购的一项或者多项发包给一个工程总承包单位；但是，不得将应当由一个承包单位完成的建筑工程肢解成若干部分发包给几个承包单位。

第二十五条　按照合同约定，建筑材料、建筑构配件和设备由工程承包单位采购的，发包单位不得指定承包单位购入用于工程的建筑材料、建筑构配件和设备或者指定生产厂、供应商。

<h2>第三节　承　　包</h2>

第二十六条　承包建筑工程的单位应当持有依法取得的资质证书，并在其资质等级许可的业务范围内承揽工程。

禁止建筑施工企业超越本企业资质等级许可的业务范围或者以任何形式用其他建筑施工企业的名义承揽工程。禁止建筑施工企业以任何形式允许其他单位或者个人使用本企业的资质证书、营业执照，以本企业的名义承揽工程。

第二十七条　大型建筑工程或者结构复杂的建筑工程，可以由两个以上的承包单位联合共同承包。共同承包的各方对承包合同的履行承担连带责任。

两个以上不同资质等级的单位实行联合共同承包的，应当按照资质等级低的单位的业务许可范围承揽工程。

第二十八条　禁止承包单位将其承包的全部建筑工程转包给他人，禁止承包单位将其承包的全部建筑工程肢解以后以分包的名义分别转包给他人。

第二十九条　建筑工程总承包单位可以将承包工程中的部分工程发包给具有相应资质条件的分包单位；但是，除总承包合同中约定的分包外，必须经建设单位认可。施工总承包的，建筑工程主体结构的施工必须由总承包单位自行完成。

建筑工程总承包单位按照总承包合同的约定对建设单位负责；分包单位按照分包合同的约定对总承包单位负责。总承包单位和分包单位就分包工程对建设单位承担连带责任。

禁止总承包单位将工程分包给不具备相应资质条件的单位。禁止分包单位将其承包的工程再分包。

第四章 建筑工程监理

第三十条 国家推行建筑工程监理制度。

国务院可以规定实行强制监理的建筑工程的范围。

第三十一条 实行监理的建筑工程,由建设单位委托具有相应资质条 件的工程监理单位监理。建设单位与其委托的工程监理单位应当订立书面委托监理合同。

第三十二条 建筑工程监理应当依照法律、行政法规及有关的技术标准、设计文件和建筑工程承包合同,对承包单位在施工质量、建设工期和建设资金使用等方面,代表建设单位实施监督。

工程监理人员认为工程施工不符合工程设计要求、施工技术标准和合同约定的,有权要求建筑施工企业改正。

工程监理人员发现工程设计不符合建筑工程质量标准或者合同约定的质量要求的,应当报告建设单位要求设计单位改正。

第三十三条 实施建筑工程监理前,建设单位应当将委托的工程监理单位、监理的内容及监理权限,书面通知被监理的建筑施工企业。

第三十四条 工程监理单位应当在其资质等级许可的监理范围内,承担工程监理业务。

工程监理单位应当根据建设单位的委托,客观、公正地执行监理任务。

工程监理单位与被监理工程的承包单位以及建筑材料、建筑构配件和设备供应单位不得有隶属关系或者其他利害关系。

工程监理单位不得转让工程监理业务。

第三十五条 工程监理单位不按照委托监理合同的约定履行监理义务,对应当监督检查的项目不检查或者不按照规定检查,给建设单位造成损失的,应当承担相应的赔偿责任。

工程监理单位与承包单位串通,为承包单位谋取非法利益,给建设单位造成损失的，应当与承包单位承担连带赔偿责任。

第五章 建筑安全生产管理

第三十六条 建筑工程安全生产管理必须坚持安全第一、预防为主的方针，建立健全安全生产的责任制度和群防群治制度。

第三十七条 建筑工程设计应当符合按照国家规定制定的建筑安全规程和技术规范，保证工程的安全性能。

第三十八条 建筑施工企业在编制施工组织设计时，应当根据建筑工程的特点制定相应的安全技术措施；对专业性较强的工程项目，应当编制专项安全施工组织设计，并采取安全技术措施。

第三十九条 建筑施工企业应当在施工现场采取维护安全、防范危险、预防火灾等措施；有条件的，应当对施工现场实行封闭管理。

施工现场对毗邻的建筑物、构筑物和特殊作业环境可能造成损害的，建筑施工企业应当采取安全防护措施。

第四十条 建设单位应当向建筑施工企业提供与施工现场相关的地下管线资料，建筑施工企业应当采取措施加以保护。

第四十一条 建筑施工企业应当遵守有关环境保护和安全生产的法律、法规的规定，采取控制和处理施工现场的各种粉尘、废气、废水、固体废物以及噪声、振动对环境的污染和危害的措施。

第四十二条 有下列情形之一的，建设单位应当按照国家有关规定办理申请批准手续：

（一）需要临时占用规划批准范围以外场地的；

（二）可能损坏道路、管线、电力、邮电通信等公共设施的；

（三）需要临时停水、停电、中断道路交通的；

（四）需要进行爆破作业的；

（五）法律、法规规定需要办理报批手续的其他情形。

第四十三条　建设行政主管部门负责建筑安全生产的管理，并依法接受劳动行政主管部门对建筑安全生产的指导和监督。

第四十四条　建筑施工企业必须依法加强对建筑安全生产的管理，执行安全生产责任制度，采取有效措施，防止伤亡和其他安全生产事故的发生。

建筑施工企业的法定代表人对本企业的安全生产负责。

第四十五条　施工现场安全由建筑施工企业负责。实行施工总承包的，由总承包单位负责。分包单位向总承包单位负责，服从总承包单位对施工现场的安全生产管理。

第四十六条　建筑施工企业应当建立健全劳动安全生产教育培训制度，加强对职工安全生产的教育培训；未经安全生产教育培训的人员，不得上岗作业。

第四十七条　建筑施工企业和作业人员在施工过程中，应当遵守有关安全生产的法律、法规和建筑行业安全规章、规程，不得违章指挥或者违章作业。作业人员有权对影响人身健康的作业程序和作业条件提出改进意见，有权获得安全生产所需的防护用品。作业人员对危及生命安全和人身健康的行为有权提出批评、检举和控告。

第四十八条　建筑施工企业应当依法为职工参加工伤保险缴纳工伤保险费。鼓励企业为从事危险作业的职工办理意外伤害保险，支付保险费。

第四十九条　涉及建筑主体和承重结构变动的装修工程，建设单位应当在施工前委托原设计单位或者具有相应资质条件的设计单位提出设计方案；没有设计方案的，不得施工。

第五十条　房屋拆除应当由具备保证安全条件的建筑施工单位承担，由建筑施工单位负责人对安全负责。

第五十一条　施工中发生事故时，建筑施工企业应当采取紧急措施减少人员伤亡和事故损失，并按照国家有关规定及时向有关部门报告。

第六章　建筑工程质量管理

第五十二条　建筑工程勘察、设计、施工的质量必须符合国家有关建筑工程安全标准的要求,具体管理办法由国务院规定。

有关建筑工程安全的国家标准不能适应确保建筑安全的要求时,应当及时修订。

第五十三条　国家对从事建筑活动的单位推行质量体系认证制度。从事建筑活动的单位根据自愿原则可以向国务院产品质量监督管理部门或者国务院产品质量监督管理部门授权的部门认可的认证机构申请质量体系认证。经认证合格的,由认证机构颁发质量体系认证证书。

第五十四条　建设单位不得以任何理由,要求建筑设计单位或者建筑施工企业在工程设计或者施工作业中,违反法律、行政法规和建筑工程质量、安全标准,降低工程质量。

建筑设计单位和建筑施工企业对建设单位违反前款规定提出的降低工程质量的要求,应当予以拒绝。

第五十五条　建筑工程实行总承包的,工程质量由工程总承包单位负责,总承包单位将建筑工程分包给其他单位的,应当对分包工程的质量与分包单位承担连带责任。分包单位应当接受总承包单位的质量管理。

第五十六条　建筑工程的勘察、设计单位必须对其勘察、设计的质量负责。勘察、设计文件应当符合有关法律、行政法规的规定和建筑工程质量、安全标准、建筑工程勘察、设计技术规范以及合同的约定。设计文件选用的建筑材料、建筑构配件和设备,应当注明其规格、型号、性能等技术指标,其质量要求必须符合国家规定的标准。

第五十七条　建筑设计单位对设计文件选用的建筑材料、建筑构配件和设备,不得指定生产厂、供应商。

第五十八条　建筑施工企业对工程的施工质量负责。

建筑施工企业必须按照工程设计图纸和施工技术标准施工，不得偷工减料。工程设计的修改由原设计单位负责，建筑施工企业不得擅自修改工程设计。

第五十九条 建筑施工企业必须按照工程设计要求、施工技术标准和合同的约定，对建筑材料、建筑构配件和设备进行检验，不合格的不得使用。

第六十条 建筑物在合理使用寿命内，必须确保地基基础工程和主体结构的质量。

建筑工程竣工时，屋顶、墙面不得留有渗漏、开裂等质量缺陷；对已发现的质量缺陷，建筑施工企业应当修复。

第六十一条 交付竣工验收的建筑工程，必须符合规定的建筑工程质量标准，有完整的工程技术经济资料和经签署的工程保修书，并具备国家规定的其他竣工条件。

建筑工程竣工经验收合格后，方可交付使用；未经验收或者验收不合格的，不得交付使用。

第六十二条 建筑工程实行质量保修制度。

建筑工程的保修范围应当包括地基基础工程、主体结构工程、屋面防水工程和其他土建工程，以及电气管线、上下水管线的安装工程，供热、供冷系统工程等项目；保修的期限应当按照保证建筑物合理寿命年限内正常使用，维护使用者合法权益的原则确定。具体的保修范围和最低保修期限由国务院规定。

第六十三条 任何单位和个人对建筑工程的质量事故、质量缺陷都有权向建设行政主管部门或者其他有关部门进行检举、控告、投诉。

第七章 法 律 责 任

第六十四条 违反本法规定，未取得施工许可证或者开工报告未经批准擅自施工的，责令改正，对不符合开工条件的责令停止施工，可以处以罚款。

第六十五条 发包单位将工程发包给不具有相应资质条件

的承包单位的，或者违反本法规定将建筑工程肢解发包的，责令改正，处以罚款。

超越本单位资质等级承揽工程的，责令停止违法行为，处以罚款，可以责令停业整顿，降低资质等级；情节严重的，吊销资质证书；有违法所得的，予以没收。

未取得资质证书承揽工程的，予以取缔，并处罚款；有违法所得的，予以没收。

以欺骗手段取得资质证书的，吊销资质证书，处以罚款；构成犯罪的，依法追究刑事责任。

第六十六条　建筑施工企业转让、出借资质证书或者以其他方式允许他人以本企业的名义承揽工程的，责令改正，没收违法所得，并处罚款，可以责令停业整顿，降低资质等级；情节严重的，吊销资质证书。对因该项承揽工程不符合规定的质量标准造成的损失，建筑施工企业与使用本企业名义的单位或者个人承担连带赔偿责任。

第六十七条　承包单位将承包的工程转包的，或者违反本法规定进行分包的，责令改正，没收违法所得，并处罚款，可以责令停业整顿，降低资质等级；情节严重的，吊销资质证书。

承包单位有前款规定的违法行为的，对因转包工程或者违法分包的工程不符合规定的质量标准造成的损失，与接受转包或者分包的单位承担连带赔偿责任。

第六十八条　在工程发包与承包中索贿、受贿、行贿，构成犯罪的，依法追究刑事责任；不构成犯罪的，分别处以罚款，没收贿赂的财物，对直接负责的主管人员和其他直接责任人员给予处分。

对在工程承包中行贿的承包单位，除依照前款规定处罚外，可以责令停业整顿，降低资质等级或者吊销资质证书。

第六十九条　工程监理单位与建设单位或者建筑施工企业串通，弄虚作假、降低工程质量的，责令改正，处以罚款，降低资质等级或者吊销资质证书；有违法所得的，予以没收；造成损失的，承担连带赔偿责任；构成犯罪的，依法追究刑事责任。

工程监理单位转让监理业务的，责令改正，没收违法所得，可以责令停业整顿，降低资质等级；情节严重的，吊销资质证书。

第七十条　违反本法规定，涉及建筑主体或者承重结构变动的装修工程擅自施工的，责令改正，处以罚款；造成损失的，承担赔偿责任；构成犯罪的，依法追究刑事责任。

第七十一条　建筑施工企业违反本法规定，对建筑安全事故隐患不采取措施予以消除的，责令改正，可以处以罚款；情节严重的，责令停业整顿，降低资质等级或者吊销资质证书；构成犯罪的，依法追究刑事责任。

建筑施工企业的管理人员违章指挥、强令职工冒险作业，因而发生重大伤亡事故或者造成其他严重后果的，依法追究刑事责任。

第七十二条　建设单位违反本法规定，要求建筑设计单位或者建筑施工企业违反建筑工程质量、安全标准，降低工程质量的，责令改正，可以处以罚款；构成犯罪的，依法追究刑事责任。

第七十三条　建筑设计单位不按照建筑工程质量、安全标准进行设计的，责令改正，处以罚款；造成工程质量事故的，责令停业整顿，降低资质等级或者吊销资质证书，没收违法所得，并处罚款；造成损失的，承担赔偿责任；构成犯罪的，依法追究刑事责任。

第七十四条　建筑施工企业在施工中偷工减料的，使用不合格的建筑材料、建筑构配件和设备的，或者有其他不按照工程设计图纸或者施工技术标准施工的行为的，责令改正，处以罚款；情节严重的，责令停业整顿，降低资质等级或者吊销资质证书；造成建筑工程质量不符合规定的质量标准的，负责返工、修理，并赔偿因此造成的损失；构成犯罪的，依法追究刑事责任。

第七十五条　建筑施工企业违反本法规定，不履行保修义务或者拖延履行保修义务的，责令改正，可以处以罚款，并对在保修期内因屋顶、墙面渗漏、开裂等质量缺陷造成的损失，承担赔偿责任。

第七十六条　本法规定的责令停业整顿、降低资质等级和吊销资质证书的行政处罚，由颁发资质证书的机关决定；其他行政处罚，由建设行政主管部门或者有关部门依照法律和国务院规定的职权范围决定。

依照本法规定被吊销资质证书的，由工商行政管理部门吊销其营业执照。

第七十七条　违反本法规定，对不具备相应资质等级条件的单位颁发该等级资质证书的，由其上级机关责令收回所发的资质证书，对直接负责的主管人员和其他直接责任人员给予行政处分；构成犯罪的，依法追究刑事责任。

第七十八条　政府及其所属部门的工作人员违反本法规定，限定发包单位将招标发包的工程发包给指定的承包单位的，由上级机关责令改正；构成犯罪的，依法追究刑事责任。

第七十九条　负责颁发建筑工程施工许可证的部门及其工作人员对不符合施工条件的建筑工程颁发施工许可证的，负责工程质量监督检查或者竣工验收的部门及其工作人员对不合格的建筑工程出具质量合格文件或者按合格工程验收的，由上级机关责令改正，对责任人员给予行政处分；构成犯罪的，依法追究刑事责任；造成损失的，由该部门承担相应的赔偿责任。

第八十条　在建筑物的合理使用寿命内，因建筑工程质量不合格受到损害的，有权向责任者要求赔偿。

第八章　附　　则

第八十一条　本法关于施工许可、建筑施工企业资质审查和建筑工程发包、承包、禁止转包，以及建筑工程监理、建筑工程安全和质量管理的规定，适用于其他专业建筑工程的建筑活动，具体办法由国务院规定。

第八十二条　建设行政主管部门和其他有关部门在对建筑活动实施监督管理中，除按照国务院有关规定收取费用外，不得收取其他费用。

第八十三条　省、自治区、直辖市人民政府确定的小型房屋建筑工程的建筑活动，参照本法执行。

依法核定作为文物保护的纪念建筑物和古建筑等的修缮，依照文物保护的有关法律规定执行。

抢险救灾及其他临时性房屋建筑和农民自建低层住宅的建筑活动，不适用本法。

第八十四条　军用房屋建筑工程建筑活动的具体管理办法，由国务院、中央军事委员会依据本法制定。

第八十五条　本法自1998年3月1日起施行。

附录4 中华人民共和国招标投标法实施条例

（2011年12月20日中华人民共和国国务院令第613号公布。根据2017年3月1日《国务院关于修改和废止部分行政法规的决定》第一次修订，根据2018年3月19日《国务院关于修改和废止部分行政法规的决定》第二次修订）

第一章 总 则

第一条 为了规范招标投标活动，根据《中华人民共和国招标投标法》（以下简称招标投标法），制定本条例。

第二条 招标投标法第三条所称工程建设项目，是指工程以及与工程建设有关的货物、服务。

前款所称工程，是指建设工程，包括建筑物和构筑物的新建、改建、扩建及其相关的装修、拆除、修缮等；所称与工程建设有关的货物，是指构成工程不可分割的组成部分，且为实现工程基本功能所必需的设备、材料等；所称与工程建设有关的服务，是指为完成工程所需的勘察、设计、监理等服务。

第三条 依法必须进行招标的工程建设项目的具体范围和规模标准，由国务院发展改革部门会同国务院有关部门制订，报国务院批准后公布施行。

第四条 国务院发展改革部门指导和协调全国招标投标工作，对国家重大建设项目的工程招标投标活动实施监督检查。国务院工业和信息化、住房城乡建设、交通运输、铁道、水利、商务等部门，按照规定的职责分工对有关招标投标活动实施监督。

县级以上地方人民政府发展改革部门指导和协调本行政区域的招标投标工作。县级以上地方人民政府有关部门按照规定的职责分工，对招标投标活动实施监督，依法查处招标投标活动中的违法行为。县级以上地方人民政府对其所属部门有关招标投标活动的监督职责分工另有规定的，从其规定。

财政部门依法对实行招标投标的政府采购工程建设项目的预算执行情况和政府采购政策执行情况实施监督。

监察机关依法对与招标投标活动有关的监察对象实施监察。

第五条　设区的市级以上地方人民政府可以根据实际需要，建立统一规范的招标投标交易场所，为招标投标活动提供服务。招标投标交易场所不得与行政监督部门存在隶属关系，不得以营利为目的。

国家鼓励利用信息网络进行电子招标投标。

第六条　禁止国家工作人员以任何方式非法干涉招标投标活动。

第二章　招　　标

第七条　按照国家有关规定需要履行项目审批、核准手续的依法必须进行招标的项目，其招标范围、招标方式、招标组织形式应当报项目审批、核准部门审批、核准。项目审批、核准部门应当及时将审批、核准确定的招标范围、招标方式、招标组织形式通报有关行政监督部门。

第八条　国有资金占控股或者主导地位的依法必须进行招标的项目，应当公开招标；但有下列情形之一的，可以邀请招标：

（一）技术复杂、有特殊要求或者受自然环境限制，只有少量潜在投标人可供选择；

（二）采用公开招标方式的费用占项目合同金额的比例过大。

有前款第二项所列情形，属于本条例第七条规定的项目，由项目审批、核准部门在审批、核准项目时作出认定；其他项目由招标人申请有关行政监督部门作出认定。

第九条　除招标投标法第六十六条规定的可以不进行招标的特殊情况外，有下列情形之一的，可以不进行招标：

（一）需要采用不可替代的专利或者专有技术；

（二）采购人依法能够自行建设、生产或者提供；

（三）已通过招标方式选定的特许经营项目投资人依法能够自行建设、生产或者提供；

（四）需要向原中标人采购工程、货物或者服务，否则将影响施工或者功能配套要求；

（五）国家规定的其他特殊情形。

招标人为适用前款规定弄虚作假的，属于招标投标法第四条规定的规避招标。

第十条　招标投标法第十二条第二款规定的招标人具有编制招标文件和组织评标能力，是指招标人具有与招标项目规模和复杂程度相适应的技术、经济等方面的专业人员。

第十一条　国务院住房城乡建设、商务、发展改革、工业和信息化等部门，按照规定的职责分工对招标代理机构依法实施监督管理。

第十二条　招标代理机构应当拥有一定数量的具备编制招标文件、组织评标等相应能力的专业人员。

第十三条　招标代理机构在招标人委托的范围内开展招标代理业务，任何单位和个人不得非法干涉。

招标代理机构代理招标业务，应当遵守招标投标法和本条例关于招标人的规定。招标代理机构不得在所代理的招标项目中投标或者代理投标，也不得为所代理的招标项目的投标人提供咨询。

第十四条　招标人应当与被委托的招标代理机构签订书面委托合同，合同约定的收费标准应当符合国家有关规定。

第十五条　公开招标的项目，应当依照招标投标法和本条例的规定发布招标公告、编制招标文件。

招标人采用资格预审办法对潜在投标人进行资格审查的，应当发布资格预审公告、编制资格预审文件。

依法必须进行招标的项目的资格预审公告和招标公告，应当在国务院发展改革部门依法指定的媒介发布。在不同媒介发布的同一招标项目的资格预审公告或者招标公告的内容应当一致。指定媒介发布依法必须进行招标的项目的境内资格预审公告、招标公告，不得收取费用。

编制依法必须进行招标的项目的资格预审文件和招标文件，应当使用国务院发展改革部门会同有关行政监督部门制定的标准文本。

第十六条　招标人应当按照资格预审公告、招标公告或者投标邀请书规定的时间、地点发售资格预审文件或者招标文件。资格预审文件或者招标文件的发售期不得少于5日。

招标人发售资格预审文件、招标文件收取的费用应当限于补偿印刷、邮寄的成本支出，不得以营利为目的。

第十七条　招标人应当合理确定提交资格预审申请文件的时间。依法必须进行招标的项目提交资格预审申请文件的时间，自资格预审文件停止发售之日起不得少于5日。

第十八条　资格预审应当按照资格预审文件载明的标准和方法进行。

国有资金占控股或者主导地位的依法必须进行招标的项目，招标人应当组建资格审查委员会审查资格预审申请文件。资格审查委员会及其成员应当遵守招标投标法和本条例有关评标委员会及其成员的规定。

第十九条　资格预审结束后，招标人应当及时向资格预审申请人发出资格预审结果通知书。未通过资格预审的申请人不具有投标资格。

通过资格预审的申请人少于3个的，应当重新招标。

第二十条　招标人采用资格后审办法对投标人进行资格审查的，应当在开标后由评标委员会按照招标文件规定的标准和方法对投标人的资格进行审查。

第二十一条　招标人可以对已发出的资格预审文件或者招标文件进行必要的澄清或者修改。澄清或者修改的内容可能影响资格预审申请文件或者投标文件编制的，招标人应当在提交资格预审申请文件截止时间至少 3 日前，或者投标截止时间至少 15 日前，以书面形式通知所有获取资格预审文件或者招标文件的潜在投标人；不足 3 日或者 15 日的，招标人应当顺延提交资格预审申请文件或者投标文件的截止时间。

第二十二条　潜在投标人或者其他利害关系人对资格预审文件有异议的，应当在提交资格预审申请文件截止时间 2 日前提出；对招标文件有异议的，应当在投标截止时间 10 日前提出。招标人应当自收到异议之日起 3 日内作出答复；作出答复前，应当暂停招标投标活动。

第二十三条　招标人编制的资格预审文件、招标文件的内容违反法律、行政法规的强制性规定，违反公开、公平、公正和诚实信用原则，影响资格预审结果或者潜在投标人投标的，依法必须进行招标的项目的招标人应当在修改资格预审文件或者招标文件后重新招标。

第二十四条　招标人对招标项目划分标段的，应当遵守招标投标法的有关规定，不得利用划分标段限制或者排斥潜在投标人。依法必须进行招标的项目的招标人不得利用划分标段规避招标。

第二十五条　招标人应当在招标文件中载明投标有效期。投标有效期从提交投标文件的截止之日起算。

第二十六条　招标人在招标文件中要求投标人提交投标保证金的，投标保证金不得超过招标项目估算价的 2%。投标保证金有效期应当与投标有效期一致。

依法必须进行招标的项目的境内投标单位，以现金或者支票形式提交的投标保证金应当从其基本账户转出。

招标人不得挪用投标保证金。

第二十七条　招标人可以自行决定是否编制标底。一个招标项目只能有一个标底。标底必须保密。

接受委托编制标底的中介机构不得参加受托编制标底项目

的投标，也不得为该项目的投标人编制投标文件或者提供咨询。

招标人设有最高投标限价的，应当在招标文件中明确最高投标限价或者最高投标限价的计算方法。招标人不得规定最低投标限价。

第二十八条　招标人不得组织单个或者部分潜在投标人踏勘项目现场。

第二十九条　招标人可以依法对工程以及与工程建设有关的货物、服务全部或者部分实行总承包招标。以暂估价形式包括在总承包范围内的工程、货物、服务属于依法必须进行招标的项目范围且达到国家规定规模标准的，应当依法进行招标。

前款所称暂估价，是指总承包招标时不能确定价格而由招标人在招标文件中暂时估定的工程、货物、服务的金额。

第三十条　对技术复杂或者无法精确拟定技术规格的项目，招标人可以分两阶段进行招标。

第一阶段，投标人按照招标公告或者投标邀请书的要求提交不带报价的技术建议，招标人根据投标人提交的技术建议确定技术标准和要求，编制招标文件。

第二阶段，招标人向在第一阶段提交技术建议的投标人提供招标文件，投标人按照招标文件的要求提交包括最终技术方案和投标报价的投标文件。

招标人要求投标人提交投标保证金的，应当在第二阶段提出。

第三十一条　招标人终止招标的，应当及时发布公告，或者以书面形式通知被邀请的或者已经获取资格预审文件、招标文件的潜在投标人。已经发售资格预审文件、招标文件或者已经收取投标保证金的，招标人应当及时退还所收取的资格预审文件、招标文件的费用，以及所收取的投标保证金及银行同期存款利息。

第三十二条　招标人不得以不合理的条件限制、排斥潜在投标人或者投标人。

招标人有下列行为之一的，属于以不合理条件限制、排斥潜在投标人或者投标人：

（一）就同一招标项目向潜在投标人或者投标人提供有差别的项目信息；

（二）设定的资格、技术、商务条件与招标项目的具体特点和实际需要不相适应或者与合同履行无关；

（三）依法必须进行招标的项目以特定行政区域或者特定行业的业绩、奖项作为加分条件或者中标条件；

（四）对潜在投标人或者投标人采取不同的资格审查或者评标标准；

（五）限定或者指定特定的专利、商标、品牌、原产地或者供应商；

（六）依法必须进行招标的项目非法限定潜在投标人或者投标人的所有制形式或者组织形式；

（七）以其他不合理条件限制、排斥潜在投标人或者投标人。

第三章 投   标

第三十三条 投标人参加依法必须进行招标的项目的投标，不受地区或者部门的限制，任何单位和个人不得非法干涉。

第三十四条 与招标人存在利害关系可能影响招标公正性的法人、其他组织或者个人，不得参加投标。

单位负责人为同一人或者存在控股、管理关系的不同单位，不得参加同一标段投标或者未划分标段的同一招标项目投标。

违反前两款规定的，相关投标均无效。

第三十五条 投标人撤回已提交的投标文件，应当在投标截止时间前书面通知招标人。招标人已收取投标保证金的，应当自收到投标人书面撤回通知之日起 5 日内退还。

投标截止后投标人撤销投标文件的，招标人可以不退还投标保证金。

第三十六条　未通过资格预审的申请人提交的投标文件，以及逾期送达或者不按照招标文件要求密封的投标文件，招标人应当拒收。

招标人应当如实记载投标文件的送达时间和密封情况，并存档备查。

第三十七条　招标人应当在资格预审公告、招标公告或者投标邀请书中载明是否接受联合体投标。

招标人接受联合体投标并进行资格预审的，联合体应当在提交资格预审申请文件前组成。资格预审后联合体增减、更换成员的，其投标无效。

联合体各方在同一招标项目中以自己名义单独投标或者参加其他联合体投标的，相关投标均无效。

第三十八条　投标人发生合并、分立、破产等重大变化的，应当及时书面告知招标人。投标人不再具备资格预审文件、招标文件规定的资格条件或者其投标影响招标公正性的，其投标无效。

第三十九条　禁止投标人相互串通投标。

有下列情形之一的，属于投标人相互串通投标：

（一）投标人之间协商投标报价等投标文件的实质性内容；

（二）投标人之间约定中标人；

（三）投标人之间约定部分投标人放弃投标或者中标；

（四）属于同一集团、协会、商会等组织成员的投标人按照该组织要求协同投标；

（五）投标人之间为谋取中标或者排斥特定投标人而采取的其他联合行动。

第四十条　有下列情形之一的，视为投标人相互串通投标：

（一）不同投标人的投标文件由同一单位或者个人编制；

（二）不同投标人委托同一单位或者个人办理投标事宜；

（三）不同投标人的投标文件载明的项目管理成员为同一人；

（四）不同投标人的投标文件异常一致或者投标报价呈规律性差异；

（五）不同投标人的投标文件相互混装；

（六）不同投标人的投标保证金从同一单位或者个人的账户转出。

第四十一条　禁止招标人与投标人串通投标。

有下列情形之一的，属于招标人与投标人串通投标：

（一）招标人在开标前开启投标文件并将有关信息泄漏给其他投标人；

（二）招标人直接或者间接向投标人泄漏标底、评标委员会成员等信息；

（三）招标人明示或者暗示投标人压低或者抬高投标报价；

（四）招标人授意投标人撤换、修改投标文件；

（五）招标人明示或者暗示投标人为特定投标人中标提供方便；

（六）招标人与投标人为谋求特定投标人中标而采取的其他串通行为。

第四十二条　使用通过受让或者租借等方式获取的资格、资质证书投标的，属于招标投标法第三十三条规定的以他人名义投标。

投标人有下列情形之一的，属于招标投标法第三十三条规定的以其他方式弄虚作假的行为：

（一）使用伪造、变造的许可证件；

（二）提供虚假的财务状况或者业绩；

（三）提供虚假的项目负责人或者主要技术人员简历、劳动关系证明；

（四）提供虚假的信用状况；

（五）其他弄虚作假的行为。

第四十三条　提交资格预审申请文件的申请人应当遵守招标投标法和本条例有关投标人的规定。

第四章　开标、评标和中标

第四十四条　招标人应当按照招标文件规定的时间、地点开标。

投标人少于3个的，不得开标；招标人应当重新招标。

投标人对开标有异议的，应当在开标现场提出，招标人应当当场作出答复，并制作记录。

第四十五条　国家实行统一的评标专家专业分类标准和管理办法。具体标准和办法由国务院发展改革部门会同国务院有关部门制定。

省级人民政府和国务院有关部门应当组建综合评标专家库。

第四十六条　除招标投标法第三十七条第三款规定的特殊招标项目外，依法必须进行招标的项目，其评标委员会的专家成员应当从评标专家库内相关专业的专家名单中以随机抽取方式确定。任何单位和个人不得以明示、暗示等任何方式指定或者变相指定参加评标委员会的专家成员。

依法必须进行招标的项目的招标人非因招标投标法和本条例规定的事由，不得更换依法确定的评标委员会成员。更换评标委员会的专家成员应当依照前款规定进行。

评标委员会成员与投标人有利害关系的，应当主动回避。

有关行政监督部门应当按照规定的职责分工，对评标委员会成员的确定方式、评标专家的抽取和评标活动进行监督。行政监督部门的工作人员不得担任本部门负责监督项目的评标委员会成员。

第四十七条　招标投标法第三十七条第三款所称特殊招标项目，是指技术复杂、专业性强或者国家有特殊要求，采取随机抽取方式确定的专家难以保证胜任评标工作的项目。

第四十八条　招标人应当向评标委员会提供评标所必需的信息，但不得明示或者暗示其倾向或者排斥特定投标人。

招标人应当根据项目规模和技术复杂程度等因素合理确定

评标时间。超过三分之一的评标委员会成员认为评标时间不够的，招标人应当适当延长。

评标过程中，评标委员会成员有回避事由、擅离职守或者因健康等原因不能继续评标的，应当及时更换。被更换的评标委员会成员作出的评审结论无效，由更换后的评标委员会成员重新进行评审。

第四十九条　评标委员会成员应当依照招标投标法和本条例的规定，按照招标文件规定的评标标准和方法，客观、公正地对投标文件提出评审意见。招标文件没有规定的评标标准和方法不得作为评标的依据。

评标委员会成员不得私下接触投标人，不得收受投标人给予的财物或者其他好处，不得向招标人征询确定中标人的意向，不得接受任何单位或者个人明示或者暗示提出的倾向或者排斥特定投标人的要求，不得有其他不客观、不公正履行职务的行为。

第五十条　招标项目设有标底的，招标人应当在开标时公布。标底只能作为评标的参考，不得以投标报价是否接近标底作为中标条件，也不得以投标报价超过标底上下浮动范围作为否决投标的条件。

第五十一条　有下列情形之一的，评标委员会应当否决其投标：

（一）投标文件未经投标单位盖章和单位负责人签字；

（二）投标联合体没有提交共同投标协议；

（三）投标人不符合国家或者招标文件规定的资格条件；

（四）同一投标人提交两个以上不同的投标文件或者投标报价，但招标文件要求提交备选投标的除外；

（五）投标报价低于成本或者高于招标文件设定的最高投标限价；

（六）投标文件没有对招标文件的实质性要求和条件作出响应；

（七）投标人有串通投标、弄虚作假、行贿等违法行为。

第五十二条　投标文件中有含义不明确的内容、明显文字或者计算错误，评标委员会认为需要投标人作出必要澄清、说明的，应当书面通知该投标人。投标人的澄清、说明应当采用书面形式，并不得超出投标文件的范围或者改变投标文件的实质性内容。

评标委员会不得暗示或者诱导投标人作出澄清、说明，不得接受投标人主动提出的澄清、说明。

第五十三条　评标完成后，评标委员会应当向招标人提交书面评标报告和中标候选人名单。中标候选人应当不超过3个，并标明排序。

评标报告应当由评标委员会全体成员签字。对评标结果有不同意见的评标委员会成员应当以书面形式说明其不同意见和理由，评标报告应当注明该不同意见。评标委员会成员拒绝在评标报告上签字又不书面说明其不同意见和理由的，视为同意评标结果。

第五十四条　依法必须进行招标的项目，招标人应当自收到评标报告之日起3日内公示中标候选人，公示期不得少于3日。

投标人或者其他利害关系人对依法必须进行招标的项目的评标结果有异议的，应当在中标候选人公示期间提出。招标人应当自收到异议之日起3日内作出答复；作出答复前，应当暂停招标投标活动。

第五十五条　国有资金占控股或者主导地位的依法必须进行招标的项目，招标人应当确定排名第一的中标候选人为中标人。排名第一的中标候选人放弃中标、因不可抗力不能履行合同、不按照招标文件要求提交履约保证金，或者被查实存在影响中标结果的违法行为等情形，不符合中标条件的，招标人可以按照评标委员会提出的中标候选人名单排序依次确定其他中标候选人为中标人，也可以重新招标。

第五十六条　中标候选人的经营、财务状况发生较大变化或者存在违法行为，招标人认为可能影响其履约能力的，应当在发出中标通知书前由原评标委员会按照招标文件规定的标准和方法审查确认。

第五十七条　招标人和中标人应当依照招标投标法和本条例的规定签订书面合同，合同的标的、价款、质量、履行期限等主要条款应当与招标文件和中标人的投标文件的内容一致。招标人和中标人不得再行订立背离合同实质性内容的其他协议。

招标人最迟应当在书面合同签订后 5 日内向中标人和未中标的投标人退还投标保证金及银行同期存款利息。

第五十八条　招标文件要求中标人提交履约保证金的，中标人应当按照招标文件的要求提交。履约保证金不得超过中标合同金额的 10%。

第五十九条　中标人应当按照合同约定履行义务，完成中标项目。中标人不得向他人转让中标项目，也不得将中标项目肢解后分别向他人转让。

中标人按照合同约定或者经招标人同意，可以将中标项目的部分非主体、非关键性工作分包给他人完成。接受分包的人应当具备相应的资格条件，并不得再次分包。

中标人应当就分包项目向招标人负责，接受分包的人就分包项目承担连带责任。

第五章　投诉与处理

第六十条　投标人或者其他利害关系人认为招标投标活动不符合法律、行政法规规定的，可以自知道或者应当知道之日起 10 日内向有关行政监督部门投诉。投诉应当有明确的请求和必要的证明材料。

就本条例第二十二条、第四十四条、第五十四条规定事项投诉的，应当先向招标人提出异议，异议答复期间不计算在前款规定的期限内。

第六十一条　投诉人就同一事项向两个以上有权受理的行政监督部门投诉的，由最先收到投诉的行政监督部门负责处理。

行政监督部门应当自收到投诉之日起 3 个工作日内决定是否受理投诉，并自受理投诉之日起 30 个工作日内作出书面处理决定；需要检验、检测、鉴定、专家评审的，所需时间不计算在内。

投诉人捏造事实、伪造材料或者以非法手段取得证明材料进行投诉的，行政监督部门应当予以驳回。

第六十二条　行政监督部门处理投诉，有权查阅、复制有关文件、资料，调查有关情况，相关单位和人员应当予以配合。必要时，行政监督部门可以责令暂停招标投标活动。

行政监督部门的工作人员对监督检查过程中知悉的国家秘密、商业秘密，应当依法予以保密。

第六章　法　律　责　任

第六十三条　招标人有下列限制或者排斥潜在投标人行为之一的，由有关行政监督部门依照招标投标法第五十一条的规定处罚：

（一）依法应当公开招标的项目不按照规定在指定媒介发布资格预审公告或者招标公告；

（二）在不同媒介发布的同一招标项目的资格预审公告或者招标公告的内容不一致，影响潜在投标人申请资格预审或者投标。

依法必须进行招标的项目的招标人不按照规定发布资格预审公告或者招标公告，构成规避招标的，依照招标投标法第四十九条的规定处罚。

第六十四条　招标人有下列情形之一的，由有关行政监督部门责令改正，可以处 10 万元以下的罚款：

（一）依法应当公开招标而采用邀请招标；

（二）招标文件、资格预审文件的发售、澄清、修改的时限，或者确定的提交资格预审申请文件、投标文件的时限不符合招标投标法和本条例规定；

（三）接受未通过资格预审的单位或者个人参加投标；

（四）接受应当拒收的投标文件。

招标人有前款第一项、第三项、第四项所列行为之一的，对单位直接负责的主管人员和其他直接责任人员依法给予处分。

第六十五条　招标代理机构在所代理的招标项目中投标、代理投标或者向该项目投标人提供咨询的，接受委托编制标底的中介机构参加受托编制标底项目的投标或者为该项目的投标人编制投标文件、提供咨询的，依照招标投标法第五十条的规定追究法律责任。

第六十六条　招标人超过本条例规定的比例收取投标保证金、履约保证金或者不按照规定退还投标保证金及银行同期存款利息的，由有关行政监督部门责令改正，可以处 5 万元以下的罚款；给他人造成损失的，依法承担赔偿责任。

第六十七条　投标人相互串通投标或者与招标人串通投标的，投标人向招标人或者评标委员会成员行贿谋取中标的，中标无效；构成犯罪的，依法追究刑事责任；尚不构成犯罪的，依照招标投标法第五十三条的规定处罚。投标人未中标的，对单位的罚款金额按照招标项目合同金额依照招标投标法规定的比例计算。

投标人有下列行为之一的，属于招标投标法第五十三条规定的情节严重行为，由有关行政监督部门取消其 1 年至 2 年内参加依法必须进行招标的项目的投标资格：

（一）以行贿谋取中标；

（二）3 年内 2 次以上串通投标；

（三）串通投标行为损害招标人、其他投标人或者国家、集体、公民的合法利益，造成直接经济损失 30 万元以上；

（四）其他串通投标情节严重的行为。

投标人自本条第二款规定的处罚执行期限届满之日起 3 年

内又有该款所列违法行为之一的，或者串通投标、以行贿谋取中标情节特别严重的，由工商行政管理机关吊销营业执照。

法律、行政法规对串通投标报价行为的处罚另有规定的，从其规定。

第六十八条　投标人以他人名义投标或者以其他方式弄虚作假骗取中标的，中标无效；构成犯罪的，依法追究刑事责任；尚不构成犯罪的，依照招标投标法第五十四条的规定处罚。依法必须进行招标的项目的投标人未中标的，对单位的罚款金额按照招标项目合同金额依照招标投标法规定的比例计算。

投标人有下列行为之一的，属于招标投标法第五十四条规定的情节严重行为，由有关行政监督部门取消其1年至3年内参加依法必须进行招标的项目的投标资格：

（一）伪造、变造资格、资质证书或者其他许可证件骗取中标；

（二）3年内2次以上使用他人名义投标；

（三）弄虚作假骗取中标给招标人造成直接经济损失30万元以上；

（四）其他弄虚作假骗取中标情节严重的行为。

投标人自本条第二款规定的处罚执行期限届满之日起3年内又有该款所列违法行为之一的，或者弄虚作假骗取中标情节特别严重的，由工商行政管理机关吊销营业执照。

第六十九条　出让或者出租资格、资质证书供他人投标的，依照法律、行政法规的规定给予行政处罚；构成犯罪的，依法追究刑事责任。

第七十条　依法必须进行招标的项目的招标人不按照规定组建评标委员会，或者确定、更换评标委员会成员违反招标投标法和本条例规定的，由有关行政监督部门责令改正，可以处10万元以下的罚款，对单位直接负责的主管人员和其他直接责任人员依法给予处分；违法确定或者更换的评标委员会成员作出的评审结论无效，依法重新进行评审。

国家工作人员以任何方式非法干涉选取评标委员会成员的，依照本条例第八十条的规定追究法律责任。

第七十一条 评标委员会成员有下列行为之一的，由有关行政监督部门责令改正；情节严重的，禁止其在一定期限内参加依法必须进行招标的项目的评标；情节特别严重的，取消其担任评标委员会成员的资格：

（一）应当回避而不回避；

（二）擅离职守；

（三）不按照招标文件规定的评标标准和方法评标；

（四）私下接触投标人；

（五）向招标人征询确定中标人的意向或者接受任何单位或者个人明示或者暗示提出的倾向或者排斥特定投标人的要求；

（六）对依法应当否决的投标不提出否决意见；

（七）暗示或者诱导投标人作出澄清、说明或者接受投标人主动提出的澄清、说明；

（八）其他不客观、不公正履行职务的行为。

第七十二条 评标委员会成员收受投标人的财物或者其他好处的，没收收受的财物，处 3000 元以上 5 万元以下的罚款，取消担任评标委员会成员的资格，不得再参加依法必须进行招标的项目的评标；构成犯罪的，依法追究刑事责任。

第七十三条 依法必须进行招标的项目的招标人有下列情形之一的，由有关行政监督部门责令改正，可以处中标项目金额 10‰以下的罚款；给他人造成损失的，依法承担赔偿责任；对单位直接负责的主管人员和其他直接责任人员依法给予处分：

（一）无正当理由不发出中标通知书；

（二）不按照规定确定中标人；

（三）中标通知书发出后无正当理由改变中标结果；

（四）无正当理由不与中标人订立合同；

（五）在订立合同时向中标人提出附加条件。

第七十四条 中标人无正当理由不与招标人订立合同，在签订合同时向招标人提出附加条件，或者不按照招标文件要求提交履约保证金的，取消其中标资格，投标保证金不予退还。对依法必须进行招标的项目的中标人，由有关行政监督部门责令改正，可以处中标项目金额10‰以下的罚款。

第七十五条　招标人和中标人不按照招标文件和中标人的投标文件订立合同，合同的主要条款与招标文件、中标人的投标文件的内容不一致，或者招标人、中标人订立背离合同实质性内容的协议的，由有关行政监督部门责令改正，可以处中标项目金额5‰以上10‰以下的罚款。

第七十六条　中标人将中标项目转让给他人的，将中标项目肢解后分别转让给他人的，违反招标投标法和本条例规定将中标项目的部分主体、关键性工作分包给他人的，或者分包人再次分包的，转让、分包无效，处转让、分包项目金额5‰以上10‰以下的罚款；有违法所得的，并处没收违法所得；可以责令停业整顿；情节严重的，由工商行政管理机关吊销营业执照。

第七十七条　投标人或者其他利害关系人捏造事实、伪造材料或者以非法手段取得证明材料进行投诉，给他人造成损失的，依法承担赔偿责任。

招标人不按照规定对异议作出答复，继续进行招标投标活动的，由有关行政监督部门责令改正，拒不改正或者不能改正并影响中标结果的，依照本条例第八十一条的规定处理。

第七十八条　国家建立招标投标信用制度。有关行政监督部门应当依法公告对招标人、招标代理机构、投标人、评标委员会成员等当事人违法行为的行政处理决定。

第七十九条　项目审批、核准部门不依法审批、核准项目招标范围、招标方式、招标组织形式的，对单位直接负责的主管人员和其他直接责任人员依法给予处分。

有关行政监督部门不依法履行职责，对违反招标投标法和本条例规定的行为不依法查处，或者不按照规定处理投诉、不依法公告对招标投标当事人违法行为的行政处理决定的，对直接负责的主管人员和其他直接责任人员依法给予处分。

项目审批、核准部门和有关行政监督部门的工作人员徇私舞弊、滥用职权、玩忽职守，构成犯罪的，依法追究刑事责任。

第八十条 国家工作人员利用职务便利，以直接或者间接、明示或者暗示等任何方式非法干涉招标投标活动，有下列情形之一的，依法给予记过或者记大过处分；情节严重的，依法给予降级或者撤职处分；情节特别严重的，依法给予开除处分；构成犯罪的，依法追究刑事责任：

（一）要求对依法必须进行招标的项目不招标，或者要求对依法应当公开招标的项目不公开招标；

（二）要求评标委员会成员或者招标人以其指定的投标人作为中标候选人或者中标人，或者以其他方式非法干涉评标活动，影响中标结果；

（三）以其他方式非法干涉招标投标活动。

第八十一条 依法必须进行招标的项目的招标投标活动违反招标投标法和本条例的规定，对中标结果造成实质性影响，且不能采取补救措施予以纠正的，招标、投标、中标无效，应当依法重新招标或者评标。

第七章 附 则

第八十二条 招标投标协会按照依法制定的章程开展活动，加强行业自律和服务。

第八十三条 政府采购的法律、行政法规对政府采购货物、服务的招标投标另有规定的，从其规定。

第八十四条 本条例自2012年2月1日起施行。

附录5　中华人民共和国政府采购法实施条例

（2015年1月30日中华人民共和国国务院令第658号公布）

第一章　总　　则

第一条　根据《中华人民共和国政府采购法》（以下简称政府采购法），制定本条例。

第二条　政府采购法第二条所称财政性资金是指纳入预算管理的资金。

以财政性资金作为还款来源的借贷资金，视同财政性资金。

国家机关、事业单位和团体组织的采购项目既使用财政性资金又使用非财政性资金的，使用财政性资金采购的部分，适用政府采购法及本条例；财政性资金与非财政性资金无法分割采购的，统一适用政府采购法及本条例。

政府采购法第二条所称服务，包括政府自身需要的服务和政府向社会公众提供的公共服务。

第三条　集中采购目录包括集中采购机构采购项目和部门集中采购项目。

技术、服务等标准统一，采购人普遍使用的项目，列为集中采购机构采购项目；采购人本部门、本系统基于业务需要有特殊要求，可以统一采购的项目，列为部门集中采购项目。

第四条　政府采购法所称集中采购，是指采购人将列入集中采购目录的项目委托集中采购机构代理采购或者进行部门集中采购的行为；所称分散采购，是指采购人将采购限额标准以上的未列入集中采购目录的项目自行采购或者委托采购代理机构代理采购的行为。

第五条　省、自治区、直辖市人民政府或者其授权的机构根据实际情况，可以确定分别适用于本行政区域省级、设区的市级、县级的集中采购目录和采购限额标准。

第六条　国务院财政部门应当根据国家的经济和社会发展政策，会同国务院有关部门制定政府采购政策，通过制定采购需求标准、预留采购份额、价格评审优惠、优先采购等措施，实现节约能源、保护环境、扶持不发达地区和少数民族地区、促进中小企业发展等目标。

第七条　政府采购工程以及与工程建设有关的货物、服务，采用招标方式采购的，适用《中华人民共和国招标投标法》及其实施条例；采用其他方式采购的，适用政府采购法及本条例。

前款所称工程，是指建设工程，包括建筑物和构筑物的新建、改建、扩建及其相关的装修、拆除、修缮等；所称与工程建设有关的货物，是指构成工程不可分割的组成部分，且为实现工程基本功能所必需的设备、材料等；所称与工程建设有关的服务，是指为完成工程所需的勘察、设计、监理等服务。

政府采购工程以及与工程建设有关的货物、服务，应当执行政府采购政策。

第八条　政府采购项目信息应当在省级以上人民政府财政部门指定的媒体上发布。采购项目预算金额达到国务院财政部门规定标准的，政府采购项目信息应当在国务院财政部门指定的媒体上发布。

第九条　在政府采购活动中，采购人员及相关人员与供应商有下列利害关系之一的，应当回避：

（一）参加采购活动前3年内与供应商存在劳动关系；

（二）参加采购活动前3年内担任供应商的董事、监事；

（三）参加采购活动前3年内是供应商的控股股东或者实际控制人；

（四）与供应商的法定代表人或者负责人有夫妻、直系血亲、三代以内旁系血亲或者近姻亲关系；

（五）与供应商有其他可能影响政府采购活动公平、公正进行的关系。

供应商认为采购人员及相关人员与其他供应商有利害关系的，可以向采购人或者采购代理机构书面提出回避申请，并说明理由。采购人或者采购代理机构应当及时询问被申请回避人员，有利害关系的被申请回避人员应当回避。

第十条　国家实行统一的政府采购电子交易平台建设标准，推动利用信息网络进行电子化政府采购活动。

第二章　政府采购当事人

第十一条　采购人在政府采购活动中应当维护国家利益和社会公共利益，公正廉洁，诚实守信，执行政府采购政策，建立政府采购内部管理制度，厉行节约，科学合理确定采购需求。

采购人不得向供应商索要或者接受其给予的赠品、回扣或者与采购无关的其他商品、服务。

第十二条　政府采购法所称采购代理机构，是指集中采购机构和集中采购机构以外的采购代理机构。

集中采购机构是设区的市级以上人民政府依法设立的非营利事业法人，是代理集中采购项目的执行机构。集中采购机构应当根据采购人委托制定集中采购项目的实施方案，明确采购规程，组织政府采购活动，不得将集中采购项目转委托。集中采购机构以外的采购代理机构，是从事采购代理业务的社会中介机构。

第十三条　采购代理机构应当建立完善的政府采购内部监督管理制度，具备开展政府采购业务所需的评审条件和设施。

采购代理机构应当提高确定采购需求，编制招标文件、谈判文件、询价通知书，拟订合同文本和优化采购程序的专业化服务水平，根据采购人委托在规定的时间内及时组织采购人与中标或者成交供应商签订政府采购合同，及时协助采购人对采购项目进行验收。

第十四条　采购代理机构不得以不正当手段获取政府采购代理业务，不得与采购人、供应商恶意串通操纵政府采购活动。

采购代理机构工作人员不得接受采购人或者供应商组织的宴请、旅游、娱乐，不得收受礼品、现金、有价证券等，不得向采购人或者供应商报销应当由个人承担的费用。

第十五条 采购人、采购代理机构应当根据政府采购政策、采购预算、采购需求编制采购文件。

采购需求应当符合法律法规以及政府采购政策规定的技术、服务、安全等要求。政府向社会公众提供的公共服务项目，应当就确定采购需求征求社会公众的意见。除因技术复杂或者性质特殊，不能确定详细规格或者具体要求外，采购需求应当完整、明确。必要时，应当就确定采购需求征求相关供应商、专家的意见。

第十六条 政府采购法第二十条规定的委托代理协议，应当明确代理采购的范围、权限和期限等具体事项。

采购人和采购代理机构应当按照委托代理协议履行各自义务，采购代理机构不得超越代理权限。

第十七条 参加政府采购活动的供应商应当具备政府采购法第二十二条第一款规定的条件，提供下列材料：

（一）法人或者其他组织的营业执照等证明文件，自然人的身份证明；

（二）财务状况报告，依法缴纳税收和社会保障资金的相关材料；

（三）具备履行合同所必需的设备和专业技术能力的证明材料；

（四）参加政府采购活动前3年内在经营活动中没有重大违法记录的书面声明；

（五）具备法律、行政法规规定的其他条件的证明材料。

采购项目有特殊要求的，供应商还应当提供其符合特殊要求的证明材料或者情况说明。

第十八条 单位负责人为同一人或者存在直接控股、管理关系的不同供应商，不得参加同一合同项下的政府采购活动。

除单一来源采购项目外，为采购项目提供整体设计、规范编制或者项目管理、监理、检测等服务的供应商，不得再参加该采购项目的其他采购活动。

第十九条　政府采购法第二十二条第一款第五项所称重大违法记录，是指供应商因违法经营受到刑事处罚或者责令停产停业、吊销许可证或者执照、较大数额罚款等行政处罚。

供应商在参加政府采购活动前3年内因违法经营被禁止在一定期限内参加政府采购活动，期限届满的，可以参加政府采购活动。

第二十条　采购人或者采购代理机构有下列情形之一的，属于以不合理的条件对供应商实行差别待遇或者歧视待遇：

（一）就同一采购项目向供应商提供有差别的项目信息；

（二）设定的资格、技术、商务条件与采购项目的具体特点和实际需要不相适应或者与合同履行无关；

（三）采购需求中的技术、服务等要求指向特定供应商、特定产品；

（四）以特定行政区域或者特定行业的业绩、奖项作为加分条件或者中标、成交条件；

（五）对供应商采取不同的资格审查或者评审标准；

（六）限定或者指定特定的专利、商标、品牌或者供应商；

（七）非法限定供应商的所有制形式、组织形式或者所在地；

（八）以其他不合理条件限制或者排斥潜在供应商。

第二十一条　采购人或者采购代理机构对供应商进行资格预审的，资格预审公告应当在省级以上人民政府财政部门指定的媒体上发布。已进行资格预审的，评审阶段可以不再对供应商资格进行审查。资格预审合格的供应商在评审阶段资格发生变化的，应当通知采购人和采购代理机构。

资格预审公告应当包括采购人和采购项目名称、采购需求、对供应商的资格要求以及供应商提交资格预审申请文件的时间和地点。提交资格预审申请文件的时间自公告发布之日起不得少于 5 个工作日。

第二十二条　联合体中有同类资质的供应商按照联合体分工承担相同工作的，应当按照资质等级较低的供应商确定资质等级。

以联合体形式参加政府采购活动的，联合体各方不得再单独参加或者与其他供应商另外组成联合体参加同一合同项下的政府采购活动。

第三章　政府采购方式

第二十三条　采购人采购公开招标数额标准以上的货物或者服务，符合政府采购法第二十九条、第三十条、第三十一条、第三十二条规定情形或者有需要执行政府采购政策等特殊情况的，经设区的市级以上人民政府财政部门批准，可以依法采用公开招标以外的采购方式。

第二十四条　列入集中采购目录的项目，适合实行批量集中采购的，应当实行批量集中采购，但紧急的小额零星货物项目和有特殊要求的服务、工程项目除外。

第二十五条　政府采购工程依法不进行招标的，应当依照政府采购法和本条例规定的竞争性谈判或者单一来源采购方式采购。

第二十六条　政府采购法第三十条第三项规定的情形，应当是采购人不可预见的或者非因采购人拖延导致的；第四项规定的情形，是指因采购艺术品或者因专利、专有技术或者因服务的时间、数量事先不能确定等导致不能事先计算出价格总额。

第二十七条　政府采购法第三十一条第一项规定的情形，是指因货物或者服务使用不可替代的专利、专有技术，或者公共服务项目具有特殊要求，导致只能从某一特定供应商处采购。

第二十八条　在一个财政年度内，采购人将一个预算项目下的同一品目或者类别的货物、服务采用公开招标以外的方式多次采购，累计资金数额超过公开招标数额标准的，属于以化整为零方式规避公开招标，但项目预算调整或者经批准采用公开招标以外方式采购除外。

第四章　政府采购程序

第二十九条　采购人应当根据集中采购目录、采购限额标准和已批复的部门预算编制政府采购实施计划，报本级人民政府财政部门备案。

第三十条　采购人或者采购代理机构应当在招标文件、谈判文件、询价通知书中公开采购项目预算金额。

第三十一条　招标文件的提供期限自招标文件开始发出之日起不得少于 5 个工作日。

采购人或者采购代理机构可以对已发出的招标文件进行必要的澄清或者修改。澄清或者修改的内容可能影响投标文件编制的，采购人或者采购代理机构应当在投标截止时间至少 15 日前，以书面形式通知所有获取招标文件的潜在投标人；不足 15 日的，采购人或者采购代理机构应当顺延提交投标文件的截止时间。

第三十二条　采购人或者采购代理机构应当按照国务院财政部门制定的招标文件标准文本编制招标文件。

招标文件应当包括采购项目的商务条件、采购需求、投标人的资格条件、投标报价要求、评标方法、评标标准以及拟签订的合同文本等。

第三十三条　招标文件要求投标人提交投标保证金的，投标保证金不得超过采购项目预算金额的 2%。投标保证金应当以支票、汇票、本票或者金融机构、担保机构出具的保函等非现金形式提交。投标人未按照招标文件要求提交投标保证金的，投标无效。

采购人或者采购代理机构应当自中标通知书发出之日起 5 个工作日内退还未中标供应商的投标保证金，自政府采购合同签订之日起 5 个工作日内退还中标供应商的投标保证金。

竞争性谈判或者询价采购中要求参加谈判或者询价的供应商提交保证金的，参照前两款的规定执行。

第三十四条　政府采购招标评标方法分为最低评标价法和综合评分法。

最低评标价法，是指投标文件满足招标文件全部实质性要求且投标报价最低的供应商为中标候选人的评标方法。综合评分法，是指投标文件满足招标文件全部实质性要求且按照评审因素的量化指标评审得分最高的供应商为中标候选人的评标方法。

技术、服务等标准统一的货物和服务项目，应当采用最低评标价法。

采用综合评分法的，评审标准中的分值设置应当与评审因素的量化指标相对应。

招标文件中没有规定的评标标准不得作为评审的依据。

第三十五条　谈判文件不能完整、明确列明采购需求，需要由供应商提供最终设计方案或者解决方案的，在谈判结束后，谈判小组应当按照少数服从多数的原则投票推荐 3 家以上供应商的设计方案或者解决方案，并要求其在规定时间内提交最后报价。

第三十六条　询价通知书应当根据采购需求确定政府采购合同条款。在询价过程中，询价小组不得改变询价通知书所确定的政府采购合同条款。

第三十七条　政府采购法第三十八条第五项、第四十条第四项所称质量和服务相等，是指供应商提供的产品质量和服务均能满足采购文件规定的实质性要求。

第三十八条　达到公开招标数额标准，符合政府采购法第三十一条第一项规定情形，只能从唯一供应商处采购的，采购人应当将采购项目信息和唯一供应商名称在省级以上人民政府财政部门指定的媒体上公示，公示期不得少于 5 个工作日。

第三十九条　除国务院财政部门规定的情形外，采购人或者采购代理机构应当从政府采购评审专家库中随机抽取评审专家。

第四十条　政府采购评审专家应当遵守评审工作纪律，不得泄漏评审文件、评审情况和评审中获悉的商业秘密。

评标委员会、竞争性谈判小组或者询价小组在评审过程中发现供应商有行贿、提供虚假材料或者串通等违法行为的，应当及时向财政部门报告。

政府采购评审专家在评审过程中受到非法干预的，应当及时向财政、监察等部门举报。

第四十一条　评标委员会、竞争性谈判小组或者询价小组成员应当按照客观、公正、审慎的原则，根据采购文件规定的评审程序、评审方法和评审标准进行独立评审。采购文件内容违反国家有关强制性规定的，评标委员会、竞争性谈判小组或者询价小组应当停止评审并向采购人或者采购代理机构说明情况。

评标委员会、竞争性谈判小组或者询价小组成员应当在评审报告上签字，对自己的评审意见承担法律责任。对评审报告有异议的，应当在评审报告上签署不同意见，并说明理由，否则视为同意评审报告。

第四十二条　采购人、采购代理机构不得向评标委员会、竞争性谈判小组或者询价小组的评审专家作倾向性、误导性的解释或者说明。

第四十三条　采购代理机构应当自评审结束之日起2个工作日内将评审报告送交采购人。采购人应当自收到评审报告之日起5个工作日内在评审报告推荐的中标或者成交候选人中按顺序确定中标或者成交供应商。

采购人或者采购代理机构应当自中标、成交供应商确定之日起2个工作日内，发出中标、成交通知书，并在省级以上人民政府财政部门指定的媒体上公告中标、成交结果，招标文件、竞争性谈判文件、询价通知书随中标、成交结果同时公告。

中标、成交结果公告内容应当包括采购人和采购代理机构的名称、地址、联系方式，项目名称和项目编号，中标或者成交供应商名称、地址和中标或者成交金额，主要中标或者成交标的的名称、规格型号、数量、单价、服务要求以及评审专家名单。

第四十四条　除国务院财政部门规定的情形外，采购人、采购代理机构不得以任何理由组织重新评审。采购人、采购代理机构按照国务院财政部门的规定组织重新评审的，应当书面报告本级人民政府财政部门。

采购人或者采购代理机构不得通过对样品进行检测、对供应商进行考察等方式改变评审结果。

第四十五条　采购人或者采购代理机构应当按照政府采购合同规定的技术、服务、安全标准组织对供应商履约情况进行验收，并出具验收书。验收书应当包括每一项技术、服务、安全标准的履约情况。

政府向社会公众提供的公共服务项目，验收时应当邀请服务对象参与并出具意见，验收结果应当向社会公告。

第四十六条　政府采购法第四十二条规定的采购文件，可以用电子档案方式保存。

第五章　政府采购合同

第四十七条　国务院财政部门应当会同国务院有关部门制定政府采购合同标准文本。

第四十八条　采购文件要求中标或者成交供应商提交履约保证金的，供应商应当以支票、汇票、本票或者金融机构、担保机构出具的保函等非现金形式提交。履约保证金的数额不得超过政府采购合同金额的10%。

第四十九条　中标或者成交供应商拒绝与采购人签订合同的，采购人可以按照评审报告推荐的中标或者成交候选人名单排序，确定下一候选人为中标或者成交供应商，也可以重新开展政府采购活动。

第五十条　采购人应当自政府采购合同签订之日起2个工作日内，将政府采购合同在省级以上人民政府财政部门指定的媒体上公告，但政府采购合同中涉及国家秘密、商业秘密的内容除外。

第五十一条　采购人应当按照政府采购合同规定，及时向中标或者成交供应商支付采购资金。

政府采购项目资金支付程序，按照国家有关财政资金支付管理的规定执行。

第六章　质疑与投诉

第五十二条　采购人或者采购代理机构应当在3个工作日内对供应商依法提出的询问作出答复。

供应商提出的询问或者质疑超出采购人对采购代理机构委托授权范围的，采购代理机构应当告知供应商向采购人提出。

政府采购评审专家应当配合采购人或者采购代理机构答复供应商的询问和质疑。

第五十三条　政府采购法第五十二条规定的供应商应知其权益受到损害之日，是指：

（一）对可以质疑的采购文件提出质疑的，为收到采购文件之日或者采购文件公告期限届满之日；

（二）对采购过程提出质疑的，为各采购程序环节结束之日；

（三）对中标或者成交结果提出质疑的，为中标或者成交结果公告期限届满之日。

第五十四条　询问或者质疑事项可能影响中标、成交结果的，采购人应当暂停签订合同，已经签订合同的，应当中止履行合同。

第五十五条　供应商质疑、投诉应当有明确的请求和必要的证明材料。供应商投诉的事项不得超出已质疑事项的范围。

第五十六条　财政部门处理投诉事项采用书面审查的方式，必要时可以进行调查取证或者组织质证。

对财政部门依法进行的调查取证，投诉人和与投诉事项有关的当事人应当如实反映情况，并提供相关材料。

第五十七条　投诉人捏造事实、提供虚假材料或者以非法手段取得证明材料进行投诉的，财政部门应当予以驳回。

财政部门受理投诉后，投诉人书面申请撤回投诉的，财政部门应当终止投诉处理程序。

第五十八条　财政部门处理投诉事项，需要检验、检测、鉴定、专家评审以及需要投诉人补正材料的，所需时间不计算在投诉处理期限内。

财政部门对投诉事项作出的处理决定，应当在省级以上人民政府财政部门指定的媒体上公告。

第七章　监督检查

第五十九条　政府采购法第六十三条所称政府采购项目的采购标准，是指项目采购所依据的经费预算标准、资产配置标准和技术、服务标准等。

第六十条　除政府采购法第六十六条规定的考核事项外，财政部门对集中采购机构的考核事项还包括：

（一）政府采购政策的执行情况；

（二）采购文件编制水平；

（三）采购方式和采购程序的执行情况；

（四）询问、质疑答复情况；

（五）内部监督管理制度建设及执行情况；

（六）省级以上人民政府财政部门规定的其他事项。

财政部门应当制定考核计划，定期对集中采购机构进行考核，考核结果有重要情况的，应当向本级人民政府报告。

第六十一条　采购人发现采购代理机构有违法行为的，应当要求其改正。采购代理机构拒不改正的，采购人应当向本级人民政府财政部门报告，财政部门应当依法处理。

采购代理机构发现采购人的采购需求存在以不合理条件对供应商实行差别待遇、歧视待遇或者其他不符合法律、法规和政府采购政策规定内容，或者发现采购人有其他违法行为的，应当建议其改正。采购人拒不改正的，采购代理机构应当向采购人的本级人民政府财政部门报告，财政部门应当依法处理。

第六十二条　省级以上人民政府财政部门应当对政府采购评审专家库实行动态管理，具体管理办法由国务院财政部门制定。

采购人或者采购代理机构应当对评审专家在政府采购活动中的职责履行情况予以记录，并及时向财政部门报告。

第六十三条　各级人民政府财政部门和其他有关部门应当加强对参加政府采购活动的供应商、采购代理机构、评审专家的监督管理，对其不良行为予以记录，并纳入统一的信用信息平台。

第六十四条　各级人民政府财政部门对政府采购活动进行监督检查，有权查阅、复制有关文件、资料，相关单位和人员应当予以配合。

第六十五条　审计机关、监察机关以及其他有关部门依法对政府采购活动实施监督，发现采购当事人有违法行为的，应当及时通报财政部门。

第八章　法律责任

第六十六条　政府采购法第七十一条规定的罚款，数额为10万元以下。

政府采购法第七十二条规定的罚款，数额为5万元以上25万元以下。

第六十七条　采购人有下列情形之一的，由财政部门责令限期改正，给予警告，对直接负责的主管人员和其他直接责任

人员依法给予处分,并予以通报:

（一）未按照规定编制政府采购实施计划或者未按照规定将政府采购实施计划报本级人民政府财政部门备案;

（二）将应当进行公开招标的项目化整为零或者以其他任何方式规避公开招标;

（三）未按照规定在评标委员会、竞争性谈判小组或者询价小组推荐的中标或者成交候选人中确定中标或者成交供应商;

（四）未按照采购文件确定的事项签订政府采购合同;

（五）政府采购合同履行中追加与合同标的相同的货物、工程或者服务的采购金额超过原合同采购金额10%;

（六）擅自变更、中止或者终止政府采购合同;

（七）未按照规定公告政府采购合同;

（八）未按照规定时间将政府采购合同副本报本级人民政府财政部门和有关部门备案。

第六十八条　采购人、采购代理机构有下列情形之一的,依照政府采购法第七十一条、第七十八条的规定追究法律责任:

（一）未依照政府采购法和本条例规定的方式实施采购;

（二）未依法在指定的媒体上发布政府采购项目信息;

（三）未按照规定执行政府采购政策;

（四）违反本条例第十五条的规定导致无法组织对供应商履约情况进行验收或者国家财产遭受损失;

（五）未依法从政府采购评审专家库中抽取评审专家;

（六）非法干预采购评审活动;

（七）采用综合评分法时评审标准中的分值设置未与评审因素的量化指标相对应;

（八）对供应商的询问、质疑逾期未作处理;

（九）通过对样品进行检测、对供应商进行考察等方式改变评审结果;

（十）未按照规定组织对供应商履约情况进行验收。

第六十九条　集中采购机构有下列情形之一的,由财政部门责令限期改正，给予警告，有违法所得的，并处没收违法所得，对直接负责的主管人员和其他直接责任人员依法给予处分，并予以通报：

（一）内部监督管理制度不健全，对依法应当分设、分离的岗位、人员未分设、分离；

（二）将集中采购项目委托其他采购代理机构采购；

（三）从事营利活动。

第七十条 采购人员与供应商有利害关系而不依法回避的，由财政部门给予警告，并处 2000 元以上 2 万元以下的罚款。

第七十一条 有政府采购法第七十一条、第七十二条规定的违法行为之一，影响或者可能影响中标、成交结果的，依照下列规定处理：

（一）未确定中标或者成交供应商的，终止本次政府采购活动，重新开展政府采购活动。

（二）已确定中标或者成交供应商但尚未签订政府采购合同的，中标或者成交结果无效，从合格的中标或者成交候选人中另行确定中标或者成交供应商；没有合格的中标或者成交候选人的，重新开展政府采购活动。

（三）政府采购合同已签订但尚未履行的，撤销合同，从合格的中标或者成交候选人中另行确定中标或者成交供应商；没有合格的中标或者成交候选人的，重新开展政府采购活动。

（四）政府采购合同已经履行，给采购人、供应商造成损失的，由责任人承担赔偿责任。

政府采购当事人有其他违反政府采购法或者本条例规定的行为，经改正后仍然影响或者可能影响中标、成交结果或者依法被认定为中标、成交无效的，依照前款规定处理。

第七十二条 供应商有下列情形之一的，依照政府采购法第七十七条第一款的规定追究法律责任：

（一）向评标委员会、竞争性谈判小组或者询价小组成员行贿或者提供其他不正当利益；

（二）中标或者成交后无正当理由拒不与采购人签订政府采购合同；

（三）未按照采购文件确定的事项签订政府采购合同；

（四）将政府采购合同转包；

（五）提供假冒伪劣产品；

（六）擅自变更、中止或者终止政府采购合同。

供应商有前款第一项规定情形的，中标、成交无效。评审阶段资格发生变化，供应商未依照本条例第二十一条的规定通知采购人和采购代理机构的，处以采购金额5‰的罚款，列入不良行为记录名单，中标、成交无效。

第七十三条　供应商捏造事实、提供虚假材料或者以非法手段取得证明材料进行投诉的，由财政部门列入不良行为记录名单，禁止其1至3年内参加政府采购活动。

第七十四条　有下列情形之一的，属于恶意串通，对供应商依照政府采购法第七十七条第一款的规定追究法律责任，对采购人、采购代理机构及其工作人员依照政府采购法第七十二条的规定追究法律责任：

（一）供应商直接或者间接从采购人或者采购代理机构处获得其他供应商的相关情况并修改其投标文件或者响应文件；

（二）供应商按照采购人或者采购代理机构的授意撤换、修改投标文件或者响应文件；

（三）供应商之间协商报价、技术方案等投标文件或者响应文件的实质性内容；

（四）属于同一集团、协会、商会等组织成员的供应商按照该组织要求协同参加政府采购活动；

（五）供应商之间事先约定由某一特定供应商中标、成交；

（六）供应商之间商定部分供应商放弃参加政府采购活动或者放弃中标、成交；

（七）供应商与采购人或者采购代理机构之间、供应商相互之间，为谋求特定供应商中标、成交或者排斥其他供应商的其他串通行为。

第七十五条 政府采购评审专家未按照采购文件规定的评审程序、评审方法和评审标准进行独立评审或者泄漏评审文件、评审情况的,由财政部门给予警告,并处 2000 元以上 2 万元以下的罚款;影响中标、成交结果的,处 2 万元以上 5 万元以下的罚款,禁止其参加政府采购评审活动。

政府采购评审专家与供应商存在利害关系未回避的,处 2 万元以上 5 万元以下的罚款,禁止其参加政府采购评审活动。

政府采购评审专家收受采购人、采购代理机构、供应商贿赂或者获取其他不正当利益,构成犯罪的,依法追究刑事责任;尚不构成犯罪的,处 2 万元以上 5 万元以下的罚款,禁止其参加政府采购评审活动。

政府采购评审专家有上述违法行为的,其评审意见无效,不得获取评审费;有违法所得的,没收违法所得;给他人造成损失的,依法承担民事责任。

第七十六条 政府采购当事人违反政府采购法和本条例规定,给他人造成损失的,依法承担民事责任。

第七十七条 财政部门在履行政府采购监督管理职责中违反政府采购法和本条例规定,滥用职权、玩忽职守、徇私舞弊的,对直接负责的主管人员和其他直接责任人员依法给予处分;直接负责的主管人员和其他直接责任人员构成犯罪的,依法追究刑事责任。

第九章 附 则

第七十八条 财政管理实行省直接管理的县级人民政府可以根据需要并报经省级人民政府批准,行使政府采购法和本条例规定的设区的市级人民政府批准变更采购方式的职权。

第七十九条 本条例自 2015 年 3 月 1 日起施行。

后　记

在阅读我著的《政府投资项目的建设实践与思考》、《鄱阳湖畔立丰碑》两本书后，已进入而立之年的儿子萌发了想写一本关于招标投标书的念头，他将想法告诉我，希望得到我帮助。他虽然从事这方面的工作，但自知才疏识浅，难以单独完成任务，故考虑与我合作。我俩一拍即合，认真商谈、确定思路、收集资料、撰写提纲、开始写作，经反复修改最终得以脱稿。

长江后浪推前浪，青出于蓝胜于蓝。我虽多次参与招标投标工作，有一定的实践经验，但思想难免有些僵化，接受新鲜事物不如年轻人快。习近平总书记在 2019 年春季学期中央党校中青年干部培训班开班式上发表重要讲话强调，培养选拔优秀年轻干部是一件大事，关乎党的命运、国家的命运、民族的命运、人民的福祉，是百年大计。但愿我们的子孙在中国共产党的坚强领导下，能自强、自立、自信、自醒，为实现中华民族的伟大复兴作出更大的贡献！

本书在撰写过程中，得到了江西省建设工程招标投标办公室、江西省机电设备招标有限公司的大力支持和帮助，尤其是省机电设备招标有限公司的陈裕燕同志，不仅为我提供了大量的资料，而且协助我拟定编写大纲、修改书稿，为本书的出版发行做了大量的实质性工作。在此一并表示感谢！

齐　虹